Inhalt

1. Vorspiel

Ich liebe die Frauen und ganz besonders meine eigene. Und weil dies so ist, habe ich all dies gelernt. Ja und zugegeben, weil ich gerne Sex habe und ja, ebenfalls zugegeben, weil ich zwanghaft überall der Beste sein will. Ich dachte nicht, dass es so viel zu lernen gibt und auch nicht, dass es so lange dauern würde.

Ich behaupte noch immer nicht der Beste zu sein und doch bin ich mir sicher, dass es ein paar Frauen gibt, die, wenn sie später einmal darüber nachdenken, wer denn der beste Liebhaber war, den sie je hatten, an mich denken werden. Es gibt auch sicher viele, die mich längst vergessen haben, und es gibt auch sicher welche, die sich beim Gedanken an mich als besten Liebhaber vor Lachen krümmen werden. Mein Weg war lang und nicht immer ohne falsche Abzweigung.

Auch wenn ich niemals alles lernen werde, so habe ich doch nun das Gefühl, angekommen zu sein und zumindest genug zu wissen. Genug, um mein Wissen weiterzugeben, denn ich weiß, dass ich es im Bett drauf habe. Und ich habe es nicht nur drauf, ich erfülle auch das weit wichtigere Kriterium um Wissen weiterzugeben, ich weiß warum ich es drauf habe.

Womit wir bei der Frage sind, die zumindest ich mir immer stelle bevor ich meine Zeit für einen Ratgeber verwende: Wer ist es, der da schreibt? Viel zu oft bin ich enttäuscht worden. Nicht bei der Antwort auf die Frage, denn Doktoren, Professoren, Magister, erfahrene Therapeuten und langjährige Trainer gibt es genug. Sondern ich bin enttäuscht worden, beim Rat den mir der Autor gab. Viele schreiben, weil es ihr Job ist oder weil ihre Reputation es ihnen ermöglicht, damit Geld zu verdienen und nicht, weil sie etwas zu sagen haben. Es ist nicht mein Job zu schreiben und meine öffentliche Reputation auf diesem Gebiet ist nicht vorhanden, aber ich habe etwas zu sagen.

Und ich bin auch keiner der sonstigen Sex-Gurus, die mal ein abscheulicher Nerd waren und durch ihre wundersame Verwandlung zu einem Star in der lokalen Weiblichkeit wurden und jetzt jede Woche 10 Frauen flachlegen. Die wahre Leistung, die ich für mich in Anspruch nehme, ist die Tatsache, es geschafft zu haben, das Sexleben mit meiner Frau über 20 Jahre hinweg spannend und die Liebe die wir zueinander verspüren in der Intensität des ersten Tages erhalten zu haben. Nein, ich bin kein Frauenheld, ich bin ein ganz normaler Familienvater mit einer bezaubernden Frau und zwei entzückenden Töchtern. Die einzige Ausnahme zur Normalität ist vielleicht, dass mir meine Frau erlaubt, Sex mit anderen Frauen zu haben und ich diese Erlaubnis auch auslebe. Ich war auch nie ein Nerd und ich hab auch keine wundersame Verwandlung hinter mir. Ich habe einfach über 25 Jahre hinweg kontinuierlich hinzugelernt.

Die Idee dieses Buch zu schreiben, stammt nicht von mir. Sie stammt von mehreren Frauen die ich auf meinem Weg getroffen habe. Als Iris gemeint hat, ich müsste das anderen Männern lehren, habe ich noch darüber gelacht. Als Alice, Alena und meine Frau unabhängig voneinander dieselbe Idee hatten, begann ich darüber nachzudenken. Zugegeben habe ich es genossen, als einer von wenigen die's drauf haben dazustehen und dieses auch weidlich ausgenützt. Andererseits machten mich die vielen Geschichten über reizlose Beziehungen und langweilige sexuelle Begegnungen traurig.

Vor allem Sandra (41) stimmte mich nachdenklich. Hatte sie doch schon mit mehr als 50 Männern geschlafen (inklusive ihrem langjährigem Ehemann) und nicht ein einziges Mal hatte sie während des Sex einen Orgasmus, wenn sie es sich nicht selbst gemacht hatte. Sie hat also mit mehr als 50 Männern geschlafen und kein einziger war fähig, sie zum Orgasmus zu bringen, nicht einmal ihr Ehemann, der 15 Jahre Zeit hatte zu lernen. Sie hatte immer gedacht, es läge an ihr und sie könne so halt nicht zum Orgasmus kommen.

Was aber definitiv nicht sein kann. Schließlich hatte sie mein Bett regelrecht unter Wasser gesetzt und multiple Orgasmen erlebt, von denen auch noch die Nachbarn in der übernächsten Straße etwas hatten. Noch dazu hat sie als langjährige Sportlerin eine Vaginalmuskulatur, mit der sie Nüsse knacken kann (eine schwache Muskulatur wird ja gerne als Grund für mangelnde Orgasmusfähigkeit angeführt). Und kommen Sie mir jetzt ja nicht mit einem vorgespielten Orgasmus und dem Harry und Sally Totschlagargument. Wenn Sie drei Finger in der Dame haben, diese von der zuckenden Vaginalmuskulatur fast zerquetscht werden und es aus ihr herausspritzt, dass Sie sich die Dusche sparen können, dann hat die Gute gerade einen Orgasmus. So etwas kann man nicht vorspielen und warum sollte sie das auch tun? Sie kommt zu mir um Orgasmen zu haben und nicht weil sie mich liebt. Sie kommt nicht den weiten Weg zu mir, um mir Orgasmen vorspielen zu dürfen. Also an ihr liegt es definitiv nicht.

Bleibt eigentlich nur ein Rückschluss: Es liegt an den Männern! 50? Ja, an allen 50! Und sie ist vor allem kein Einzelfall, ich kenne einige mit einer ähnlichen Geschichte. Originalzitat Sandra: „Die haben es alle nicht drauf". Auch wenn's schön ist, die eine Ausnahme zu sein, bleibt, selbst wenn Sandra ein besonderes Talent zum Herausfinden unfähiger Liebhaber haben sollte, der Fakt: Da läuft doch etwas grundsätzlich falsch in unserer Sexualität. Wahrscheinlich aber nicht nur da.

Als Alena die Liebe ihres Lebens getroffen hat und mich nach einiger Zeit allen Ernstes dazu bewegen wollte, dass ich ihm das alles beibringen solle (übrigens in völliger Naivität gegenüber männlichem Verhalten), war ich überzeugt: Die meinen das wirklich ernst.

Spätestens aber, seit meine Frau nach 15 jähriger Beziehung vor Glück und Rührung darüber weinend unter mir lag, dass sie eine Frau sein durfte, die ihrem innersten Wesen folgt, bin ich überzeugt, auf dem richtigen Weg zu sein und das dieser Weg veröffentlicht werden muss.

Tja und da sitze ich nun und versuche dies zu tun. Meine Philosophie ist sicher nicht die einzig Wahre und wahrscheinlich hat sie auch Schwächen, die ich noch übersehen habe. Vielleicht funktioniert sie nur bei den Frauen, die ich auf meinem Weg getroffen habe. Auf jeden Fall aber, habe ich sie zu Ende gedacht und dabei darauf Wert gelegt, dass sie ganzheitlich ist. Vielleicht wird es auch nur ein weiterer belangloser Ratgeber, aber zumindest hat mir meine Philosophie eine wunderbare Beziehung und ein glückliches Leben beschert. Eine bezaubernde Frau, mit der nach 20 Jahren im Bett noch immer Leidenschaft pur herrscht, die mich noch liebt wie am ersten Tag und mir dennoch (oder vielleicht auch gerade deshalb) erlaubt, mit anderen Frauen Sex zu haben ohne dieses Recht selbst wahrzunehmen (Versuche in dieser Richtung hat sie übrigens mit der gleichen Erkenntnis wie Sandra abgebrochen). Seltsamerweise zieht sie selbst eine gewisse Befriedigung daraus, einen Mann zu haben, der von anderen Frauen begehrt wird. Aber vielleicht ist das ja gar nicht so seltsam.

Aus meiner eigenen Lernphase weiß ich, dass es schwierig ist, alle Informationen, die für den perfekten Liebhaber relevant sind, zusammenzutragen. Sie existieren alle schon, sind aber im Meer der Informationsvielfalt schwer zu identifizieren. Die Flut der Ratgeber ist grenzenlos und die meisten befassen sich nur mit Teilbereichen und ich will ihr keinen weiteren dieser belanglosen Beziehungsratgeber á la ‚Reden sie über ihre sexuellen Vorlieben' oder ‚Die 20 besten Stellungen' hinzufügen. Dies ist auch keines der Pickup-Bücher mit Methoden, wie Sie eine Frau ins Bett tricksen können. Meine Intention ist vielmehr, das existierende Wissen ergänzt um meine Erkenntnisse aus der Praxis zu einer stimmigen Philosophie für die Sexualität des Mannes zu vereinen.

Eines verspreche ich Ihnen dabei: Ich werde die Dinge beim Namen nennen. Verzeihen Sie mir schon jetzt die ordinäre Sprache, aber ich kann nicht gleichzeitig in einem Buch Dirty Talk predigen und nur medizinisch klingende Begriffe wie Penis, Vulva und Vaginalsekret verwenden. Political Correctness, aktuelle gesellschaftliche Normen, religiöse Moralvorstellungen oder sonstige limitierende Gedankenkonstrukte und Kopfgeburten interessieren mich dabei nicht, weil all dies beim Sex nicht zu interessieren hat. Alleine schon, weil vieles davon Teil des Problems ist, in dem der moderne Mann und somit unsere Sexualität sich befinden. Es ist wie es ist. Und es ist an der Zeit, dass es endlich gesagt wird.

Nun was ist es, was mich dazu befähigt, Ihnen werter Leser etwas beizubringen? Ich nehme die Frauen, wie sie in ihrem Innersten sind und folge meiner Natur. Dazu beherrsche ich vielleicht ein paar Kniffe, die im Mainstream noch nicht angekommen sind oder zumindest nur den begabten und lernwilligen Männern bekannt sind. Aber vor allem ist es etwas, dass ich begriffen habe, sozusagen die zentrale Botschaft dieses Buchs:

Irgendwann Ende der 60er ist die Weltöffentlichkeit auf einen kleinen Knubbel oberhalb der Vaginalöffnung aufmerksam geworden. Ganze Bücher haben sich damit beschäftigt, wie man ihn den findet und was mit ihm getan werden muss. Es hieß, damit könne man Frauen zum Orgasmus bringen und seit dem rubbeln und lecken Generationen von Männern auf diesem armen Ding herum.

Dann irgendwann in den 90ern wurde die Weltöffentlichkeit auf eine geriffelte Fläche in der Vagina aufmerksam. Ganze Bücher beschäftigten sich damit, wie dieser Punkt denn zu finden sei und wie man daran zu quetschen, rubbeln und drücken habe. Es hieß, damit können die Frauen einen Vaginalorgasmus erleben und seitdem starten Männer regelmäßig Expeditionen in die unergründeten Tiefen des weiblichen Körpers, auf der Suche nach dem sagenumwobenen G-Punkt.

Und in den letzten Jahren sickert schön langsam in die Aufmerksamkeit der Weltöffentlichkeit, dass Frauen auch abspritzen (neudeutsch squirten genannt) können. Jetzt beschäftigen sich wieder ganze Bücher mit diesem Thema und der Frage wie denn das zu erreichen sei und woher denn diese Flüssigkeit käme und aus was die überhaupt besteht. Es heißt, damit kann man Frauen zum Vollkörperorgasmus bringen und so hecheln die Männer jetzt in diese Richtung los, immer auf der Suche nach dem heiligen Kral „Weiblicher Orgasmus".

Was aber bei all diesem Gerubbel, Gelecke und Gefingere übersehen wird (und jetzt kommt die zentrale Botschaft wirklich):

Sie werden eine Frau mit diesem ganzen Gerubbel, Gelecke und Gefingere nur dann zum Orgasmus bringen, wenn sie schon geil ist. Sie werden eine Frau mit diesem ganzen Gerubbel, Gelecke und Gefingere nicht geil machen können!

Da kommt uns unser männlicher Verstand und die Art zu denken, die die moderne Zivilisation erforderlich macht, in die Quere. Wir denken in Ursache und Wirkung. Wir denken in sequentiellen Anleitungen und wir behandeln unsere Frauen wie Computer in die wir nur einen gewissen Input (= ausdauerndes Gerubbel, Gelecke und Gefingere) eingeben müssen und dann den erwarteten Output (= mindblowing Orgasmus) geliefert bekommen. Und dann sind wir grenzenlos enttäuscht, wenn wir nur ein trockenes ‚Error by allocating orgasmic ressources in female main processing unit' bekommen. Und wie wir Männer nun mal sind, suchen wir verzweifelt nach der Ursache, was denn falsch war an unserem Gerubbel, Gelecke und Gefingere. Und wir versuchen es mit anderem und noch ausdauernderem Gerubbel, Gelecke und Gefingere. Schließlich funktioniert das bei uns Männern doch auch so. Und irgendwann kommen wir zur Erkenntnis, dass das alles nichts bringt und die Frau kaputt sein müsse. Erschwerend kommt dann noch hinzu, dass die meisten Frauen mit diesem Gerubbel, Gelecke und Gefingere doch zum Orgasmus kommen und übersehen dabei, dass diese gelernt haben, sich selbst geil zu machen, in dem sie sich ihrem Kopfkino hingeben und so die Basis für ihren Orgasmus selbst legen. Dann handelt es sich aber nicht mehr um Sex zwischen einem liebenden Paar, sondern um Selbstbefriedigung mit männlicher Beteiligung. Der Mann spielt quasi die Rolle des Vibrators. Liebhaber ist er dann aber keiner mehr.

Und wenn Sie das jetzt in seinem ganzen Umfang und mit allen Konsequenzen begriffen haben, dann können Sie dieses Buch getrost zur Seite legen.

Außer vielleicht, Sie wollen noch wissen, wie man eine Frau denn sonst geil macht.

Gehen Sie diesen Weg oder gehen Sie ihn auch nicht. Aber wenn Sie ihn gehen wollen, gehen Sie ihn ganz. Es geht nicht nur um Sexualtechniken, denn es reicht nicht diese zu kennen. Es reicht auch nicht, diese zu beherrschen. Es geht um mehr. Viel mehr. Es geht darum Mann zu sein. Es geht darum seine Frau, Frau sein zu lassen. Es geht darum zu lieben und geliebt zu werden. Und es geht darum, diese Liebe mit Können zu zelebrieren.

TEIL 1 – Frau und Mann in der Beziehung

2. Woher wir kommen

Woher kommen wir? Lange bevor wir uns diese Frage stellen, und noch viel früher, bevor wir eine Antwort auf diese Frage haben, wird uns schon eingetrichtert, wer wir sein sollen. In unserer modernen Welt werden wir nur so mit Informationen und Bildern, wie wir zu sein haben, vollgestopft. Bücher, Fernsehen, Internet und Freunde (die sie selbst aus diesen haben) versorgen uns mit ihnen. Meinungen, Fakten, Umfragen, Reportagen. Täglich. Pausenlos. Standards werden gesetzt. Forderungen werden aufgestellt. Wir richten uns danach. Unbewusst, selbst wenn wir uns dagegen wehren. Unbewusst, weil es Bilder sind die wir uns anschauen und Worte die wir lesen. Wir nehmen diese in uns auf und weil unsere Gehirne nicht für künstliche Bilder und geschriebene Worte geschaffen sind, verpassen wir ihnen mehr Glaubwürdigkeit, als ihnen zusteht. Nicht immer ist das schlecht, denn irgendwie müssen wir ja funktionieren in dieser Welt. Aber die Beschäftigung mit diesen Informationen und Bildern verhindert, dass wir uns selbst ein eigenes Bild machen. Kaum richten wir unsere Aufmerksamkeit auf ein Thema, rollt schon die nächste Informationswalze mit dem nächsten Thema auf uns zu. Wir werden pausenlos beschäftigt. Wir haben gar nicht mehr die Zeit uns ein eigenes Bild zu machen. Wir haben das Gefühl immer mehr zu erfahren und doch wissen wir immer weniger über uns selbst. Mehr und mehr richten wir uns nachdem, was von außen auf uns einprasselt. Wir haben verlernt auf unsere ureigene Natur zu horchen. Wir machen nicht mehr das, was uns unsere Instinkte sagen. Wir machen nur mehr das, was uns gesagt wird, was wir machen sollen. Wir lassen uns von außen denaturieren und verinnerlichen diese Standards und Forderungen, sodass wir sie nicht mehr von dem unterscheiden können, wer wir wirklich sind.

Geschlechterrollen sind hiervon natürlich nicht ausgenommen. Ganz im Gegenteil, die Religionen schreiben uns vor, wie unsere Rollen auszusehen haben. Der Feminismus will uns lehren, dass Mann und Frau gleich zu sein haben. Unsere Eltern geben uns ihre Vorstellungen mit und leben uns vor, was ihnen eingetrichtert wurde. Unsere Partner wollen uns wieder anders haben, geprägt durch ihr eigenes verwirrtes Rollenbild. Die Medien bilden all dies ab und bereichern die Varianten um die, die sich gut verkaufen. Und in Pornos kriegen wir etwas ganz anderes vermittelt. Dies alles hat so viele Facetten und Formen, die sich auch alle noch widersprechen, sodass wir keinen roten Faden mehr erkennen können. Informationssupergau.

Wir können uns selbst kein klares Bild mehr darüber machen, was unser eigenes Geschlecht ausmacht. Nicht, dass es da ein alleingültiges wahres Modell gäbe, aber zumindest für sich selbst sollte man eine halbwegs klare Vorstellung haben. Vom anderen Geschlecht ganz zu schweigen. Wie denn auch? Wenn man sich selbst nicht mehr in seiner Geschlechterrolle wiederfinden kann, wie soll man dann auch noch das andere Geschlecht einschätzen können.

Was bleibt, ist Verunsicherung. Besonders, aber nicht nur, beim Mann.

Zeit, einen Schritt zurück zu machen. Zurück zur Frage, wo wir herkommen und einmal in der tiefsten Schicht unseres Wesens, einem Archäologen gleich, zu graben. Möglicherweise sind wir gar nicht so kompliziert, wie die Informationsvielfalt es vermuten lässt. Möglicherweise sind da nur ein paar einfache Grundbedürfnisse, die wir nur auf so vielfältige Art und Weise ausleben und kommunizieren, dass wir sie gar nicht mehr erkennen können. Möglicherweise ist alles in uns nur darauf ausgerichtet, zu überleben und uns fortzupflanzen (also das Überleben der Art zu gewährleisten). Möglicherweise ist das unsere Natur. Überleben und fortpflanzen. Möglicherweise ist das der Ursprung all unserer Sehnsüchte und Motivation. Möglicherweise ist alles drum herum nur Kunstwelt, nur intellektuelle Fassade? Ich halte das nicht für möglich, nein, ich bin mir sicher, dass es so ist. Überleben und fortpflanzen. Freilich ist dies beim Menschen um eine ganze Ecke komplizierter als bei der Fruchtfliege. Muss er doch, um zu überleben und sich fortpflanzen, in einer Gemeinschaft - in einer

Überlebensgemeinschaft - funktionieren. Und das funktioniert bei uns nach komplizierteren Gesetzmäßigkeiten, die sich im Laufe der Zeit in uns entwickelt haben. Aber unter dem Strich bleibt trotzdem: Überleben und Fortpflanzen. Das ist unsere Natur, so wie die eines jeden Lebewesens auf diesem Planeten.

Warum es wichtig ist, unserer Natur zu folgen?

Da ist ein tiefes angeborenes Wissen in uns, das unser Verhalten beurteilt und uns mit Glück belohnt oder uns traurig sein lässt. Kennen Sie das Gefühl, dass etwas schlicht und einfach „Richtig" ist? Wenn Sie lieben, dann kennen Sie das Gefühl, denn es ist spätestens dann da, wenn Ihre Frau einen Orgasmus hat. Wenn Sie Vater sind, dann kennen sie das Gefühl, denn es ist spätestens dann da, wenn Sie ihr Kind zum ersten Mal im Arm halten. In diesen Augenblicken verschwindet alles, was uns eingetrichtert wurde. Da ist kein Zweifel und keine innere Diskussion. Da ist Gewissheit und wir können sie fühlen. In diesen in unserer Zeit raren Momenten bekommen wir eine Ahnung, was unsere Natur sein könnte.

Freilich, wir können uns anpassen und verbiegen um den gesellschaftlichen Normen zu entsprechen oder einem anderen Ideal hinterher zu hecheln, welches nicht unserer Natur entspricht. Doch fühlt sich das richtig an? Macht uns das glücklich?

Ich erlebe ständig, dass dem nicht so ist. Ich glaube, es geht darum, dort wo es keinen Gesetzen oder der gängigen Moral widerspricht, unserer Natur zu folgen. Und dies gilt in besonderem Maße für den letzten Rückzugsort, in dem gesellschaftliche Normen noch eine untergeordnete Rolle spielen sollten: Unsere Sexualität.

Diesen letzten Rückzugsort mit der uns angeborenen Natur zurückzuerobern, das ist meine Botschaft. Denn meiner Erfahrung nach ist Sex nur dann wirklich gut, wenn er sich an dieser angeborenen Natur orientiert. Um zu ergründen, was unsere angeborene Natur ausmacht und vor allem um beurteilen zu können welche Verhaltensweisen unserer Natur entsprechen, müssen wir uns mit der Menschheitsgeschichte und den dahinterliegenden Prinzipien der Evolution befassen.

Evolution

Gerade im Bereich von zwischenmenschlichen Beziehungen und unserer Sexualität ist die Wissenschaft leider oft nicht von großem Nutzen. Es gibt zwar viele Studien in diesem Bereich, aber unumstritten sind die wenigsten davon. Zudem bilden diese Studien auch nur die Einstellungen von Menschen ab, die selbst von verwirrten Rollenbildern betroffen sind. Die einzige Möglichkeit, an Theorien zu kommen, die unsere entwicklungsgeschichtliche Natur offenbaren können, ist es, die menschliche Evolution und hier im speziellen die Evolutionspsychologie zu bemühen. Zwar sprengt ein zu tiefes Eindringen in die Evolutionstheorie und -psychologie den Rahmen eines Sexratgebers, dennoch sollten wir uns mit den Grundprinzipien vertraut machen, denn andere brauchbare Erklärungsmodelle gibt es meines Erachtens nicht. Die Evolutionstheorie ist das einzige Modell, das unsere angeborenen Eigenschaften und unsere Herkunft schlüssig erklären kann.

Die wissenschaftliche Definition des primären Evolutionsprinzips lautet folgendermaßen:

„Evolution ist die Veränderung der vererbbaren Merkmale einer Population von Lebewesen von Generation zu Generation. Diese Merkmale sind in Form von Genen kodiert, die bei der Fortpflanzung kopiert und an den Nachwuchs weitergegeben werden. Durch Mutationen entstehen unterschiedliche Varianten (Allele) dieser Gene, die veränderte oder neue Merkmale verursachen können. Diese Varianten sowie Rekombinationen führen zu erblich bedingten Unterschieden (Genetische Variabilität) zwischen Individuen. Evolution findet statt, wenn sich die Häufigkeit dieser Allele in einer Population (die Allelfrequenz im Genpool) ändert, diese Merkmale in einer Population also seltener oder häufiger werden."

Vereinfacht ausgedrückt bedeutet dies:

Alle angeborenen Verhaltensweisen und Eigenschaften, die die Wahrscheinlichkeit erhöhen, dass ein Individuum sich erfolgreich fortpflanzt und sein Nachwuchs ebenfalls das fortpflanzungsfähige Alter erreicht, setzen sich mehrheitlich durch.

Was bedeutet dies für uns als einzelne Person, als Individuum?

Es bedeutet, dass alles was wir tun, um

a) **unsere Chancen zu erhöhen um uns fortzupflanzen oder**
b) **die Chancen erhöht, dass unsere Kinder das fortpflanzungsfähige Alter erreichen,**

sich richtig anfühlt und mit guten Gefühlen belohnt wird. Und es bedeutet, dass alles was dem widerspricht mit Schmerzen und Traurigkeit verbunden ist.

Darum macht es uns glücklich zu gewinnen, darum begehren wir das andere Geschlecht, darum fühlt sich Sex so gut an, darum vergöttern wir unsere Kinder, darum weinen wir vor Rührung bei der Hochzeit eines Kindes, darum haben wir Liebeskummer, wenn wir verlassen werden, darum haben wir Schmerzen, wenn wir uns verletzen und darum lieben wir.

Natürlich ist es nicht die einzige Antriebsfeder die uns innewohnt, doch ein wirklich großer Teil unseres Verhaltens lässt sich darauf zurückführen. Und wir können diesem Antrieb auch absichtlich zuwider handeln, wir sind keine Sklaven unserer Natur. Doch wiederum: Macht uns diese Verhaltensweise glücklich? Fühlt es sich richtig an so zu handeln?

Evolution darf vor allem nicht als kurzfristiger Prozess betrachtet werden. Evolution ist etwas, das stattfindet, seit es Leben auf unserem Planeten gibt, also seit ca. 4 Milliarden Jahren. Der Mensch in einer dem heutigen Erscheinungsbild ähnlichen Gestalt wandelt erst seit etwa 2,5 Millionen Jahren auf der Erde, aber entwicklungsgeschichtlich sind Teile unseres Gehirns noch viel älter. Evolution (also die Veränderung unserer Gene = angeborene Eigenschaften und Verhaltensweisen) ist auch nur über diese langen Zeitspannen als dynamisch zu begreifen. Da die Veränderungen von einer Generation zur nächsten nur marginal und kaum wahrnehmbar sind und die Generationsspanne beim Menschen zumindest 15 Jahre beträgt, dauert es tausende von Jahren, bis sich eine bestimmte Gensequenz innerhalb einer Population durchgesetzt hat. Nachdem der Mensch aber erst seit ca. 10.000 Jahren sesshaft und „zivilisiert" ist, ist unser Verhalten zu einem sehr großen Anteil in der viel längeren Periode des Nomadenlebens während der Steinzeit geprägt worden. Unsere natürlichen angeborenen Verhaltensweisen wurden also in einer Zeit entwickelt, die mit unserer aktuellen Umwelt und unserer Gesellschaftsstruktur nur wenig zu tun haben.

Gehen wir also einmal davon aus, dass sich beim Menschen in dieser langen Zeitspanne der Steinzeit genetisch bedingte Eigenschaften und Verhaltensweisen mehrheitlich durchgesetzt haben, die die Fortpflanzung in diesem Umfeld begünstigen, so können wir menschliche Verhaltensweisen in natürlich (die Fortpflanzungsfähigkeit begünstigend) und unnatürlich (die Fortpflanzungsfähigkeit mindernd) einteilen.

Vorab möchte ich ausdrücklich davor warnen, natürlich mit gut und unnatürlich mit schlecht gleichzusetzen. Evolution ist im moralischen Sinne wertungsfrei zu betrachten. So gibt es Verhaltensweisen, die im evolutionären Sinne als natürlich zu gelten haben, weil sie eben die Fortpflanzungswahrscheinlichkeit des Individuums erhöhen, diese aber im heutigen zivilisatorischen Kontext zurecht als schlecht, böse und bestrafungswürdig gelten. Genauso gibt es unnatürliche Verhaltensweisen, die wir heute moralisch als gut, altruistisch und belohnungswürdig betrachten. Daneben gibt es auch natürliche und unnatürliche Verhaltensweisen die per se überhaupt keiner Einteilung in gut und schlecht unterliegen.

Evolution kennt keine Moral. Nur der Fortpflanzungserfolg entscheidet über den Erfolg oder die Niederlage einer genetisch veranlagten Strategie.

Betrachten wir also einmal verschiedene für unsere zwischenmenschlichen Beziehungen relevanten Verhaltensweisen im Kontext der Steinzeit.

Verhaltensweise: Einvernehmlicher Sexualakt zwischen Mann und Frau

Versetzen wir uns also zurück in die Steinzeit. Unberührte Natur, die Menschen leben in Verbänden von 10 bis 100 Personen und die Bevölkerungsdichte lag unter der, wie sie heute in Sibirien herrscht. Der Tod eines Kindes war nichts Besonderes, nur eines von vier erreichte das Erwachsenenalter. Gefahren für Leib und Leben konnten hinter jeder Ecke lauern, schon ein Beinbruch konnte ein Todesurteil sein. Nahrung konnten nur die ausreichend beschaffen, die es schafften, als Gemeinschaft zu funktionieren.

Stellen wir uns in diesem rauen Umfeld einmal eine vergleichsweise idyllische Partnerschaftsanbahnung vor. Zwei befreundete, nicht um Ressourcen rivalisierende Gruppen von Menschen treffen aufeinander. Ein Mann und eine Frau aus der jeweiligen anderen Gruppe finden sich sympathisch. Die Aufnahme der Frau in die Gruppe des Mannes wird vereinbart und ein neues Paar ist geboren.

Wussten Sie schon?

Erleben Mann und Frau gleichzeitig einen Orgasmus, taucht der Muttermund der Frau mehrfach in das Sperma des Mannes und erhöht so die Befruchtungswahrscheinlichkeit. Die Natur bevorzugt also sehr wohl den guten Liebhaber gegenüber dem Vergewaltiger

Die beiden lernen sich kennen, verlieben sich ineinander und schlafen natürlich auch miteinander. Die Liebe der beiden und der Spaß am Sex sorgt dafür, dass sie das so oft tun, so oft sie Gelegenheit dazu haben. Selbstverständlich erhöht dies die Wahrscheinlichkeit einer

Fortpflanzung massiv. Sie fühlt sich wohl in der Beziehung und erlebt auch den einen oder anderen Orgasmus und erhöht so unbewusst die Chancen, dass ein neuer Mensch das Licht der Welt erblickt, nochmals.

Da dieses Verhalten im höchsten Maße die Weitergabe der eigenen Gene begünstigt, kann es sich nur um eine natürliche Verhaltensweise handeln.

Verhaltensweise: Beschützen seiner Frau und Kinder

Dasselbe Paar gerät im unruhigen Fahrwasser der Steinzeit unweigerlich immer wieder in gefährliche Situationen. Raubtiere, Ressourcenstreitigkeiten zwischen verschiedenen Gruppen, Nahrungsmangel und widrige Witterungsbedingungen sind nur einige der Gefahren, denen die Menschen damals ausgesetzt waren. Durch die Liebe zu seiner Frau und später auch zu ihren gemeinsamen Kindern, versucht der Mann auf Basis seiner größeren körperlichen Kraft, diese bestmöglich vor diesen Gefahren zu beschützen. Durch dieses Verhalten erhöht er sowohl die Wahrscheinlichkeit, dass die Frau Kinder zur Welt bringt, als auch die, dass die Kinder selbst das zeugungsfähige Alter erreichen.

Wussten Sie schon?

Der Begriff Elternaufwand wurde von Robert Trivers geprägt und dieser repräsentiert die unterschiedlichen Gesichtspunkte unter denen die verschiedenen Geschlechter ihren Partner auswählen.
Während der Mann im Grunde außer dem Sexualakt keinen zwingenden darüber hinaus gehenden Aufwand bringen muss, hat die Frau einen ungleich höheren Einsatz zu erbringen. Schwangerschaft und die beim Menschen überaus aufwendige Pflege des Nachwuchses bis zur Selbstständigkeit erfordern das Eingehen von Risikos, die sorgfältig abgewogen werden müssen. Dies erklärt schlüssig warum der Mann bei seiner Partnerwahl eher nach oberflächlichen Gesichtspunkten vorgeht und die Frau bei weitem selektiver in ihrem Vorgehen ist, um vom Mann die nötige Unterstützung erhoffen zu können.

Natürlich ist dies keine Einbahnstraße und auch die Bereitschaft einer Frau, sich beschützen zu lassen bzw. ihre Fähigkeit den Beschützerinstinkt des Mannes zu wecken, wirkt sich positiv auf das Überleben aus. Es haben sich also demnach im Laufe der Zeit vermehrt Männer mit Beschützerinstinkt und Frauen mit dem Bedürfnis beschützt zu werden fortgepflanzt. Wie das ‚Instinkt' in Beschützerinstinkt schon impliziert, ist dies ein völlig natürliches Verhalten.

*Verhaltensweise: Dominantes Verhalten beim Mann im **Alltag***

Wie beim Begriff des Elternaufwands bereits erwähnt, geht die Frau weitaus selektiver bei der Wahl ihres Partners vor. Muss sie doch nicht nur einen gesunden und daher für sie attraktiven Partner finden, sondern auch einen, der in der Lage ist, sie und ihre Kinder zu ernähren, zu beschützen und sie bei der Aufzucht der Nachkommen zu unterstützen.

Mangels hellseherischer Fähigkeiten, muss die Frau sich dabei auf offensichtliche Kriterien verlassen und daraus eine Prognose erstellen, ob sich der Mann als Partner und Versorger eignen wird. Neben körperlichen Eigenschaften wir Kraft und Größe, die gute Fähigkeiten bei der Nahrungsbeschaffung und als Beschützer implizieren, gibt vor allem das soziale Verhalten Aufschluss darüber, ob ein Mann als Partner in Frage kommt. Natürlich ist dies kein bewusster rationaler Prozess, sondern diese Entscheidungen werden instinktiv getroffen. Wir entscheiden uns nicht nach einem langwierigen Abwägungsprozess, ob wir jemand anziehend finden oder nicht, es ist einfach so, oder eben nicht.

Stellen wir uns wiederum eine Gruppe in der Steinzeit vor. Diese Gruppen liegen von ihrer Organisation her wahrscheinlich irgendwo zwischen denen von Schimpansen und unserer heutigen Gesellschaftsstruktur. Da sowohl bei den Schimpansen als auch in unserer heutigen Gesellschaft, überall dort wo mehrere Männer aufeinander treffen, Hierarchie herrscht, ist davon auszugehen ist, dass es in dieser Gruppe einen Anführer geben wird. Dass dies in der Steinzeit nahezu ausschließlich ein Mann gewesen sein wird, ergibt sich schon allein aus der größeren Körperkraft, mit der man seinen Argumenten im Notfall zusätzliche Überzeugungskraft geben kann.

Es gibt in unserer Gruppe also einen Anführer und dann sicher noch ein paar Unterstützer seiner Macht, die seine Gunst mit Gefallen und

Gehorsam zu erringen versuchen. Daneben gibt es, wie in jeder Gruppe von Menschen, sicher auch Außenseiter, die bestenfalls geduldet werden.

Kommt es nun zu einer Nahrungsknappheit so sinkt die Wahrscheinlichkeit, dass ein Außenseiter ausreichend davon abbekommt, weil er weder die soziale Stellung, noch die körperliche Kraft hat, um seinen Anspruch durchzusetzen. Zudem kann er einer Frau weniger Sicherheit bieten. Zum einen hat er weniger Rückhalt in der Gruppe, also weniger Mitglieder die sich für ihn bei Bedarf einsetzen würden. Zum anderen lässt sein Status als Außenseiter von alleine schon darauf schließen, dass er sowohl in seinen körperlichen als auch in seinen geistigen und sozialen Fähigkeiten anderen, also über ihm stehenden Männern, in der Gemeinschaft unterlegen ist.

Hat eine Frau aus unserer oder einer anderen Gruppe also nun die Wahl, zwischen einem Außenseiter und dem Anführer der Gruppe, so wird sie, wenn keine anderen gravierenden Gründe gegen den Leader der Gruppe sprechen, sich für diesen auch entscheiden. Wenn er also für die Frau nicht gänzlich abstoßend und ihr nicht unsympathisch ist, hat der Anführer das Rennen schon gemacht. Der unbewusste weibliche Selektionsprozess läuft vor allem darauf hinaus, den Außenseiter zu meiden und ein möglichst sozial hochstehendes Mitglied (= möglichst hohe Sicherheit und Nahrungsqualität für sich und ihre Kinder) aus den vorhandenen Werbern zu eruieren.

Woran erkennt die Frau nun den Leader einer Gruppe? An seinem dominanten Verhalten. Denn nur dieser kann sich dieses erlauben. Ein Außenseiter würde auf massiven Widerstand stoßen, wenn er sich einem Gruppenmitglied, das sich selbst als ihm gegenüber sozial höherstehend betrachtet, dominant verhalten würde. Wenn sich ein Mann dominant verhält und damit auch durchkommt (!), dann ist dies äußerst attraktiv für Frauen.

Die Frauen haben einen siebten Sinn für Gewinner. Daher werden auch Eigenschaften, die darauf hindeuten, dass ein Mann dominant sein könnte, wie selbstbewusste Ausstrahlung, Körpergröße oder Muskelmasse als attraktiv empfunden. Aber Vorsicht, Mehr ist nicht immer besser. Der übermäßig mit Muskeln bepackte Bodybuilder, wird dann eher schon als Bedrohung empfunden, übersteigertes Selbstbewusstsein wird als Arroganz interpretiert. An unserer Körpergröße können wir zwar nichts ändern, dennoch werden auch extrem große Männer nicht mehr als so attraktiv empfunden. Auch wird übersteigerte Dominanz in Form von Herrschsucht und Rechthaberei als unattraktiv empfunden. Frauen mögen es gerne dezent. Wird etwas zu augenscheinlich präsentiert, haftet ihm immer etwas Unechtes, Vorgespieltes an. Wie immer gilt: Die Menge macht das Gift.

*Verhaltensweise: Dominantes Verhalten bei der Frau im **Alltag***

Betrachten wir nun dominantes Verhalten der Frau im Kontext der Steinzeit. Wie auch heute durchaus noch zu beobachten ist, gibt es innerhalb der weiblichen Mitglieder einer Gruppe ebenfalls eine gewisse Rivalität, auch wenn diese bei weitem nicht so stark ausprägt ist wie unter Männern. Da Männer aus Sicht des Elternaufwandes weniger Risiko und Arbeit eingehen müssen um die Vererbung ihrer Gene sicherzustellen, setzen Männer mehr auf Quantität als auf Qualität. Sprich die Bereitschaft für Sex ist viel eher gegeben, da keine so sorgfältige Abwägung stattfindet. In der Regel genügt es dem Mann, dass die Frau aufgrund ihres gesunden (=attraktiven) Erscheinungsbildes eine erfolgreiche Fortpflanzung verspricht.

Dies heißt aber nicht, dass Männer gänzlich darauf verzichten, die Fähigkeiten einer Frau zu bewerten. Schließlich tragen auch rationelle und emotionale Intelligenz der Frau dazu bei, ihr eigenes Leben und das der Kinder zu bewahren. Weiters gilt auch innerhalb der Frauen einer Gemeinschaft, dass eine Frau nur mit dominantem Verhalten durchkommt, wenn ihr dies von den anderen Frauen zugestanden wird und stellt so einen indirekten Beweis ihrer Fähigkeiten dar. Dies kann also durchaus attraktiv auf Männer wirken.

Versucht die Frau aber gegenüber Männern dominant aufzutreten, sinkt die Wahrscheinlichkeit, dass ihr das zugestanden wird, denn im rauen urzeitlichen Umfeld, ist körperliche Gewalt die letzte Instanz für die Schlichtung von Streitigkeiten. Es ist sicher auch vorgekommen, dass Frauen sich als Anführer einer Gruppe etabliert haben, nur wird dies kaum ohne die Unterstützung von einem oder mehreren Männern, die an ihrer statt die körperlichen Aspekte des Führungsanspruchs repräsentiert haben, von statten gegangen sein. Für Frauen die eine Führungsrolle anstreben, kann also durchaus auch ein sich ihr gegenüber unterordnend verhaltender Mann attraktiv sein, aber er erhält seinen Wert durch die gleichen Merkmale, die einen dominanten

Mann ausmachen. Schließlich kann die Frau ihre Macht nicht auf einen schwächlichen und von der Gruppe nicht akzeptierten Außenseiter stützen.

Was passiert aber mit einer dominanten Frau, die ihren Führungsanspruch innerhalb der Gruppe nicht durchsetzen kann? Sie wird sich wohl selbst von der attraktivsten Gruppe der Männer, nämlich den dominanten, ausschließen. Ein wirklich dominanter Mann wird dieses Verhalten wohl kaum ohne Widerspruch hinnehmen. Es gibt in einer steinzeitlichen Gemeinschaft keine Privatsphäre wie wir sie kennen, weil dafür keine räumliche Trennung vorhanden ist. Eine Trennung des öffentlichen und des privaten Verhaltens wie es heute durchaus möglich ist – wie etwa ein Top-Manager der zu Hause nach der Pfeife seiner Frau tanzt – ist für die damalige Zeit nur schwer vorstellbar. Würde diese öffentlich zur Schau gestellte Unterordnung seiner Frau gegenüber, doch massiv seine Autorität untergraben. Dominante Frauen reduzieren also ihre Fortpflanzungswahrscheinlichkeit, indem sie auf die Vorteile in Bezug auf Sicherheit und Ernährung an der Seite eines dominanten Mannes verzichten. Weibliches dominantes Verhalten gegenüber Männern darf daher eher als unnatürlich eingestuft werden.

*Verhaltensweise: Unterordnendes Verhalten beim Mann im **Alltag***

Nicht jeder ist zum Anführer geboren, aber jeder geborene Anführer muss sich im Laufe seines Lebens verschiedenen Personen unterordnen. Seiner Mutter, seinem Vater und vielleicht auch noch vielen anderen Personen, bevor er selbst die Führung übernehmen kann.

Widmen wir uns wieder unserer Überlebensgemeinschaft in der Steinzeit. Würden in dieser Gruppe alle Männer unentwegt um die Vorherrschaft kämpfen, wären früher oder später zu wenige Männer da, um eine ausreichende Nahrungsversorgung durch die Jagderfolge zu gewährleisten. Sprich die Fortpflanzungswahrscheinlichkeit aller Männer und Frauen in der Gruppe geht gegen Null. Es muss also auch in uns Männern etwas existieren, der diesem ewigen Kampf Einhalt gebietet. Männer sind also durchaus fähig sich unterzuordnen und können sich mit dieser Situation zumindest arrangieren, wie auch heute noch in jeder hierarchischen Organisation erkennbar ist. Sprich die Hackordnung wird einmal festgelegt und solange keine gravierenden Änderungen von außen einwirken, wird diese auch beibehalten.

Männer müssen sich also im Alltag auch unterordnen können, im Interesse des Gesamtwohls der Gruppe. Dennoch sinkt für die Männer, die das tun müssen, die Fortpflanzungswahrscheinlichkeit. Sich unterzuordnen ist eher ein notwendiges Übel und kann daher nur als bedingt natürlich eingestuft werden.

Verhaltensweise: Dominanz des Mannes vs. Unterordnung der Frau beim ***Sex***

Betrachtern wir dies einmal von einer ganz anderen Seite. Betrachten wir den Geschlechtsakt an sich. Stellen sie sich ein Paar beim Koitus vor. Wen der beiden würden Sie eher als dominant und wen als sich unterordnend einstufen? Eben! Selbst die Feministinnen der 70er Jahre haben erkannt, dass es sich bei der Penetration einer Frau um einen dominanten Akt des Mannes handelt und teilweise versucht dies zu stigmatisieren, da es ihrer Ansicht nach der weiblichen Gleichberechtigung im Wege stand. Alice Schwarzer, die Identifikationsfigur des deutschen Feminismus schlecht hin, hat in ihrem 1977 erschienenem Buch ‚Der kleine Unterschied und seine großen Folgen' die Behauptung aufgestellt, Frauen wären durch den reinen Koitus nicht zu einem Orgasmus fähig. Tatsächlich scheint es so zu sein, dass Frauen eher schwierig über den reinen Koitus zum Orgasmus kommen, wie auch aus unzähligen Untersuchungen (unter anderem der von Fr. Schwarzer zitierte Kinsey Report) hervorgeht. Auch wenn es kein Selbstverständlichkeit ist, seine Partnerin solcherart zum Höhepunkt zu bringen und dies eher der liebhaberischen Königsklasse zuzuordnen ist, ist die Behauptung an sich natürlich Unsinn.

Auch prägte Frau Schwarzer den bis dahin nicht im normalen Sprachgebrauch angekommenen Begriff der Penetration. Dies wohl in der Absicht dem Beischlaf einen möglichst negativen Beigeschmack zu verpassen und die Frauen vom „demütigenden" Vorgang der Penetration durch einen dominanten Mann zu „befreien". Selbst sie hat also erkannt, dass der Geschlechtsakt an sich einer Unterordnung der Frau gleichkommt.

Wenn also der Zeugung von neuem Leben ein unterordnender Akt der Frau voraus geht, wer glauben Sie, wird eher seine Gene verbreiten? Eine Frau die gerne unter einem Mann liegt und es genießt ‚penetriert' zu werden oder die, die dies ablehnt? Die Dominanz des Mannes beim Sex kann daher nur als höchst natürlich eingestuft werden und wenn die

Feministinnen endlich aufhören würden, ihre Kreuzzüge in unsere Schlafzimmer zu führen, dann könnten auch wieder mehr Frauen den Sex in seiner naturgegebenen Art und Weise genießen.

Laut Umfragen definieren sich 70-75% der Frauen als überwiegend oder vorwiegend sexuell devot, während sich nur 10-15% als dominant definieren. Überraschenderweise definieren sich auch 40% der Männer als eher devot und ebenfalls ca. 40% als dominant. Der Rest ist entweder unentschlossen oder definiert sich in dieser Beziehung als neutral oder wechselnd.

Bei den heterosexuellen Männern zeigt sich also ein relativ ausgewogenes Bild. Sowohl die Veranlagung von Dominanz als auch Submission scheint in etwa gleichverteilt zu sein. Es gibt also durchaus einen nennenswerten Anteil an Männern die sich einer Frau gerne unterwerfen würden. Bemerkenswerterweise führt selbst dieser offensichtlich vorhandene Bedarf nicht dazu, dass Frauen diesem Bedürfnis in größerer Zahl folgen und die dominante Rolle übernehmen. Aber selbst die Männer kommen dem weiblichen Bedürfnis nach sexueller Unterordnung nicht in ausreichendem Maße nach. Dies dürfte wohl damit zusammenhängen, dass es eben mehr Energie erfordert die Führung und Verantwortung zu übernehmen, als sich in die passive Rolle zu begeben. Letzteres ist schlicht und einfach bequemer. Möglicherweise hängt es aber auch damit zusammen, dass dominantes Verhalten, gerade bei Männern, in den letzten Jahrzehnten zunehmend stigmatisiert wird, weil es der weiblichen Gleichberechtigung im Wege stehen soll.

Verhaltensweise: Vergewaltigung

Immer dann, wenn es keine Regeln und vor allem keine Konsequenzen gibt, erwacht das Tier im Manne und er nimmt sich was er will. Was in der Neuzeit in Kriegszeiten noch zu beobachten ist, wenn etwas aus der Urzeit hervorblitzt und nicht nur den sexuell gestörten, sondern auch den gewöhnlichen Mann zum Vergewaltiger werden lässt.

Ein steinzeitliches Umfeld in dem es nicht regelmäßig zu Vergewaltigungen gekommen ist, ist nur schwer vorstellbar. Neben dem, dass es wohl viele Gelegenheiten gegeben haben wird, sich ungestraft einer Frau zu bemächtigen, stellt die Gewaltnahme für einen kräftigen aber ansonsten bei den Frauen erfolglosen Mann die einzige Möglichkeit dar, seine Gene zu verbreiten.

Ich werde nicht müde zu betonen, dass Evolution keine Moral kennt und es in diesem Zusammenhang nicht von Belang ist, ob wir dieses Verhalten heute als verwerflich betrachten oder nicht. Die einzige Frage die sich stellt ist: Erhöht es die Fortpflanzungswahrscheinlichkeit des Individuums. Da dies eindeutig mit Ja beantwortet werden muss, kann der mit Gewalt erzwungene Geschlechtsakt nur als, im evolutionären Sinne, natürlich betrachtet werden.

Dass die Fortpflanzung durch Vergewaltigung nicht der Standardfall gewesen sein wird, ergibt sich aus der erhöhten Zeugungswahrscheinlichkeit beim einvernehmlichen Geschlechtsakt, die das Eintauchen des Muttermundes in das männliche Sperma beim weiblichen Orgasmus bewirkt (Was einen indirekten Beweis für das massive Vorkommen von Vergewaltigungen darstellt, den wieso sollte sich eine Bevorzugung des gewünschten Geschlechtspartners entwickeln, wenn die Frau nicht in der Gefahr ist, durch einen unerwünschten befruchtet zu werden). Zudem ist wohl die Überlebenswahrscheinlichkeit eines in Liebe gezeugten Kindes größer, da sowohl eine ungestörte emotionale Bindung zwischen Mutter und Kind, als auch ein Beschützer in Form des Vaters vorhanden ist.

Orgasmus der Frau

Dass es für die Fortpflanzung unabdingbar ist, dass der Mann einen Orgasmus hat, liegt auf der Hand. Warum aber hat die Frau überhaupt einen Orgasmus? Worin liegt hierbei der evolutionäre Vorteil?

Wie schon mehrfach erwähnt, bewirkt der Orgasmus der Frau eine höhere Befruchtungswahrscheinlichkeit. Wenn man aber eine Frau bei einem wirklich intensiven Orgasmus beobachtet, so kann man dies meines Erachtens nicht nur damit begründen. Es würde doch auch ein kleines Glücksgefühl mit der richtigen Muskelkontraktion zum Eintauchen des Muttermundes in das Sperma des Mannes genügen um diesen Effekt zu erzielen. Hinter diesem ekstatischem und alle Sinne berauschendem aus sich Heraustreten muss doch noch etwas mehr stecken.

Ich meine, dass dies schlicht die Motivation für die Frauen darstellt, sich den erhöhten Elternaufwand aufzubürden. Vor allem nachdem eine Frau die Schmerzen der Geburt und die Mühen der Aufzucht eines Kindes schon erlebt hat, muss es einen Faktor geben, der diese Frau wieder dazu bringt, sich erneut schwängern zu lassen. So erscheint es logisch, dass sich genetische Mutationen durchgesetzt haben, die in den Frauen ein intensiveres sexuelles Erleben bewirken. Es ist die Belohnung für das, was sie auf sich nehmen und der Ansporn, es wieder zu tun. Dies erklärt auch, warum der weibliche Orgasmus eine so viel größere Intensität erreicht, als der des Mannes.

Ist ein Mann nun nicht fähig, seiner Frau diese Belohnung in Form eines erfüllenden Orgasmus zu verschaffen, so wird diese sich über kurz oder lang verweigern und der Mann sich mit dieser Frau nicht fortpflanzen. Darum liegt uns auch das Bedürfnis, eine Frau zum Orgasmus zu bringen, im Blut, es erhöht unsere Fortpflanzungswahrscheinlichkeit. Nicht nur weil die Befruchtungswahrscheinlichkeit bei einem Geschlechtsakt für sich genommen höher ist, sondern auch, weil wir dann diesen Geschlechtsakt öfter vollziehen können.

Der Orgasmus der Frau trägt also mindestens genauso viel dazu bei, dass wir uns vermehren und es haben sich auch die Männer mehrheitlich in der Gesamtpopulation durchgesetzt, denen es ein Anliegen ist, die Frau zum Orgasmus zu bringen.

Verhaltensweise: Homosexualität

Homosexualität ist innerhalb der Evolutionsbiologie ein umstrittenes Thema, da sie oberflächlich betrachtet infolge der natürlichen Selektion längst hätte verschwinden müssen. Auch wenn konservative Kreise es nicht wahrhaben wollen, so sucht sich ein Mensch nicht aus, ob er sich zu Männern oder Frauen hingezogen fühlt. Alles deutet darauf hin, dass Homosexualität genetisch veranlagt ist.

Eine aktuelle, und meiner Meinung nach die plausibelste, Theorie geht davon aus, dass Homosexualität eine Nebenerscheinung einer genetischen Mutation ist, die sich in Summe für die Inhaber der Mutation positiv auf die Fortpflanzung ausgewirkt hat. Gemäß dieser Annahme zeugt der Anteil der Gesamtpopulation, die diese Genmutation in sich trägt, mehr Kinder. Der evolutionäre Vorteil ist also größer, als der ‚Nachteil', dass ein gewisser Anteil gleichgeschlechtlich Liebender keine Nachfahren zeugt. Je nach Studie soll übrigens der Anteil der ausschließlich homosexuell veranlagten Menschen zwischen 1 - 10% betragen.

So soll die sexuelle Präferenz, also ob man sich von einem Mann oder einer Frau sexuell angezogen fühlt, Teil einer Gensequenz sein, die zu einem attraktiven Äußeren geführt hat. Die Anfälligkeit dieser Gensequenz führt im Endeffekt dazu, dass die sexuelle Präferenz im „Fehlerfall" von der Mutter auf den Sohn und vom Vater auf die Tochter vererbt wird. Das aber ebenfalls durch diese Gensequenz hervorgerufene attraktivere Äußere gleicht diese „Fehlerfälle" durch eine erhöhte Fortpflanzungsquote mehr als aus. Da Homosexualität aber trotzdem für sich allein genommen die Fortpflanzungswahrscheinlichkeit mindert, muss sie im evolutionären Kontext (also nicht moralisch bewertend!) als unnatürlich bezeichnet werden.

Verhaltensweise: Seitensprung des Mannes

Dieses Thema ist eigentlich schnell abgehandelt. Erhöht der vermehrte sexuelle Kontakt des Mannes zu anderen Frauen als der, die er als seine eigene bezeichnet, die Wahrscheinlichkeit, dass er seine Gene weitergeben kann? Ja!

Geht der Mann über den Sexualakt hinaus irgendwelche Verpflichtungen im Sinne des Elternaufwandes ein? Nein!

Wird er daher jede Gelegenheit nutzen mit einer Frau zu schlafen, die er auch nur halbwegs attraktiv findet, wenn er das Gefühl hat, ungestraft davonzukommen? Selbstverständlich tut er das und diese Verhaltensweise kann daher nur als natürlich eingestuft werden.

Wussten Sie schon?

Männer ejakulieren nicht nur befruchtungsfähige Spermien, sondern auch bewegungsunfähige und sogar solche, die durch Substanzen an ihrer Oberfläche gegnerische Spermien abtöten können. Sogenannte „Killerspermien“. Die bewegungsunfähigen Spermien blockieren den Weg etwaig vorhandener Fremdspermien, so dass sie schlechter den Schleimhäuten entlang zur Eizelle wandern können. Die "Killerspermien" suchen gezielt nach Fremdspermien, deren Oberflächenstruktur nicht der eigenen entspricht, und töten diese ab.

Dies wird auch belegt durch die Produktion von „Killerspermien“, deren Aufgabe es ist, Spermien eines anderen Mannes zu töten. Es bedeutet also einen evolutionären Vorteil, sich der Spermien eines anderen

Mannes zu erwehren. Was nichts anderes bedeutet, als dass promiskes Verhalten bei den Menschen üblich ist.

David Buss, von der University of Texas in Austin, hat genau dies überprüft: In 37 verschiedenen Kulturen ließ er Menschen nach ihren sexuellen Vorlieben befragen. Auf den über 10.000 Fragenbögen, die er sammelte, ähnelten sich die Antworten auf verblüffende Weise: Männer sehnen sich nach vielen Sexualpartnerinnen und sie verhalten sich, wenn es nur um Sex geht, kaum wählerisch. Frauen dagegen achten weit mehr darauf, mit wem sie Sex haben. Auf die Zahl der Sexualpartner kommt es ihnen nicht an. Ein Forscher fasste das wie folgt zusammen: "Überall wird Sex als etwas verstanden, was die Frauen besitzen und die Männer von ihnen haben wollen". Andere Studien an amerikanischen Universitäten haben diese Geschlechterrollen bestätigt. Attraktive Frauen und Männer boten sich als Sexualpartner an. Keine einzige Studentin war zum Sex mit einem Fremden bereit, doch 75 Prozent der Männer willigten sogleich ein. Dies kann sowohl als Beleg für Trivers Argument des Elternaufwandes, als auch für das angeborene promiskuitive Verhalten der Männer interpretiert werden.

Fest steht, dass die Männer früher nach dem Motto gehandelt haben: „Verstreue deinen Samen, irgendwo wird er schon auf fruchtbaren Boden fallen“. Und bietet sich ihnen die Gelegenheit, hat sich auch heute noch nichts daran geändert.

Verhaltensweise: Seitensprung der Frau

Der Seitensprung der Frau ist vor allem aus einem Gesichtspunkt komplexer: Die Frau geht mit jedem sexuellen Kontakt das Risiko einer Schwangerschaft und jahrelanger Erziehungsarbeit ein. Sie wird sich daher nicht jedem an den Hals werfen, der als Sexualpartner in Frage kommt, um ein paar Minuten Spaß zu haben.

Wie sehr diese steinzeitlichen Verhaltensweisen noch unser Handeln bestimmen, wird übrigens dadurch dokumentiert, dass die Frauen selbst nach Erfindung zuverlässiger Verhütungsmittel ihr Verhalten diesbezüglich nicht grundlegend geändert haben. Denn selbst nachdem die rationellen Gründe dafür, wählerisch zu sein, ausgeschaltet sind, handeln sie noch immer so, als wäre dies nicht der Fall. Wobei schon ein gewisser Trend Richtung mehr Freizügigkeit durch den Wegfall dieses Risikos zu erkennen ist.

Für die Frauen gibt es neben den paar Minuten Spaß eigentlich nur eine Motivation für Sex außerhalb der Hauptbeziehung: Bessere Gene. Hat sie also schon einen geeigneten Beschützer und Versorger und bekommt die Chance, aus dieser halbwegs gesicherten Position heraus, sich mit einem für sie attraktiveren Mann (was nüchtern betrachtet nichts anderes bedeutet, als das sie bessere Gene vermutet) ungestraft (!) zu vereinigen, so stehen die Chancen gar nicht so schlecht, dass sie diese Chance wahr nimmt. Sie wird aber auf jeden Fall sehr viel behutsamer und überlegter vorgehen, riskiert sie doch damit ihren Versorger zu verlieren. Eine Frau wird dieses Risiko nur eingehen, wenn auch wirkliche etwas für sie dabei herausspringt. Es ist auf jeden Fall beim Seitensprung der Frau festzustellen, dass meist mehr als nur Sex dahinter steht. Während Männer auch einfach mal eine Nacht Spaß nach dem Motto ‚Gelegenheit macht Liebe' haben wollen, ist bei Frauen sehr viel mehr das Bedürfnis vorhanden, ein Defizit in ihrer aktuellen Beziehung ausgleichen zu wollen.

Gehen Männer deswegen mehr fremd als Frauen? Nein, denn es gehören immer zwei dazu und irgendwo müssen die Frauen für die Seitensprünge ja auch herkommen.

Unter dem Strich steht auf jeden Fall, dass auch der Seitensprung der Frau ein völlig natürliches Verhalten darstellt.

Verhaltensweise: Tötung eines Menschen

Dies hat jetzt eigentlich nichts mit dem Thema des Buches zu tun aber ich will Ihnen verdeutlichen, wie sehr auch heute noch unsere evolutionär entwickelten Gene unser Handeln bestimmen und wie wenig dies mit heutiger Moral zu tun.

Also noch einmal: Evolution kennt keine Moral, denn selbst etwas moralisch derartig negativ Bewertetes wie Mord, kann im Sinne der Evolution einen positiven Selektionsvorteil bedeuten. Ermordet ein männliches Gruppenmitglied ein anderes männliches Gruppenmitglied so erhöht er damit statistisch seine Chancen, mit einem weiblichen Gruppenmitglied in sexuellen Kontakt zu treten, da eben ein Mann weniger in Konkurrenz zu ihm steht. Insbesondere, wenn das Opfer ein direkter Rivale um eine spezielle Frau ist.

Männer sind bis zu einem gewissen Grad immer Rivalen und ein Rivale weniger, bietet eben größere Chancen. Und weil Mord diesen Vorteil bei der Reproduktionswahrscheinlichkeit bietet, muss es auch im evolutionären Sinne als natürlich und in unseren Genen verankert betrachtet werden.

Im Gegensatz zur Ermordung eines Mannes erhöht die Tötung einer Frau nicht die Reproduktionswahrscheinlichkeit der eigenen Gene. Daher kommt wohl auch die Tradition, dass Kriege fast ausschließlich von Männern geführt werden. Eine Gruppe / Gesellschaft, die auch das Leben ihrer Frauen mit Kampfeshandlungen riskiert, riskiert damit auch die völlige Auslöschung.

Vom logischen Standpunkt her müsste also die überwiegende Mehrheit der Opfer von Tötungsdelikten Männer sein. Auch wenn die Medien mittlerweile ein anderes Bild vermitteln, so gilt dies heute noch und wird auch aus den aktuellen statistischen Daten für die EU deutlich. Diesen zu Folge sind 70,6% der Opfer männlich.

Körperkraft

Selbstredend werden nicht nur genetisch vorbestimmte Verhaltensweisen evolutionär entwickelt, sondern auch unsere körperlichen Ausprägungen.

Offensichtlich besteht ein evolutionärer Vorteil für die Gattung Homo Sapiens darin, dass der Mann körperlich stärker ist als die Frau. Ein Teil der Wissenschaft führt die größere Körperkraft darauf zurück, dass die Männer aufgrund der Arbeitsteilung nach Jäger und Sammler mit den körperlich anspruchsvolleren Tätigkeiten betraut waren. So soll dies dazu geführt haben, dass Männer durch Genmutationen eine größere Muskelmasse ausgebildet haben, um diesen Tätigkeiten besser zu entsprechen.

Allerdings handelt es sich hierbei um eine klassische Henne–Ei-Problematik. Haben die Männer mehr Kraft, weil sie für diese körperlich intensiveren Tätigkeiten zuständig waren, oder haben Sie diese übernommen, weil sie mit ihrer größeren Muskelkraft besser für die Ausführung derselben geeignet waren?

Ich tendiere eher zu letzterem Ansatz, da sich die größere Muskelmasse auch durch eine andere Theorie plausibel erklären lässt. Warum sollte es hier auch anders sein, als bei den anderen Erklärungen. Ein im Verhältnis zur Frau stärkerer Mann hat einfach größere Chancen sich zu reproduzieren, da er Notfalls, wie im Abschnitt ‚Verhaltensweise: Vergewaltigung' bereits erwähnt, die Frau auch mit Gewalt zur Kopulation zwingen kann. Dies ist nur möglich, wenn der Mann auch stärker ist. Da es aufgrund des erhöhten Elternaufwandes für die Frau bei einer hypothetischen körperlichen Überlegenheit keine Motivation (und wohl auch keine Möglichkeit – Stichwort Erektion) gäbe, einen Mann zu vergewaltigen, bietet nur eine Kräfteungleichheit in diese eine Richtung einen evolutionären Vorteil.

Zudem gibt es auch noch andere Faktoren die eine höhere Körperkraft des Mannes mit einer höheren Fortpflanzungswahrscheinlichkeit in Korrelation bringt. Zum einen erhöht mehr Kraft schlicht und einfach die Überlebenswahrscheinlichkeit und somit die Wahrscheinlichkeit, dass fortpflanzungsfähige Alter zu erreichen und länger als ‚Befruchter' agieren zu können. Zum anderen symbolisiert eine besser ausgebildete Muskulatur eine gewisse Dominanz und dies bringt sowohl bei der Partnerwahl, als auch beim Aufstieg innerhalb der Gruppen einen Vorteil. Letzteres bietet, wie bereits erwähnt, wiederum Vorteile bei der Auswahl der Partnerin.

Körpergröße

Die Körpergröße ist schlicht und einfach ein Dominanzmerkmal. Gerade als nicht allzu großer Mann kann ich selbst oft das Unbehagen fühlen, welches ein großer Mann in mir auslöst. Das vage Gefühl des dominiert werdens, welches in mir eine negative Assoziation auslöst, ist für Frauen hingegen attraktiv. Bei der Partnerwahl werden auch heute noch größere Männer bevorzugt und ein positiver Einfluss auf die Fortpflanzungswahrscheinlichkeit erklärt sich hiermit von selbst.

Zusammenfassung

Wenn wir all dies in Betracht ziehen und uns den urzeitlichen, von all den zivilisatorischen Schichten befreiten, Menschen vorstellen, so zeigt sich ein relativ simples Bild. Das Tier in uns trachtet danach, sich nach diesen simplen Regeln fortzupflanzen und diese Urtriebe bahnen sich früher oder später ihren Weg, egal welche Hindernisse wir ihnen in den Weg legen, wie auch beim heutigen Sexualverhalten noch leicht zu beobachten ist.

Männer trachten danach, sich mit ihren Fähigkeiten sexuelle Gefälligkeiten einer Frau zu verdienen. Diese Fähigkeiten finden in der körperlichen Ausstattung und dem Status innerhalb des sozialen Umfeldes ihren Niederschlag. Die Frauen wählen den Partner aufgrund dieser Kriterien und versuchen ihrerseits mit sexuellen Gefälligkeiten den Auserwählten an sich zu binden, um sich und ihren Kindern Nahrungssicherheit und Schutz bieten zu können. Für ihren größeren Aufwand bei der Geburt und Aufzucht der Kinder werden sie von der Natur aber auch mit einem intensiveren sexuellen Erleben belohnt, denn irgendwo muss die Motivation, dieses auf sich zu nehmen, ja auch seinen Ursprung haben. Und, die Natur (und somit die Frauen) bevorzugt Männer, die fähig sind, diese Motivation bei Frauen auslösen zu können.

Eine Frau zum Orgasmus bringen zu können ist somit keine nette Zusatzfähigkeit für uns Männer, nein, es ist ein wichtiger Teil unserer Urtriebe, es ist ein wichtiger Teil unserer männlichen Identität. Darum machen wir auch einen solchen Eiertanz daraus und darum sind wir auch so beleidigt, wenn uns ein Orgasmus nur vorgespielt wird und darum werden uns diese vermeintlichen Orgasmen auch erst vorgespielt, weil uns die Frau, die es tut, diese Anerkennung, diesen Teil unserer Identität nicht verweigern will. Und weil dieses männliche Bedürfnis nach dem weiblichen Orgasmus ein Teil unserer Urtriebe ist, ist es auch mehr als logisch, dass dieser in den Frauen genetisch verankerte Orgasmus nur mit den männlichen Urtrieben und nicht mit unserer zivilisatorisch entwickelten Art zu Denken erreicht werden kann.

3. Wo wir sind

Als die Menschen vor ca. 10.000 Jahren Viehzucht und den Ackerbau entwickelten und es dadurch möglich wurde, sesshaft zu leben, wurde auch die Größe der zusammenlebenden Gruppen größer, da mehr Menschen ernährt werden konnten. Zudem hatte ein größerer Verband den Vorteil sich besser gegen die Gefahren, die von Außerhalb drohten, verteidigen zu können.

Spezialisierung in Form verschiedener Berufe entwickelte sich. Menschen brachten ihre speziellen Talente und Fähigkeiten ein und dies ergab in Summe ein leistungsfähigeres Ganzes. Dörfer und Städte entstanden. Doch Gruppen von mehreren Hundert oder gar mehreren Tausend Menschen machten neue Regeln des Zusammenlebens erforderlich. Verhaltensweisen, die in den Kleingruppen der Steinzeit noch funktioniert hatten, waren nicht mehr vereinbar mit dem sesshaften Leben. Die Urtriebe mussten in gewisse Bahnen gelenkt werden, um ein Zusammenleben in relativem sozialem Frieden zu ermöglichen. Mord, Diebstahl und Vergewaltigungen mussten soweit es geht verhindert werden, da sich ansonsten die Mitglieder der Gesellschaft bei der Verübung der Gewaltakte und der Rache für dieselben gegenseitig aufgerieben hätten. Auch Verhaltensweisen wie zum Beispiel Untreue mussten weitestgehend unterbunden werden, weil diese oftmals die Ursache für Verbrechen darstellen.

Während der Anführer einer steinzeitlichen Kleingruppe seine Autorität und die in der Gruppe geltenden Regeln mit seiner Kraft, seinen Kampffähigkeiten und seinem sozialen Geschick quasi im Alleingang sicherstellen konnte, war dies in einem größeren gesellschaftlichen Verbund nicht mehr möglich. Es musste ein Modell geschaffen werden, auf dem die führende Kaste der Gesellschaft ihre Autorität stützen konnte. Dies ist die große Stunde der Religionen. Durch die Einführung von Regeln und Strafen, die sich auf eine übernatürliche Macht stützen, können innerhalb einer Gesellschaft Normen etabliert werden, ohne für die Durchsetzung massive Ressourcen in Form von Gerichten und Exekutivbeamten einsetzen zu müssen. Darüber hinaus bieten die Religionen noch den Vorteil, dass die einzelnen Individuen der Gesellschaft nach dem Motto ‚Lass dich brav ausbeuten in diesem Leben und du wirst nach dem Tode dafür belohnt' mit der gegebenen Lebenssituation leichter abfinden. Sich somit soziale Unzufriedenheit bis zu einem gewissen Grad unterdrücken lässt. Freilich bietet der Glauben für die Gläubigen, gerade in einer Zeit in der die Menschen noch sehr wenig wirklich wussten, den Vorteil Antworten auf viele Fragen zu liefern. Und die Menschen können aus dem Glauben Trost und Begründung für die Widrigkeiten des Lebens schöpfen. Dies stellte die Motivation der einzelnen dar, dem von der führenden Kaste vorgegebenen Glauben auch zu folgen. Für die Machthaber selbst war aber vor allem eines von Bedeutung: Durch die Religionen konnten die Menschen gesteuert werden. Dies war der erste Schritt weg von unserer Natur. Von nun an galt es nicht mehr nur seinen Instinkten zu folgen, sondern sich den Regeln der geltenden Religion und somit der Machthaber zu unterwerfen. Mit dem Fortschreiten der gesellschaftlichen Entwicklung wurden die religiösen Regelwerke (10 Gebote o.ä.) durch Gesetze unterstützt bzw. erweitert und durch weltliche Machtinstrumente gestützt. Mit der Entwicklung der Massenmedien und der Informationsgesellschaft kam eine weitere Instanz ins Spiel: ungeschriebene Gesetze und Wertvorstellungen die auf einem breiten Konsens der einzelnen basieren oder diesen durch massenmediale Verbreitung erst herstellen. Dies alles führte dazu, dass wir uns in unserem Verhalten immer mehr von unserer eigentlichen Natur entfernt haben. Im Inneren, in unserer genetischen Veranlagung und in unserem Reptilienhirn haben wir uns in dieser verhältnismäßig kurzen Zeitspanne aber nicht maßgeblich verändert. Was bedeutet, dass wir uns immer mehr verbiegen mussten, um diesen Geboten, Gesetzen und gesellschaftlichen Normen zu entsprechen.

Was für unser Funktionieren in der Gesellschaft, für unser soziales Leben und größtenteils für unsere Beziehungen unabdingbar ist, haben wir aber auch auf unser Sexualleben ausgeweitet. Wir orientieren uns an dem was uns die Umwelt in Form von religiösen Geboten und gesellschaftlichen Normen mit freundlicher Unterstützung durch die Massenmedien frei Haus liefert. Wir kategorisieren in Normal und Perversion. Wir lassen uns Standards setzen, die wir im Bett einzuhalten haben. Natürlich sollten wir auch in unserer Sexualität die Gesetze beachten, da dahinter in aller Regel auch sinnvolle Gebote stehen, die für die Erhaltung von Leib und Leben für alle Beteiligten verantwortlich sind. Nur müssen wir die Religion und die gesellschaftlichen Normen und die damit einhergehenden Tabus auch in unser Schlafzimmer lassen? Was immer ein, zwei oder mehr Menschen darin treiben und was von allen Beteiligten gewünscht ist und keinem ernsthaften Schaden zufügt, sollte niemanden etwas angehen und sich keinen von irgendwem auferlegten Regeln unterwerfen müssen. Es ist der letzte Rückzugsort an dem wir noch so sein können, wie wir wirklich sind. Der letzte Freiraum in dem wir noch unserer genetischen Veranlagung und unseren Instinkten folgen können. Lassen Sie sich diesen nicht nehmen. Und ich gehe auch soweit zu behaupten, dass Sex nur wirklich dann gut ist, wenn er sich an diesen Instinkten und dieser genetischen Veranlagung orientiert. Trotzdem kann es Spaß machen, diese Regeln zu durchbrechen und mit den Tabus zu spielen, weil es dem Ganzen noch den Touch des Verbotenen hinzufügt, doch der rote Faden sollte von unserer ursprünglichen Natur gebildet werden. Erst wenn wir dieser folgen, fühlt es sich richtig an, fühlt es sich animalisch und ursprünglich an und bringt einem zu dem Punkt an dem man schlicht und einfach sagt: Ja, das ist meine Natur, so war es gedacht!

In vielen Bereichen lassen wir uns gesellschaftliche Normen und selbst Gesetze nicht gefallen. Sie können Pornographie anprangern und sogar verbieten. Sie können Prostitution verbieten. Sie können Homosexualität verbieten und als im moralischen Sinne unnatürlich brandmarken. Sie können versuchen den Seitensprung und Ehebruch zu unterbinden. All das ist in unserer Geschichte oftmals versucht worden. Sie werden damit keinen Erfolg haben, weil dahinter menschliche, angeborene unabänderliche Bedürfnisse und Motivationen stehen, die sich ihren Weg bahnen werden. Aber wir sollten nicht nur in diesen augenscheinlichen Kategorien denken. Es beginnt schon im Kleinen. Ein Vorspiel hat mindestens 30 Minuten zu dauern, eine Frau kommt nur zum Orgasmus, wenn ihre Klitoris stimuliert wird, ein Mann will immer Sex, der Mann soll sich nicht wie ein Macho aufführen, die Frau nicht wie eine Hure. Eine moderne Frau tut dies nicht und tut das nicht. Ein moderner Mann hat das zu unterlassen und dies zu befolgen.

Was würden Sie dazu sagen, wenn ich einer nicht mit mir verheirateten mehrfachen Mutter und erfolgreichen Geschäftsfrau eine saftige Ohrfeige dafür gebe, dass sie meine Regeln nicht befolgt oder weil sie eine Schlampe ist oder einfach nur weil ich gerade Lust darauf hatte? Es interessiert mich nicht. Es interessiert mich nicht, weil keiner dabei einen psychischen oder physischen Schaden davonträgt. Es interessiert mich nicht, weil wir nur ein Spiel spielen und Sie jederzeit gehen könnte, wenn es ihr nicht gefallen würde. Es interessiert mich nicht, weil Sie es insgeheim will und ich das lesen kann, wenn ich ihr dabei in die Augen schaue. Es interessiert mich nicht weil die Mischung aus Angst und Sehnsucht, die mir da entgegenblickt, eine innere Verbundenheit ausdrückt, die wir ohne diese Ohrfeige nicht fühlen könnten. Und vor allem interessiert es mich nicht, weil sie dabei feucht wird und ich einen Ständer bekomme.

Machen Sie sich frei von diesen Normen und Regeln, von den Mauern im Kopf, von den auferlegten, angelernten Glaubenssätzen und dem ganzen anderen im Bett unnützen Zeug. Verschließen Sie die Ohren vor den Gurus, Wissenschaftlern, Priestern und Experten. Werfen Sie alle Sexualratgeber in den Müll und von mir aus auch den, den Sie gerade in Händen halten, wenn Sie nur diesen einen Rat mitnehmen: Hören Sie auf Ihre Instinkte, auf Ihre innere Stimme und vertrauen Sie der einzig maßgeblichen Instanz die ihr Verhalten im Bett bestimmen sollte: Wird sie dabei feucht? Bekomme ich einen Ständer dabei?

4. Einfluss des Feminismus

Als in der zweiten Hälfte des letzten Jahrhunderts die Moderne Einzug hielt, trat mehr und mehr zu Tage, dass die von patriarchischen Strukturen geprägten Geschlechterrollen nicht mehr mit der neuzeitlichen Lebensrealität vereinbar sind. Die Ideale von Freiheit, sozialer Gerechtigkeit und das Recht auf Selbstbestimmung waren nicht mehr vereinbar mit einer Gesellschaft, die Menschen aufgrund ihres Geschlechts mehr oder weniger Rechte einräumt. Der Feminismus wurde in den letzten Jahren zu einer die Gesellschaft umfassend transformierenden Kraft. Die Frauen haben uns Männer verändert in den letzten Jahrzehnten. Mehr als Ihnen bewusst ist und weniger als sie sich gewünscht hatten. Ich bezweifle allerdings jetzt schon, dass sie mit dem Ergebnis in allen Belangen zufrieden sind. Nicht, weil sie uns zu wenig verändert hatten, sondern weil sie manches vielleicht besser so gelassen hätten.

Und dies wiederum nicht, weil der Wunsch nach Veränderung gänzlich unberechtigt gewesen wäre, sondern weil wir Männer jetzt nicht mehr wissen wer wir sind. Es steht außer Zweifel, dass unsere Gesellschaft eine Veränderung, hin zu mehr Rechten für die Frauen bedurft hat. Doch wie so vieles ist die Emanzipation ein Zug, der, nachdem er einmal ins Rollen gekommen ist, nicht rechtzeitig zum Stehen zu bringen ist. Und er hat auch die eine oder andere Abzweigung genommen, die im Nachhinein betrachtet besser unbefahren geblieben wäre. Was mich am Feminismus stört, ist nicht die Forderung nach mehr gesellschaftlicher Gerechtigkeit, diese hat durchaus seine Berechtigung. Mich stört der Extremismus, die Brandmarkung von allem männlichen als böse, und die Präpotenz, die sich durch die These der Überlegenheit der weiblichen Weltsicht begründet und gipfelt in Erziehungsbüchern in denen geraten wird, Männer wie Hunde abzurichten. Es ist die übliche Polarisierung unserer modernen Welt, in der alles in Gut und Böse und in Schwarz und Weiß eingeteilt werden muss. Und genauso reagieren auch wir Männer.

Die einen biederen sich an, indem sie allen Idealen die uns der Feminismus vorgibt hinterherhecheln und glauben dafür geliebt zu werden, weil sie hinter dem Bügelbrett stehen. Die anderen nennen sich Pickups und machen sich einen Sport daraus Frauen aufzureißen, die sie nach ihrer sexuellen Attraktivität auf einer Skala von 1-10 bewerten. In Büchern und in Internetforen werden Tipps gegeben, wie man Frauen am besten manipulieren kann, um sich die solcherart ins Bett getrickste als imaginäre Trophäe an die Wand zu hängen.

Gibt es denn da keinen vernünftigen Mittelweg? Ich meine, muss das alles immer gleich in diesen Extremen ausarten? Müssen wir aus allem gleich immer so ein moralisches Minenfeld machen? Lassen wir doch einfach mal die Kirche im Dorf und das Weib im Schlafzimmer.

Viele natürliche männliche Verhaltensweisen sind nun negativ belegt. Manche davon vielleicht zu Recht, aber halt auch manche, die Teil unserer männlichen Identität waren und jetzt nicht mehr sein dürfen. Wir Männer werden zu Weicheiern.

So ist es verpönt, in einer Beziehung dominant aufzutreten (Stichwort: Macho) und es wurde jahrelang, der verständnisvolle, aufopfernde und sich nach weiblichen Handlungsmaximen richtende Softie als das Idealbild des Mannes stilisiert. Ein Mann soll zuhören können, rücksichtsvoll sein, bei der Hausarbeit helfen, ein aufopfernder Vater sein, seiner Frau ehrliches Interesse entgegenbringen, freundlich sein, ab und an mal unaufgefordert Blumen nach Hause bringe, er soll ihr sagen, dass er sie liebt und sich am WC hinsetzen. Kurzum der Mann soll ein kleiner Junge bleiben, der seiner Mami alles recht machen will. Wir sind zu viel damit beschäftigt, es den Frauen recht zu machen und vernachlässigen unsere angeboren männliche Natur.

Nicht, dass vieles davon nicht gute Eigenschaften wären, aber sie verdecken das, nachdem sich die Frauen wirklich sehnen. Und diese Eigenschaften machen uns zu besseren Frauen und nicht zu besseren Männern.

Denn während man sich abstrampelt und diesen von einem feministisch geprägten Erziehungs- und Lehrsystem eingetrichterten Idealen nacheifert, zieht die solcherart verwöhnte Angebetete mit dem nächsten Steinzeitmacho von dannen. Warum ist dies so? Weil diese von Frauenrechtlerinnen gepredigten Ideale eine Kopfgeburt sind und nicht unserer Natur entsprechen. Denn in ihrem Unterleib, wo noch die Steinzeit regiert und der Kopf nichts zu sagen hat, begehren die Frauen in Wahrheit etwas ganz anderes. Dort wollen Sie einfach nach allen Regeln der Kunst von einem richtigen Mann gefickt werden. Dort ist der Bad Guy, das Tier im Mann attraktiv und nicht der verständnisvolle Mann, der sie nach ihren Wünschen fragt und sich ihnen anbiedert.

Verstehen Sie mich nicht falsch, manches was uns der Feminismus predigt, hat seine Berechtigung und Frauen mögen das auch wirklich, wenn sie nicht gerade mit dem Unterleib denken. Sie schätzen und lieben diese Verhaltensweisen in gewissen Grenzen, die dich nicht als Mann unkenntlich machen. Nur es befriedigt nicht ihre wahre Sehnsucht nach einem richtigen Mann, zu dem sie aufschauen können und den sie respektieren. Wenn Ihnen Ihre Frau am Herzen liegt und ihr Energielevel es erlaubt, sein Sie einfach beides, der verständnisvolle, vielen weiblichen Idealen entsprechende Mann im Alltag und der Bad Guy im Bett. Wenn Ihr Job oder ihre Persönlichkeit dies einfach nicht hergibt und Sie sich entscheiden müssen, dann entscheiden Sie sich für den Bad Guy im Bett, oder ihre Frau wird die Entscheidung für Sie treffen, indem Sie fremd geht oder sich von Ihnen trennt. Einfach weil eines ihrer ureigensten Bedürfnisse nicht befriedigt wird: sich einem richtigen Mann hingeben zu dürfen.

Warum gewisse feministisch geforderte Verhaltensweisen für das Führen einer funktionierenden Beziehung unerlässlich sind.

Die Auswirkungen des Feminismus haben einen weiteren gravierenden Einfluss auf unsere Partnerschaften und unser Sexualleben: Die von den Frauen geforderte Gleichberechtigung wurde leider auch zur „Gleichbepflichtigung". So forderten die Feministinnen einen gleichberechtigten Zugang zum Arbeitsmarkt. Mit der fortschreitenden Erfüllung dieser Forderung und dem daraus resultierenden vermehrten Eintritt von Frauen in die Arbeitswelt, haben sich über die Jahrzehnte auch die Lebenserhaltungskosten und die Erwartungen an den Lebensstandard, an das dadurch gestiegene Familieneinkommen angepasst. Die Frauen hatten beabsichtigt, die durchaus legitime Wahl zu haben, zu Hause zu bleiben, um sich um Haushalt und Erziehung zu kümmern, oder unter den gleichen Bedingungen wie die Männer berufstätig zu sein. Die Lebenserhaltungskosten und die heutigen Ansprüche an den Lebensstandard haben die Berufstätigkeit der Frau aber anders als beabsichtigt zur Bedingung werden lassen, da ein solches Leben ohne besserverdienenden Mann quasi nicht finanzierbar ist. Darüber hinaus wurde der Beruf Hausfrau und Mutter derartig in Misskredit gebracht, dass sich eine Frau, die sich für diesen Weg entscheidet, dafür rechtfertigen muss und teilweise von den Karrierefrauen von oben herab behandelt fühlt.

Die Tätigkeiten im Haushalt und die Belastung durch die Kindererziehung sind aber natürlich nicht weniger geworden. Hat nun eine berufstätige Mutter einen Mann, der sich den Aufgaben im Haushalt und der Mithilfe bei der Kindererziehung verweigert, so wird dies zwangsläufig zu einer überlasteten Frau führen. Woraus folgt:

Das aktive Führen einer Beziehung und ein erfülltes Sexualleben werden durch die fehlende Zeit und Energie der Frau verunmöglicht.

Wir haben uns die Suppe zwar nicht eingebrockt, doch am Auslöffeln kommen wir leider nicht vorbei. Ob es uns Männern gefällt oder nicht: Wenn Ihnen ihre Beziehung und ihr Sexualleben am Herzen liegen, kommen Sie um die Mithilfe im Haushalt und bei der Kindererziehung nicht herum.

Wo uns die Gleichberechtigung definitiv im Wege steht.

Im Alltag mögen ja die Forderungen an den modernen Mann in der gegebenen Lebensrealität das Funktionieren einer modernen Beziehung erleichtern. Das Problem dabei ist, dass sich auch im Sexualleben der Idealtypus des Softies durchgesetzt hat.

Ein Mann hat im Bett liebevoll und zärtlich zu sein. Er behandelt seine Frau mit Respekt, gewährt ihr ein langes Vorspiel um sie zu erregen, fragt sie nach ihren Wünschen und geht auf diese Wünsche selbstverständlich ein. Vielleicht noch eine Massage vorher zur Entspannung?

Wiederum gilt: Ja, machen Sie das alles ruhig. Frauen genießen all das, nur sie werden dadurch nicht zu einem Liebhaber der ihre Bedürfnisse erfüllt. Eine Frau hat durch einen bemühten, zärtlichen, rücksichtsvollen und sich an diese Spielregeln haltenden Liebhaber sehr oft auch wirklich schönen und erfüllenden Sex. Meiner Erfahrung nach hat die Frau dabei aber so gut wie immer ein Kopfkino am Laufen, dass jedem Pornoregisseur die Schamesröte ins Gesicht treiben würde.

Ich habe es mir zur Angewohnheit gemacht, immer dann wenn ich gemerkt habe, dass meine Frau während dem Sex gerade nicht bei mir ist, sondern sich mit irgendwelchen Phantasien aufgeilt, nach dem Verkehr danach zu fragen, was sie sich denn vorgestellt hat. Diese Praxis habe ich später auch auf meine anderen Sexualpartnerinnen ausgedehnt und festgestellt, dass immer wenn's richtig dreckig wurde und ich dominant agiert habe, die Frauen kein Bedürfnis danach hatten, sich ihren Phantasien hinzugeben, weil das Verlangen, das dahintersteht, gerade erfüllt wurde und ihr vor lauter Geilheit auch keine Zeit dazu blieb. Ich verurteile dieses Kopfkino nicht, ganz im Gegenteil, ich konnte eine Menge dadurch lernen.

Lassen Sie sich durch die Ideale, die durch den Feminismus und die Medien vorgegeben werden, nicht limitieren! Sie sind Teil des Liebesspiels, aber eben nur ein Teil.

Ein weiterer Aspekt, den der Feminismus mit sich gebracht hat, ist die Gleichschaltung der Geschlechter. Das Vordringen von Frauen in bislang männliche Bastionen bedarf auch einer Anpassung der Frauen an die maskulinen Verhaltensweisen, weil viele dieser Systeme noch nach den männlichen Spielregeln funktionieren. Diese Rolle, die die Frauen dann spielen müssen um zu funktionieren, steigert aber auch das Bedürfnis, das ‚Frau sein zu dürfen' irgendwo ausleben zu können. Der einfachste Weg seiner Frau dies zu ermöglichen ist, ihr einen konventionslosen Raum im Schlafzimmer zu schaffen.

Machen Sie ihrer Frau, das größte Geschenk, das Sie ihr geben können. Lassen Sie sie Frau sein! Lassen Sie sie ein kleines Mädchen sein! Lassen Sie die die verruchte Hure sein!

Dieses Buch handelt im Kern genau davon, wie sie dies erreichen.

5. Ein mythisches Wesen: Die Frau

Sind Frauen kompliziert? Ich glaube nein. Ich behaupte, sie sind sogar einfacher gestrickt als wir Männer. Wenn man sie erst einmal durchschaut hat...

Ich bin mir bewusst, dass ich hier Verallgemeinerungen vornehme. Natürlich hat nicht jede Frau alle Eigenschaften, die ich hier dem ganzen Geschlecht andichte, aber die Grundzüge sind in fast allen vorhanden. Ob diese dann ausgelebt werden, ist eine Frage der Persönlichkeit, der Erziehung und der gesellschaftlichen Rahmenbedingungen in der die einzelne Frau sich befindet. Auch beziehe ich mich hier ausschließlich auf die vorwiegend heterosexuelle Frau.

Geschlechterrollen – alles Vorbestimmung?

Vor allem während der ersten Phase des Feminismus in den 70er Jahren des letzten Jahrhunderts gab es immer wieder Versuche die Verschiedenheit der Geschlechter zu negieren oder sie zumindest zu marginalisieren. Warum? Je gleicher die Geschlechter in der öffentlichen Wahrnehmung sind, desto ungerechter erscheint eine Ungleichbehandlung von Mann und Frau und desto mehr erhält der Feminismus seine Daseinsberechtigung.

Themenspender für das Folgende war ein Spiegel-Artikel der Autorin Bettina Röhl aus dem Jahre 2000. Dieses Thema hat mich sehr beindruckt und nach eigener Recherche habe ich es übernommen, denn nichts dokumentiert mehr, wie unsere Geschlechter und das damit einhergehende Empfinden uns in die Wiege gelegt werden.

So schrieb Alice Schwarzer, als die sicher einflussreichste Frauenrechtlerin im deutschen Sprachraum, in ihrem wichtigsten Werk ‚Der kleine Unterschied und seine Folgen': „Genau wie am Ende einer sozialistischen Revolution nicht nur die Abschaffung von ökonomischen

Klassenprivilegien, sondern die Aufhebung der Klassenunterschiede selbst steht, so darf die feministische Revolution nicht einfach auf die Beseitigung des Geschlechtsunterschiedes selbst zielen (...) Das hieße, dass Menschen in erster Linie Menschen wären und nur in zweiter biologisch weiblich oder männlich."

Sie plädiert also grundsätzlich für die Aufhebung der Geschlechter und damit dafür, nicht mehr oder zumindest nur in zweiter Linie Frau oder Mann zu sein. Die These unsere Geschlechteridentität wäre nicht unserer evolutionären, biologischen Veranlagung zu verdanken, sondern durch Erziehung entstanden, stützt sie dabei auf ein „Experiment" von Prof. John Money. Vorausgegangen war diesem Experiment ein verhängnisvoller Fehler eines Chirurgen, der bei einer Beschneidung an einem sieben Monate alten eineiigen Zwillingspärchen einem der beiden Jungen seinen Penis bei der Elektroautur verbrannte. In einer zweiten Operation, 15 Monate später, wurden Bruce Reimer auch noch die Hoden abgenommen und aus der Haut des Hodensacks rudimentäre Schamlippen geformt. Es schien medizinisch einfacher zu sein, ihn zu einem Mädchen zu machen, als sein männliches Geschlecht wieder herzustellen. Nach dieser Zwangskastration nahm sich der Psychologe John Money des Falles an und trieb die Mädchenwerdung des Jungen voran.

1977, zum Zeitpunkt der Erscheinung von Alice Schwarzers Buch, war Bruce alias Brenda Reimer 12 Jahre alt und wurde bereits 10 Jahre lang als Mädchen erzogen. Er trug Mädchenkleidung, wurde wie ein Mädchen behandelt und war auch nicht darüber aufgeklärt worden, dass er biologisch gesehen ein Junge war. Mit dem Beginn der Pubertät wurden ihm Hormoninjektionen verabreicht, sodass ihm ein Busen wuchs. Nichts schien dagegen zu sprechen, Bruce würde als Brenda ein halbwegs normales Leben führen können und so verstieg sich Fr. Schwarzer in der Behauptung "*Das Mädchen wird einer kontinuierlichen Hormonbehandlung unterzogen, und nach der Pubertät wird man ihm eine künstliche Scheide einsetzen. Sie wird dann eine normale Frau sein*

– nur gebären kann sie nicht. Und die Gebärfähigkeit ist auch der einzige Unterschied, der zwischen Mann und Frau bleibt. Alles andere ist künstlich aufgesetzt, ist eine Frage der geformten seelischen Identität."

Jetzt, einige Jahrzehnte später, ist der Ausgang dieses Experiments bekannt, auch wenn dieser weit weniger Publizität erfuhr. Als es darum ging, Brenda die Kunstscheide einzusetzen, sahen sich die Ärzte plötzlich dem massivem Widerstand des vermeintlichen Mädchens ausgesetzt und dies mündete darin, dass Brenda nun doch eröffnet wurde, dass sie als Junge geboren wurde.

Augenblicklich beschloss er als Junge zu leben, unterstrich diesen Beschluss in dem er seinen Kleiderschrank mit den Mädchenkleidern verbrannte, nannte sich von nun an weder Bruce noch Brenda, sondern David, ließ sich einen Kunstpenis einsetzen und die Brüste operativ entfernen. Dass dieses grausame Experiment seine Spuren hinterließ, war möglicherweise eine der Ursachen, dass David Reimer im Alter von 38 Jahren Selbstmord beging. Nachzulesen ist diese berührende Geschichte im 2000 erschienenen Buch *‚Der Junge, der als Mädchen aufwuchs‘* welches David in Zusammenarbeit mit Joan Colapinto geschrieben hat.

Zweifellos ist dies nur ein Einzelschicksal, aber dokumentiert dies nicht in höchst drastischer Weise, wie sehr unsere angeborene geschlechtliche Identität uns selbst definiert? Unübersehbar ist bei der Gleichschaltung der Geschlechter, der Wunsch Vater des Gedankens und dieser Wunsch führt an unserer Natur vorbei.

Wir haben also ein natürliches angeborenes Geschlecht, dem wir nicht entfliehen können, auch wenn wir oder unsere Umwelt dies noch so sehr wünschen. Und ist es nicht bestechend logisch, dass wenn uns die Natur schon eine unausweichliche geschlechtliche Identität in die Wiege gelegt hat, damit nicht auch Verhaltensweisen, Bedürfnisse und Vorlieben einhergehen? Und ist es nicht auch offensichtlich, dass wir nur dauerhaft in Einklang mit uns selbst sein können, wenn wir dieser geschlechtlichen Identität auch folgen?

Die Sehnsucht nach dem Traumprinz

Haben Sie schon einmal kleine Mädchen beim Barbie-Spielen beobachtet? Es gibt viele Arten von weiblichen Puppen: Prinzessinnen, Schönheitsköniginnen, Feen, Meerjungfrauen, Barbie als Braut im Hochzeitskleid, als Rockstar, Barbie als Lehrerin, als Reiterin, als Modedesignerin, als Beachgirl usw. Und dann gibt es Ken und vielleicht noch den einen oder anderen Prinz aus den Disneyfilmen. Dem Mann werden von den kleinen Mädchen genau drei Rollen zugestanden: Traumprinz, Bräutigam und Vater. Und dies natürlich in dieser Reihenfolge.

Ein typisches Setting für ein Barbiespiel sieht so aus: Barbie macht sich schick und geht mit ihren Freundinnen aus. Sie trifft ihren Traumprinz und verliebt sich. Barbie zieht ihr Brautkleid an (Ken darf so bleiben wie er gerade ist). Eine Hochzeit wird gefeiert, an der natürlich alle Freundinnen teilnehmen, die berühmten Worte werden gesprochen und das Brautpaar küsst sich. Ein Haus wird gebaut und vor allem eingerichtet. Kinder werden geboren (oder sind besser gesagt auf einmal da) und versorgt. Das Spiel wird langweilig. Ende.

Dieser Ablauf ist in den Mädchen vorprogrammiert und das muss ihnen auch keiner beibringen. Öfters, wenn ich mal wieder den Ken geben durfte, habe ich versucht, diesen Ablauf zu ändern. Ich bin auf heftigen Widerstand gestoßen und konnte allerhöchstens minimale Variationen in das Spiel einbringen. Ich behaupte, dass das in ihnen drinnen ist. Was passiert, wenn Sie es schaffen, einen Jungen in das Barbiespiel zu integrieren? Selbstverständlich spielt er Ken und genauso selbstverständlich spielt er gar nicht mit, wenn es nur einen Ken gibt, denn früher oder später werden diese beiden oder mehreren Kens miteinander kämpfen müssen. Darum kämpfen, wer der Held und damit Barbies auserwählter Traumprinz sein wird. Ist es nicht ein wenig gruselig, wie sehr uns das alles vorherbestimmt ist?

Jedenfalls bereiten sich die Mädchen schon früh darauf vor, später einmal auf die Suche nach ihrem Traumprinzen zu gehen. Freilich hält das Leben für die meisten von ihnen noch eine saftige Portion an Enttäuschungen parat, denn die Traumprinzen sind rar gesät. Daher geben sie sich über kurz oder lang mit einem wie uns zufrieden.

Es war bis vor ein paar Jahrzehnten nicht üblich, dass eine Frau selbst maßgeblich an der Auswahl ihrer Sexualpartner beteiligt war. Oftmals wurde sie genommen, vergeben, verschachert oder die Heirat zumindest arrangiert. Gezwungener Maßen haben sich die Frauen daran angepasst und sind dazu in der Lage, sich mit den Gegebenheiten abzufinden und das Beste aus der Situation zu machen. Ja, sie suchen nach dem Traumprinz aber sie nehmen auch den Kerl von nebenan, wenn sich keiner für sie erwärmt. Ein Mann, der die Bedürfnisse seiner Frau befriedigt, kann so zu ihrem Traumprinz werden, selbst wenn er nur als ‚Notlösung' gedacht war. Im Umkehrschluss verwandelt sich aber auch der Märchenprinz in einen Frosch, wenn er Ihre Bedürfnisse ignoriert.

Die Schöne

Da die Frau Aufmerksamkeit von uns Männern zum überwiegenden Teil durch ihre äußere Erscheinung erfährt, ist ihre weibliche Attraktivität für sie ein identitätsstiftendes Merkmal. Wie sehr, lässt sich leicht anhand der Freizeitbeschäftigungen und Gesprächsthemen der Frauen nachvollziehen. So lesen sie Frauenmagazine, die zu 90 % aus Mode-, Schmink- und Frisurtipps bestehen. Alle paar Wochen laufen sie zum Frisör. Ihre Zeit ist ihnen auch nicht zu schade um alle 4 Wochen 2 Stunden bei der Nageldesignerin zu verbringen, nur um schöne Hände zu haben. Sie verwenden täglich mindestens eine halbe Stunde (es kann sich aber auch über Stunden hinziehen) für Körperpflege. Sie haben ein unendliches Reservoir an Cremes, Makeup, Shampoos und sonstigen Schmink- und Pflegeprodukten. Kurz sie wenden einen Gutteil ihrer frei verfügbaren Zeit unter nicht unbeträchtlichem finanziellem Aufwand dafür auf, sexuell attraktiv zu sein. Diesen würden sie nicht treiben, wenn die Bestätigung, die sie durch ihre Schönheit erfahren, ihnen es nicht wert wäre.

Wenn Sie also einer Frau, die dies alles auf sich nimmt um attraktiv zu sein, das Gefühl geben, sie wäre es nicht, sind sie als potentieller Partner schon ausgeschieden. Wenn sie ihrer aktuellen Partnerin dieses Gefühl nicht vermitteln können, dann wird sie vielleicht bis zu einem gewissen Punkt versuchen, die Bestätigung ihrer Anziehungskraft durch Veränderung ihres Äußeren wiederzuerlangen. Fruchten diese Bemühungen nicht, wird sie entweder resignieren und versuchen die für ihr Selbstwertgefühl notwendige Bestätigung in anderen Lebensbereichen zu erlangen oder sie wird versuchen, diese Bestätigung in anderen Lebensumständen zu erlangen. Sprich sie wird Sie verlassen oder Sie zumindest betrügen.

Die heimliche Hure

Haben Sie schon von der Meinung gehört, Frauen hätten weniger Spaß am Sex oder vertreten Sie diese sogar?

Eines darf ich Ihnen aus persönlicher Erfahrung versichern, Frauen haben Spaß am Sex. Sehr sogar! Zugegeben stellen meine Sexpartnerinnen keinen repräsentativen Querschnitt aller Frauen dar, aber diesen herzustellen wäre mir bei aller Liebe dann doch ein wenig zu anstrengend gewesen. Aber wenn sie jemals eine Frau dabei beobachtet haben, wie sie sich bei einem Orgasmus die Seele aus dem Leib schreit und nachdem dieser abgeklungen ist, unwillkürlich zuckend und vielleicht sogar vor Rührung weinend vor Ihnen liegt, dann wissen sie wieso Frauen gerne Sex haben. Gegen diesen Sturm erscheint der intensivste männliche Orgasmus wie ein mickriges laues Lüftchen. Die These, dass Frauen weniger Lust auf Sex haben, stammt meines Erachtens daher, dass viele genau dies niemals auch nur annähernd erleben. Oder würden Sie auf so etwas freiwillig verzichten? Eben! Zugegeben ist in den meisten Beziehungen Sex etwas, dass die Frau hat und der Mann will. Sex wird daher von vielen Frauen als Druckmittel eingesetzt. Vor allem, wenn er für sie nicht gut ist und sie ihn daher nicht wirklich vermisst. Wenn sie sich in so einer Situation befinden, sollten sie sich ernsthaft über ihre Qualitäten als Liebhaber Gedanken machen. Glauben Sie mir, eine Frau die guten und emotional erfüllenden Sex gewöhnt ist, will und kann darauf nicht verzichten. Sie können sich möglicherweise nicht vorstellen, was Frauen für guten Sex bereit sind, aufzugeben. Sie nehmen in Kauf nicht geliebt zu werden, sie nehmen teilweise sogar in Kauf ihre Kinder zu verlassen und sie riskieren dafür auch ihre Zukunft.

Unsere Erziehung und vor allem die der Mädchen ist noch immer sehr sexfeindlich und für Frauen, die mit mehreren Männern Sex hat und dies vielleicht noch nur dazu, um Spaß zu haben, haben wir unzählige Schimpfwörter, von denen Ihnen sicher auf Anhieb ein paar einfallen (und die sich übrigens für Dirty Talk allesamt hervorragend eignen).

Während es für einen Mann, der jede Nacht mit einer Anderen im Bett liegt, geradezu ein Hort gesellschaftlicher Aufwertung ist, führt dies bei einer Frau zum Gegenteil. Auch wenn es gesellschaftlich nicht opportun ist eine Schlampe zu sein, so hindert dies viele Frauen nicht daran, im Verborgenen genau das zu sein. Vielleicht macht auch dieses Stigma genau den Reiz aus, es zu sein. Wenn sie es schaffen, ihrer Frau glaubhaft zu vermitteln, dass Sie sie nicht dafür verachten würden und es sogar begrüßen würden, wenn sie ihre Schlampe wäre, dann werden sie überrascht sein, was alles in Ihrer Frau steckt. Nur Vorsicht, dies kann ein jahrelanger Prozess der Vertrauensbildung sein, denn die Erziehung und die Vorurteile stecken tief. Möglicherweise lässt sie auch nie ganz los.

Frauen lieben es guten (!) Sex zu haben und sie lieben es verrucht zu sein. Sie lieben es mit den Tabus zu spielen, die ihnen unsere Gesellschaft auferlegt. Manche offen, doch die meisten lieber heimlich und verborgen.

Die Mutter

Die Standardrolle auf die die Frauen lange reduziert wurden. Tatsächlich bringen sie neben den klarerweise vorhandenen körperlichen Eigenschaften auch einiges an emotionalen Rüstzeug mit, um dieser Rolle gerecht zu werden. Auch wenn wir Männer alles andere als davor gefeit sind, sprechen Frauen intensiver auf das Kindchenschema an. Babys und kleine Tiere werden umgehend mit weiblicher Zuneigung überschüttet.

In der Tat haben die Anforderungen, die die Mutterschaft an die Frauen stellt, erheblichen Einfluss auf ihre Persönlichkeit. Einfühlungsvermögen und Mitgefühl sind eher weibliche Domänen. Allerdings sollte ein Mann, der an einer Frau sexuell interessiert ist, an nicht allzu viel davon appellieren. Schließlich will man doch als Mann geliebt werden und nicht als Kind. Als attraktiv gilt vor allem, wenn das Verhalten eines Mannes auf potentielle Unterstützung und nicht auf eine zusätzliche Last schließen lässt. Mutter sein ist schon anstrengend genug und die Motivation, für einen zusätzlichen Menschen die Verantwortung zu übernehmen, hält sich in Grenzen.

Auf die sexuellen Aspekte einer Beziehung hat die Mutterschaft selbst eher nachteilige Wirkung, was schlicht am Hormonspiegel und am Zeit- und Energiemangel der Mutter liegt. Gerade die Anfangsphase mit einem Neugeborenen, bei höchstens 2-3 Stunden durchgehendem Schlaf, überschwemmt mit Mutterhormonen und einem mit Fürsorge gefüllten Alltag, lässt die Libido auf ein Niveau nahe dem Nullpunkt sinken. Diese Phase übersteht der Mann nur, indem er Reife zeigt und spätestens jetzt begreift er, warum Frauen bei der Partnerwahl nicht nur nach dem Aussehen gehen.

Das Altern

Wie ich schon ausgeführt habe, basiert der Wert der den Frauen von der Umwelt zuerkannt wird und somit auch ihr Selbstwertgefühl, maßgeblich auf einer Eigenschaft: Ihrer Schönheit. Leider ist diese vergänglich. Mit Produkten, die diesem Umstand entgegen wirken sollen, wird Milliarden verdient.

Die Aufmerksamkeit der männlichen Umgebung wird in jungen Jahren als selbstverständlich hingenommen. Bisweilen zeigen Frauen je nach Persönlichkeit diesbezüglich eine nicht unbeträchtliche Arroganz. Es ist zutiefst menschlich, wer tagtäglich bewundert und mit Komplimenten überschüttet wird, gewöhnt sich irgendwann daran. Und wie sie sich sicher vorstellen können, ist der Abschied von dieser Selbstverständlichkeit ein schmerzlicher Prozess. Und im Zuge dieses Prozesses, werden die Frauen genügsamer und diese Arroganz verschwindet Stück für Stück. Das Altern bei Frauen hat für uns Männer also auch seine angenehmen Seiten. Was einst selbstverständlich war, wird nun dankbar angenommen und bewusst genossen. Gerade Frauen, die sich dieses Vorgangs schon bewusst sind und noch ihre verbliebene Attraktivität auskosten wollen, erleben in dieser Zeit ihre sexuelle Blütezeit.

Wenn auch die sexuelle Attraktivität der Frauen im Alter von 20 seinen Höhepunkt erreicht, so bin ich der Meinung, dass man mit einer Frau in den 30ern oder 40ern bedeutend mehr Spaß im Bett haben wird.

Zusammenfassung

Das Wesen der Frauen in einem Satz zusammengefasst:

Sie streben nach Schönheit um sich einen Traumprinz angeln zu können, mit dem sie erfüllten und durchaus dreckigen Sex haben wollen und mit dessen Unterstützung sie die dabei gezeugten Kinder im idyllischen und behüteten familiären Umfeld großziehen wollen.

Klingt nach dem um die sexuelle Komponente ergänzten Barbiespiel oder? Warum sollte es auch groß abweichen. Sie proben das von Kindesbeinen an.

Wie ich schon sagte, Frauen sind nicht kompliziert. Kompliziert wird's nur, wenn sie diese Grundbedürfnisse nicht erfüllen können.

6. Ein richtiger Mann!

Was ein richtiger Mann ist, war bis vor ein paar Jahrzehnten noch völlig klar. Doch an diesem Bild wurde gerüttelt und aus der Selbstverständlichkeit ist zunehmend Verunsicherung geworden. Nicht nur, dass sich das Bild, wie ein Mann zu sein hat, durch die Gleichberechtigungsbewegung verändert hat, sondern es führen auch die geänderten Familienverhältnisse vielfach zum Verlust der männlichen Identifikationsfigur. Aufgrund der stark gestiegenen Scheidungsquote, kann keines Wegs mehr vorausgesetzt werden, dass junge Männer von einem Vater ein Vorbild vorgelebt bekommen. Erschwerend kommt hinzu, dass auch der Vätergeneration das Bild eines richtigen Mannes zunehmend abhandenkam – es also auch in einer prinzipiell funktionierenden Familie nicht gesichert ist, dass ein Junge von seinem Vater eine Männlichkeit vorgelebt wird, mit der er sich in der heutigen Welt zurechtfindet. Ich behaupte auch gar nicht, dass die Mitte des letzten Jahrhunderts einzementierte Rolle des Mannes in Gesellschaft und Familie nicht dringend Veränderung bedurft hätte, aber es war zumindest ein klares Bild. Ein klares Bild von einem Mann als Versorger und Familienoberhaupt. Ein klares Bild, das untergegangen ist und das noch nicht durch ein neues ersetzt worden ist.

Der Kämpfer

Mit was können Sie einem Jungen die größte Freude machen? Indem Sie ihm etwas schenken, mit dem er kämpfen kann, mit dem er seine Fähigkeiten trainieren und beweisen kann. Haben Sie schon mal das Gesicht eines Jungen gesehen, der einen Pullover als Weihnachtsgeschenk auspacken musste? Nein, die oberste Priorität für uns Männer ist es nicht schön auszusehen, wir wollen kämpfen und uns im Wettkampf beweisen. Wir wollen der Welt unser Können beweisen, wir wollen der Beste sein.

Natürlich wird auch ein gewichtiger Anteil der sexuellen Attraktivität eines Mannes für die Frauenwelt durch sein Äußeres bestimmt, aber die Bedeutung ist bei weitem nicht so groß. Der andere wichtige Faktor ist sein Status in der Gesellschaft. Ein am Fließband stehender Hilfsarbeiter wird sich zwangsläufig auf Frauen in seiner eigenen Gesellschaftsschicht beschränken müssen. Innerhalb dieser wird er zwar sehr wohl durch körperliche Attraktivität überzeugen können, nur wird er kaum die Gelegenheit erhalten, eine ernsthafte dauerhafte Beziehung mit einer Frau über seinem eigenen Stand eingehen zu können. Dem gegenüber kann ein erfolgreicher Unternehmer aus dem Vollen schöpfen. Es mag zwar selten sein, dass sich ein solcher für eine Fließbandarbeiterin erwärmt, aber es kommt vor. Diese wird diesen Standesunterschied allerdings mit außergewöhnlicher Attraktivität ausgleichen müssen. Zusammenfassend lässt sich sagen, dass Männer zuerst nach Attraktivität und dann erst nach gesellschaftlichen Stand wählen. Bei Frauen verhält sich das genau umgekehrt. Zugegeben ist dies eine vereinfachte Darstellung und spart die charakterlichen Fähigkeiten aus, aber dieses simple Modell bietet schon sehr viel an Erklärungspotential für unser Verhalten bei der Partnerwahl.

Belegt wird dies durch ein Experiment des US-Anthropologen John Townsend. Dieser zeigte 200 Frauen die Bilder der gleichen Männer in verschiedener Kleidung. Einmal im Anzug und einmal in der Uniform eines Fast Food Restaurants. Die Bilder mit dem Anzug wurden durchwegs als attraktiver eingeschätzt und selbst der hübscheste der vorgeblichen Fast Food Restaurant Angestellten konnte bei ihnen nicht punkten. In der Realität wird der Mann den Status und Bildung symbolisierenden Anzug freilich mit reellen Werten befüllen müssen. Den Fließbandarbeiter in einen Anzug zu stecken wird alleine nicht genügen.

Offenbar wird dieses Verhalten auch bei den typischen Frauenfilmen und -büchern. Ob das nun Pretty Woman, Shades of Grey, Twilight oder auch Drei Haselnüsse für Aschenputtel ist, in allen findet sich ein mächtiger Mann, der ein ärmliches, verkanntes Mädchen aus ihrer tristen Welt errettet. Ganz gleich, ob es nun Geld oder übernatürliche Fähigkeiten sind, die den Mann zum Helden, zu etwas Besonderem machen, es ist primär der höhere gesellschaftliche Status, der ihn für die Frauen attraktiv macht. Damit es für die Frauen zum uneingeschränkten Traum wird, ist der Mann natürlich auch noch äußerlich attraktiv, aber haben sie je einen Film gesehen in der ein ärmlicher, aber überaus schöner Mann eine Prinzessin erobert?

Es ist also für einen Mann von immanenter Bedeutung, wo er sich im Sozialgefüge befindet. Stellt dies doch die Ausgangsituation für seine Partnersuche dar, denn er kann mit seinen charakterlichen Qualitäten und seinem Äußeren nur in oder unter seiner sozialen Schicht punkten. Ganz früher wurde um diesen Status direkt von Mann zu Mann gekämpft. Der heutige Mann steht aber nicht mehr in Konkurrenz zu den anderen 5 bis 20 Männern in seiner steinzeitlichen Gruppe, sondern im Wettstreit mit allen Männern. Mit unserer fortschreitenden zivilisatorischen Entwicklung wurde daraus immer mehr ein verstecktes Spiel um Macht und Geld. Wurde er früher mit Fäusten ausgetragen, so ist daraus zunehmend ein intellektueller Wettkampf geworden. Dieser unter Männern ausgetragene Kampf um die Positionen ist einer der wichtigsten Antriebsfedern unserer zivilisatorischen Entwicklung. Dass ca. 90% aller Kunstwerke und Erfindungen von Männern geleistet wurden, lässt sich nicht nur mit einer patriarchischen

Gesellschaftsstruktur begründen, sondern hat seine Ursache auch im Ehrgeiz der Männer etwas zu erreichen. Viel mehr findet die lange Zeit geltende patriarchische Gesellschaftsstruktur neben der körperlichen Überlegenheit (=Gewaltmonopol) eine weitere Begründung im männlichen Streben nach Macht und Ansehen. Dass dieser Wettstreit nicht nur gutes hervorbringt liegt auf der Hand. Viele Männer schrecken nicht davor zurück, auf dem Weg nach Oben den Pfad der Tugend zu verlassen. Das geht von der kleinen Lüge bis zum handfesten Gewaltverbrechen. Selbst Kriege sind ohne den männlichen Macht- und Kampfeswillen nur schwer vorstellbar.

Selbstverständlich sind Frauen mit den gleichen Fähigkeiten ausgestattet, aber ihre Motivation es nach oben zu schaffen ist geringer. So darf auch bezweifelt werden, dass der Anteil an Frauen in Führungspositionen ohne staatliche Zwangsmaßnahmen sich jemals an den der Männer annähern wird. Zumindest solange die Frauen ihre Partnerwahlkriterien nicht maßgeblich ändern. Was aufgrund der maßgeblichen genetischen Veranlagung wohl kaum geschehen wird.

Die Belohnung die dem Mann für einen gesellschaftlichen Aufstieg winkt, ist nun mal, neben den anderen positiven Aspekten von Anerkennung und wirtschaftlichem Wohlstand, auch die Aussicht eine schöne Frau an seiner Seite zu haben.

Der Beschützer

Haben Sie sich schon einmal gefragt, warum wir Männer so schlechte Beifahrer sind? Uns ist instinktiv bewusst, dass das Fahren mit einem Auto eine potentielle Lebensgefahr darstellt. Fürchten wir um unser eigenes Leben? Vielleicht ein wenig. Erleben Sie aber diese Angst auch im gleichen Ausmaß, wenn sie neben einem Mann am Beifahrersitz Platz nehmen? Erleben Sie dieses Unbehagen auch im gleichen Ausmaß, wenn sie neben einer Frau sitzen, die nicht die Ihre ist? Ich glaube, es ist der Umstand, dass wir direkt miterleben wie sich unsere geliebte Frau in Gefahr begibt. Es ist der gleiche Instinkt, der einen urzeitlichen Mann ohne zu überlegen zwischen seine Frau und den Säbelzahntiger springen ließ. Das Unbehagen rührt aber vor allem daher, dass wir machtlos sind und sie in dieser Situation nicht beschützen können. Ich kann auch mit 20 Jahre Übung als Beifahrer nur mit höchster Konzentration vermeiden, auf die imaginäre Bremse im Fußraum des Beifahrersitzes zu treten, wenn ich neben meiner Frau sitze und mir der Abstand zu einem Hindernis als etwas zu gering erscheint. Als meine Frau schwanger war, konnte ich diese Situation gar nicht ertragen.

Seine Frau in Sicherheit wissen zu wollen, ist ein starker männlicher Urinstinkt. Da können wir aus unserer Haut nicht heraus und unausweichlich findet sich der verliebte Mann in der Rolle des urzeitlichen Beschützers wieder.

Seinen Niederschlag findet der Beschützerinstinkt auch in dem von den meisten Männern gezeigten Verhalten, dass sie in einem Doppelbett auf der Seite schlafen, die näher bei der Tür ist. Dies tut der Mann um seine Frau vor einer Gefahr von außen beschützen zu können. Was früher einmal der Höhleneingang war, ist nun eben die Schlafzimmertür.

Heutzutage mag dieser Instinkt in vielen Angelegenheiten inmitten unserer sicherheitsbestimmten Welt übertrieben sein und Frauen sind mitunter davon schon ziemlich genervt. Die Situationen in denen ein moderner Mann seiner Frau tatsächlich noch Schutz angedeihen lassen kann, werden immer weniger und die potentiellen Bedrohungen gefühlt immer mehr. Die sich immer schneller drehende Welt und die gewaltzentrierte Berichterstattung der Medien führt bei vielen Männern zu einem permanenten Unbehagen, was die Sicherheit seiner Frau anbelangt. Frauen interpretieren dies oft fälschlicherweise als fehlendes Vertrauen in ihre Fähigkeiten. Auch wenn es schwer ist, halten Sie Ihre Instinkte zumindest in dieser Hinsicht im Zaum, um nicht zum Kontrollfreak zu werden und ihrer Frau den nötigen Freiraum zu bieten, damit sie ihre Persönlichkeit auch mit Ihnen als Mann entfalten kann.

Der Vater

Wenn vielleicht in Summe nicht ganz so bedingungslos wie die Mutter, so lieben wir Männer unsere Kinder ebenfalls abgöttisch. Es sind unsere eigenen Gene und der Stolz darauf, sich als Mann bewiesen zu haben, die ohne viel Aufwand und mit großen hilfsbedürftigen Augen unser Herz im Sturm erobern.

Spätestens mit der Kunde, dass unsere Frau schwanger ist, werden wir beginnen ein Nest für unsere Familie zu bauen und stürzen uns mit größerer Energie ins Berufsleben um die Versorgung der Frau und des Nachwuchses garantieren zu können. Auch wenn uns die Gesellschaft immer mehr zu Ersatzmüttern macht und wir als Väter immer mehr danach bewertet werden, wie sehr wir uns um die direkte Pflege der Kinder kümmern, so ist doch etwas in uns, dass uns dazu drängt rauszugehen. Rauszugehen, um Beute zu machen und diese Beute zurück in die Höhle zu bringen, damit unsere Frau und die Kinder etwas zu Essen haben.

Die Karriere, die eben noch primär den Zweck hatte eine geeignete Partnerin zu finden, bekommt einen tieferen Sinn, eine größere Ernsthaftigkeit. Plötzlich hängt nicht mehr nur unser Leben an dem, was wir „erjagen", sondern auch das unserer Kinder.

Die modernen gesellschaftlichen Normen für Väter zwingen uns da einen Spagat auf, der nicht immer leicht zu meistern ist. Denn es reicht nicht mehr, seine Familie „nur" zu versorgen, nein der moderne Vater muss sich auch um seine Kinder kümmern und ehemals rein mütterliche Aufgaben übernehmen. Die bereitwillige Übernahme dieser entbindet uns aber nicht von der Aufgabe unsere Familie zu versorgen. Im Gegenteil, stellt doch die Karenz der Frau in aller Regel mittlerweile einen finanziellen Einschnitt bei gleichzeitig erhöhtem Bedarf dar. Mit dieser Gewissheit und dem Urinstinkt in uns können wir uns als liebender Vater dieser Aufgabe nicht entziehen. Ich selbst habe diesen Spagat gemeistert und habe gewickelt und gefüttert und gespielt, was meine Energie nach einem anstrengenden Arbeitstag hergab und teilweise auch mehr. Ich war nicht nur einmal am Rande des Zusammenbruchs. Verstehen Sie mich nicht falsch, ich möchte diese erfüllende Nähe, die ich zu meinen Töchtern in diesen Momenten erlebt habe keinesfalls missen, aber ich kann auch die jungen Männer verstehen, die sich diesem Spagat mittels Verweigerung entziehen und gar keine Kinder wollen.

Die Erwartungshaltung der Umwelt, was einen guten Vater heutzutage ausmacht, ist zusammen mit den sowieso schon existierenden Belastungen eines Lebens mit kleinen Kindern schon beinahe unmenschlich. Erschwerend kommt hinzu, dass auch die Mutter dieses Bild eines Vaters im Kopf hat und dieses als selbstverständlich einfordert. Ich habe nicht nur einen Mann beim ernsthaften Versuch diese Erwartungen zu erfüllen scheitern gesehen. Bisweilen sogar endgültig, mit dem Leben bezahlend.

Es war auch die Zeit in der ich erstmals Widerstand in mir gespürt habe, dieses mir eingetrichterte Männerbild erfüllen zu wollen. Es fühlte sich zwar richtig an, sich so intensiv um meine Töchter zu kümmern aber gleichzeitig spürte ich auch, dass dies teilweise über das hinausgeht, was ich eigentlich zu erbringen im Stande war. Auch wenn ich selbst die Forderung aufstelle, seine Frau beim Haushalt und bei der Erziehung zu unterstützen weil es heute nicht mehr anders geht, so kann ich nur den Rat aussprechen, dabei nicht auf sich selbst zu vergessen.

Das Tier im Mann

Mehr als die Frauen, tragen wir noch unser urzeitliches Wesen öffentlich durch die Gegend. Vielleicht liegt es auch daran, dass unser urzeitliches Wesen immer mehr stigmatisiert wird und daher mehr im Lichte der Aufmerksamkeit steht. Auch wenn alles danach trachtet es uns auszutreiben, so blitzt es immer noch hervor in unseren High Tech Häusern und unter unseren Anzügen, das Tier im Mann. Wenn Sie einen Mann so sehr reizen, dass er seine Zivilisationsmaske abwirft, dann werden sie den Löwen schnell brüllen hören und vielleicht auch zu spüren bekommen.

Ein Gutteil unserer Gesetze, Moralvorstellungen, religiöser Gebote und gesellschaftlicher Normen ist dem Versuch gewidmet, dieses Tier im Zaum zu halten. Und es ist auch zwingend erforderlich, dieses Tier im Zaum zu halten. Was passiert, wenn dies nicht geschieht und vielleicht sogar noch gefördert wird, können Sie in jedem Geschichtsbuch nachlesen. Auch die Kriminalstatistik gibt bereitwillig darüber Auskunft was passiert, wenn dieses Tier in die Enge getrieben wird und es ausbricht. Ich weiß nicht, ob es vielen Männern so geht, aber ich hatte lange Zeit ein undefinierbares und bohrendes schlechtes Gewissen ob der Tatsache welch Unheil mein Geschlecht angerichtet hat und immer noch anrichtet. Insgeheim betrachtete ich (und wenn ich ehrlich bin tue ich das noch immer) die Frauen immer als die besseren Menschen und dies hatte auch einen Beigeschmack von Minderwertigkeit für meine männliche Identität. Ich weiß auch gar nicht, was mich dazu bewegt hat so zu denken. Ist es die Gesellschaft? Sind es die Medien? Sind es die Forderungen und Thesen des Feminismus? War es gar meine Mutter? Wie gesagt, ich weiß es nicht. Vielleicht sind dieser Glauben und dieses schlechte Gewissen mal etwas, von dem wir Männer uns emanzipieren sollten. Wir sind, wer wir sind. Wir sind so, wie es sich durch Evolution als am geeignetsten zum Fortbestand unserer Rasse, des Homo Sapiens, erwiesen hat. Schämt sich der Löwe dafür, das kleine Antilopen-Kitz zu verspeisen? Fühlt sich der Wolf als Monster, wenn er das süße Lamm erlegt? Wir sind, wer wir sind und so sind wir eben geschaffen und all die Gesetze und Moralvorstellungen und Gebote und Normen und alle Gutmenschen dieser Welt werden uns Männern das Tier in uns nicht austreiben können.

Sind wir alle schuld daran, wenn Männer in Kriegen Millionen von Menschen umgebracht haben? Sind wir alle schuld daran, wenn Männer morden und vergewaltigen? Haben wir eine kollektive Mitschuld, weil das gleiche Tier in jedem von uns wohnt? Nein, das sind wir nicht! Wir können nichts für die Gene, mit denen wir geboren wurden, genauso wenig wie die Frauen deswegen die besseren Menschen sind, weil in ihren Genen weniger Gewaltbereitschaft herrscht. Und dieses Tier im Manne bringt ja nicht nur Schlechtes über diese Welt. Es ist in Wahrheit die Antriebskraft, die unsere Menschliche Zivilisation vorantreibt. Dieses Tier, das nicht nur Gewalt im Sinne hat, sondern auch zu Pioniergeist führt und Männer wie besessen an Erfindungen arbeiten lässt und Männer überhaupt zu den ganzen Arbeiten anspornt, die uns ernähren und uns ein Dach über dem Kopf schaffen.

Aber nur weil das Tier im Mann im Zaum gehalten wird, bedeutet das nicht, dass es nicht da wäre und nicht zu uns gehört und nicht ausgelebt werde muss. Zum hundertsten Male und weil es so wichtig ist trotzdem noch einmal: Lassen wir uns dieses letzte Ventil der Sexualität, für das Tier in uns nicht wegnehmen und negativ belegen. Dort ist es zwingend erforderlich und dort können wir es noch ausleben. Geben Sie diese letzte Chance auf pure Männlichkeit nicht aus der Hand und lassen Sie das Tier raus, dort wo Sie es brauchen, bei Ihrer Frau im Bett.

Zusammenfassung

Das Wesen des Mannes:

Er strebt nach Macht und Ansehen um eine möglichst attraktive Frau zu erobern mit der er das Tier im Manne ausleben kann. Seine Frau und ihre Kinder wird er bestmöglich vor allen Gefahren beschützen und sie versorgen. Auf seinem Weg kann er sexuellen Versuchungen nur schwer widerstehen.

Den Erwartungen, die an einen richtigen Mann gestellt werden, nachzukommen, ist definitiv nicht einfacher geworden. Wenn der moderne Mann in diesem Umfeld sich jetzt auch noch die letzten Bastionen seines urzeitlichen Wesens nehmen lässt, so verbaut er sich endgültig die Möglichkeit seiner Natur zu folgen und auch zu erleben was einen richtigen Mann ausmacht. Der Zeitpunkt, sich auf dieses urzeitliche Wesen wieder mehr zu besinnen und dieses den gesellschaftlichen Normen entgegenzusetzen ist meines Erachtens schon längst gekommen. Zumindest in meiner Sexualität werde ich es mir nicht mehr nehmen lassen, denn diese letzte Bastion, die mir noch geblieben ist, gibt mir die Kraft die anderen Erwartungen zu erfüllen, dort wo ich dazu bereit bin.

7. Frau und Mann in der Beziehung

Beziehung ist, wenn die weiblichen und männlichen Bedürfnisse aufeinandertreffen. Ohne Zweifel ergänzen sich diese eigentlich perfekt, ansonsten hätten sich diese auch nicht so entwickelt. Denn im evolutionären Sinne ist der Hauptzweck von Beziehungen klarerweise die Fortpflanzung und somit der Fortbestand unserer Spezies.

So kann auch vorweggenommen werden, dass die Beziehungen am harmonischten und erfüllendsten sind, die die Bedürfnisse beider Partner erfüllen. Nona. Wie das Leben so spielt, verändern sich diese Bedürfnisse im Laufe der Zeit und auch die Motivation diese zu erfüllen kann durch Umweltbedingungen zurückgehen. Geht dies zu weit, so führt dies je nach Charakter der Liebenden früher oder später zur Auflösung der Partnerschaft.

Betrachten wir einmal die wichtigsten Einflüsse die auf eine Beziehung einwirken. Lassen Sie sich von der äußerst nüchternen und analytischen Betrachtungsweise nicht irritieren. Mir geht es vor allem um eine objektivierte Betrachtung unseres Beziehungslebens. Unsere Gesellschaft tendiert dazu, unsere Beziehungen übermäßig zu romantisieren und die Sexualität zu objektivieren. Es gibt unzählige Filme in denen die wahre Liebe gepriesen wird, doch keinen einzigen in dem Sex in seiner wahren Bedeutung dargestellt wird – weil dies filmisch aus der Rolle des Zusehers nicht zu erfassen ist. Und so sehen wir Pretty Woman und verwechseln dies mit Beziehung und sehen Pornos und verwechseln dies mit Sex. Setzen wir doch einmal einen Kontrapunkt und machen es einmal umgekehrt. Es geht mir darum die Mechanismen die dahinterstehen beleuchten zu können. Ich halte es für überaus wichtig, diese Mechanismen zu verstehen und somit zu begreifen, warum eine Beziehung aus dem Lot gerät oder sich harmonisch darstellt. Freilich geht es uns im Endeffekt um das Gefühl der Liebe, darum zu begehren und begehrt zu werden und darum Geborgenheit zu empfinden, also um Emotionen. Aber die Bedingungen unter denen diese gedeihen können, haben leider mit Gefühlen wenig zu tun. Dahinter stehen unsere angeborenen Kriterien nach denen wir unsere Partner wählen und diese dann in der Partnerschaft bewerten.

Gesellschaftlicher Stand in der Beziehung

Wie bereits erwähnt, wählen Frauen ihren Partner maßgeblich aufgrund seines sozialen Status. Ist nun kein annehmbarer Mann mit dem gewünschten Status in Sicht, so schalten Frauen auf Plan B um. In diesem verfolgen Sie die Strategie einen Mann aus einer niedrigeren als der gewünschten Schicht zu nehmen und diesen dann während der Beziehung nach Oben bringen zu wollen, also quasi auf dem zweiten Bildungsweg. Dass dies eine Menge Zündstoff für die Harmonie in der Beziehung in sich birgt, muss wohl nicht extra erwähnt werden. Drängt Sie ihre Frau öfter, an Weiterbildungsmaßnahmen teilzunehmen? Interessiert sie sich intensiv für Ihre Karriere? Freut sie sich überschwänglich, wenn Sie eine Gehaltserhöhung bekommen oder befördert werden? Gratuliere, Sie sind auf dem zweiten Bildungsweg! Dass sie versucht, Sie nach Oben zu bringen, zeugt zwar einerseits davon, dass sie geliebt werden, andererseits ist Ihre Frau zumindest unbewusst der Meinung etwas Besseres verdient zu haben.

Daneben gibt es auch noch Plan C, bei dem die Frau, um einen Mann aus der gewünschten sozialen Schicht zu ergattern, Abstriche beim Äußeren des Mannes in Kauf nimmt. Am augenscheinlichsten tritt dies bei den Paaren zu Tage, bei denen aufgrund des offensichtlichen Unterschieds in der sexuellen Attraktivität der erste Gedanke ist: „Mann, muss der Geld haben“. Aber dies gibt es natürlich auch mit Abstrichen in vielen anderen Beziehungen, bei denen dies nicht so offensichtlich ist.

Aber egal unter welchen Bedingungen eine Beziehung begonnen wurde, Veränderungen im sozialen Status sind einer der Hauptbrennpunkte für Konflikte im Zusammenleben. Und zwar in beiden Richtungen.

Verändert sich der gesellschaftliche Status des Mannes massiv, in dem er eine steile Karriere macht oder sich als erfolgreicher Unternehmer profilieren kann, so hat dies auch gravierenden Einfluss auf das Machtgefüge innerhalb der Beziehung. Es interessieren sich plötzlich viel mehr und vor allem attraktivere Frauen für ihn. Kennen Sie den

Spruch „Der ersten Frau verdankt er den Erfolg und dem Erfolg die zweite“? Das trifft den Nagel auf dem Kopf.

Sollte der Mann im Gegensatz dazu mit seiner Karriere scheitern, oder sich gar in Folge einer Suchterkrankung oder anderen Ursachen im sozialen Abwärtsstrudel befinden, so wird auch dies selbstverständlich seine Beziehung destabilisieren. Seine noch immer für Männer im ursprünglichen gesellschaftlichen Umfeld attraktive Frau wird intuitiv versuchen, diesem Abstieg entgegenzuwirken. Entweder in dem sie ihren Mann beim Versuch wieder nach oben zu kommen unterstützt oder in dem sie sich einen neuen Mann sucht. Zweiteres wird fast zwangsläufig folgen, wenn der Mann nicht wieder auf die Beine kommt.

Das Rittern um die soziale Stellung trifft nicht nur Singles, es geht vielmehr in der Beziehung weiter. Ständig vergleichen wir unbewusst unsere Möglichkeiten beim anderen Geschlecht mit unserer aktuellen Beziehung. Ergibt sich hieraus eine beträchtliche Differenz, so entsteht Unzufriedenheit die sich in „Statthalter Streiten“ oder charakterlichen Veränderungen niederschlägt und so die Harmonie einer Beziehung aushöhlen.

Sexuelle Attraktivität in der Beziehung

Das weibliche Pendant zur sozialen Stellung des Mannes, also der Faktor, der hauptverantwortlich für die Attraktivität beim anderen Geschlecht ist, ist ihre Schönheit.

Analog zum vorigen Kapitel haben auch die Männer einen Plan B oder C parat. Manche geben sich fürs Erste mit einer weniger attraktiven Frau zufrieden und versuchen diese im Laufe der Beziehung zu verändern. Das kann von der Motivation für eine Diät bis zur bezahlten Schönheitsoperation gehen. Andere wieder sehen sich in weiter unten liegenden gesellschaftlichen Schichten nach einer attraktiveren Frau um und spielen den direkten Gegenpart für den weiblichen Plan C.

Und ebenfalls analog zum vorigen Kapitel stellt die Veränderung der sexuellen Attraktivität der Frau einen Hort für Unzufriedenheit in der Beziehung dar. Auch hier in beiden Richtungen.

Nimmt eine übergewichtige Frau in einer bestehenden Beziehung an Gewicht ab, erhöht sie so in der Regel ihre sexuelle Attraktivität. Frauen bekommen dies von der männlichen Umwelt sehr direkt mitgeteilt. Anzügliche Blicke, Flirtversuche und Komplimente über ihre neue Figur vermitteln ihr die klare Botschaft, dass sie für mehr und vor allem sozial höher stehende Männer eine Versuchung darstellt. Wenn Ihre Frau mit einer Diät beginnt und es schafft abzunehmen, dann sollten bei Ihnen die Alarmglocken klingeln. Wenn Sie dem jetzt nichts entgegenzusetzen haben oder wenn nicht schon Ihre eigene soziale Entwicklung der Auslöser für die Diät war und sie es auch noch schafft, das Gewicht zu halten, können Sie fast schon damit beginnen, sich nach einem guten Scheidungsanwalt umzusehen.

Wenn Sie sich im Gegensatz dazu vorstellen, ihre Frau würde 30 Kg zunehmen, so können Sie sich auch sicher vorstellen, dass dies für Ihre Beziehung eine ernsthafte Bedrohung darstellen würde. Nicht nur, weil Sie als „oberflächlicher“ Mann nun vielleicht weniger Spaß am Sex haben und die neidischen Blicke der anderen Männer insgeheim vermissen, sondern auch, weil das ihre Frau verändern würde. Sie würde es natürlich spüren, dass sie nun für die Männer keine solche Verlockung mehr darstellt und das wird sie verändern. Es nagt an ihrem Selbstwertgefühl und führt so zu einer Verhaltensänderung. Sie wird vielleicht eifersüchtig, hat möglicherweise weniger Bedürfnis nach Sex weil sie sich nicht mit dem Gefühl konfrontieren will, nicht mehr sexy zu sein, und, und, und... Auch hier würden Sie möglicherweise versuchen diesem entgegenzuwirken und sie zu einer Diät motivieren, doch wenn dies zu keinem Erfolg führt, werden Sie die Beziehung überdenken. Zumindest werden Sie eher der Versuchung eines Seitensprunges erliegen, wenn sich die Chance bieten sollte.

Die kluge Frau investiert ihr Geld und ihre Zeit also nicht nur in ihre Schönheit, um es zu sein. Nein, sie tut dies auch, um Sie als Partner nicht zu verlieren und mitunter auch gerade deswegen, weil Ihre Attraktivität (und damit ist nicht nur die sexuelle gemeint) als Mann abgenommen hat und sie sich schon insgeheim nach einem anderen Partner umsieht.

Glauben Sie alles nicht? Beweis: Konsumgesellschaft

„Was hat die Konsumgesellschaft mit unseren Liebesbeziehungen zu tun?“ werden Sie sich jetzt vielleicht fragen. Eine Menge.

Sehen wir jetzt einmal von Lebensnotwendigem ab, was kaufen wir uns? Wofür geben Frauen ihr Geld am Liebsten aus und wofür die Männer?

Frauen:

- Kleidung und Schuhe
- Kosmetik

Und somit vorwiegend für Artikel, von denen Sie überzeugt sind, dass sie diese schöner machen.

Männer:

- Autos
- Unterhaltungselektronik und Werkzeug

Und zwar vorwiegend für Produkte, um ihren sozialen Status zu betonen und zu steigern.

Ich behaupte, die Konsumgesellschaft basiert zu einem sehr großen Teil darauf, dass Frauen ihre Schönheit steigern bzw. erhalten und die Männer ihren Status zur Schau stellen wollen. Sie fußt auf den Kriterien die uns beim anderen Geschlecht attraktiv macht. Der bewährte Marketing-Leitspruch ‚Sex sells‘ hat nicht nur in der Werbung als Lockmittel seine Berechtigung, sondern in noch viel gewichtigerem Ausmaß in der individuellen, persönlichen Bestrebung für das präferierte Geschlecht sexuell attraktiv zu sein und somit einen geeigneten Sexualpartner zu finden.

Wenn sich ein Mann eine teure Uhr kauft, so will er damit die Botschaft senden: ‚Sie her, ich kann es mir leisten 10.000 Euro dafür auszugeben, um zu wissen wie spät es ist. Meine wirtschaftliche Stellung erlaubt es mir, für dich und deine Kinder zu sorgen, du kannst ruhigen Gewissens versuchen diese mit mir zu zeugen‘.

Wenn eine Frau das neueste Makeup aufträgt, dann sendet sie die Botschaft: ‚Sie her, wie makellos meine Haut ist. Ich bin gesund, habe keine Allergien und auch mit meinem Hormonspiegel ist alles in Ordnung. Wenn ich dich als meinen Partner erwählen würde, wären deine Gene in besten Händen‘.

Partnerwert

„Ich nehme dich zu meinem angetrauten Mann, ich will dich lieben, achten und ehren alle Tage meines Lebens, in guten und in schlechten Zeiten, in Gesundheit und Krankheit. Bis das der Tod uns scheidet."

Sie haben dieses Versprechen sicher schon einmal gehört, es ist das traditionelle kirchliche Ehegelöbnis. Welche Botschaft steckt dahinter? Es bedeutet, ich werde dich immer lieben, egal was auch passiert. Es klingt nach bedingungsloser Liebe. Es bedeutet, du kannst tun was du willst, du kannst dich verändern wie du willst, ich werde dich immer lieben. Das ist es, was ich meine, wenn ich sage, dass wir unsere Beziehungen übermäßig romantisieren. Wir kreieren einen Anspruch dem die Realität nicht gerecht werden kann.

Ja, es ist ein wahrlich schönes Versprechen. Zu schön um wahr zu sein, wie wir in den vorangegangenen Abschnitten bereits gesehen haben. Wird Sie ihre Frau noch lieben, wenn Sie zum arbeitslosen Alkoholiker werden? Werden Sie ihre Frau noch lieben, wenn sie 50 Kg zunimmt? Wird Sie ihre Frau noch lieben, wenn sich Ihr Waschbrett- in einen Waschbeckenbauch verwandelt? Werden Sie ihre Frau noch lieben, wenn sie ihre gemeinsamen Kinder vernachlässigt? Vielleicht, aber sehr wahrscheinlich ist das alles gelinde gesagt nicht. Wenn die Liebe ehrlich war, wird der Partner um diese kämpfen und die Rückkehr zur einst geliebten Eigenschaft einfordern. Möglicherweise wird der Partner sich sogar damit abfinden, weil es noch andere Werte gibt, die die Liebe rechtfertigen, doch die Liebe wird nicht mehr dieselbe sein. Rüttelt die Veränderung gar an einem Eckpfeiler der Liebe und stellt sich der Kampf dagegen als aussichtlos dar, wird der ehemals Liebende das Weite und einen neuen Partner suchen.

Bedingungslose Liebe? Vergessen Sie das lieber ganz schnell, denn es ist die falsche Botschaft. Es mag Liebe auf den ersten Blick geben und grenzenlose Liebe und hoffnungslose Liebe und Liebe über den Tod hinaus, aber Liebe basiert immer auf Bedingungen. Zumindest auf der, dass der Geliebte für den Liebenden einen Wert hat. Sie haben einen gewissen Wert für das Leben Ihres Partners. Verlieren Sie diesen Wert, so verlieren Sie auch die Liebe ihres Partners.

Erschwerend kommt hinzu, dass Beziehungen oftmals eingegangen werden, trotz einer als negativ empfundenen Eigenschaft (Plan B kennen Sie ja schon). Dies geschieht in der Hoffnung, diese werde sich im Verlauf der Partnerschaft noch zum Positiven wenden. Vielfach wird auch diesem Negativum in der ersten Verliebtheit nicht die Bedeutung zugemessen, die es für den Partner aber grundsätzlich hat. Es reicht also oftmals nicht einmal, denn Partnerwert, den man beim Eingehen der Beziehung hatte, zu erhalten. Befinden Sie sich in so einer Beziehung so haben Sie schon am Anfang dieser einen Kredit aufgenommen, den Sie früher oder später zurückzahlen werden müssen, wenn die Beziehung von Dauer sein soll.

Darüber hinaus ist es nicht einmal notwendig, dass Sie eine negative Eigenschaft haben um einen solchen „Kredit“ einzugehen. Es reicht schon mit seiner gegenwärtigen Lebenssituation oder den vom potentiellen Partner erkannten Fähigkeiten ein Versprechen für die Zukunft abzugeben.

Ein Beispiel: Verliebt sich eine Frau in einen Medizinstudenten, so verliebt sie sich auch in den angehenden Arzt. Sie malt sich also die Zukunft aus und sieht sich schon an der Seite eines angesehenen Arztes. Bricht der designierte Mediziner sein Studium ab, so verändert er massiv seinen Partnerwert. Kann er dieser Veränderung in geraumer Zeit keine ähnlich attraktive Alternative entgegenstellen, so wird seine Frau die Beziehung überdenken.

Betrachten wir dies einmal völlig rational und emotionslos, so kommen wir zur einfachen Formel:

Erwarteter Partnerwert = Aktueller Partnerwert bei Beginn der Beziehung + Entwicklungspotential + „Behobene Fehler“

Und wenn ich jetzt die Rationalität auf die Spitze treiben will, dann ersetze ich den Begriff ‚Erwarteter Partnerwert' durch ‚Liebe':

Aktuelle Liebe = Aktueller Partnerwert + Entwicklungspotential + „Behobene Fehler"

Zugegeben eine völlig unromantische Vorstellung von Liebe. Unromantischer geht es wirklich nicht mehr und wenn Sie auch nur einen Funken Romantik in sich haben, so werden Sie sich gegen diese Darstellung wahrscheinlich wehren. Leider ist diese kalte und unromantische Sicht der Liebe um vieles realitätsnäher als das kirchliche Ehegelöbnis und Pretty Woman. Und weil dies so ist, möchte ich Sie noch ein Stück in die rationelle Ergründung von Liebe und Beziehung führen.

Wenn wir eine Beziehung eingehen, dann gehen wir einen Vertrag ein, in dem die Erwartungen des neuen Partners an uns fixiert sind. Wobei fixiert ist das falsche Wort, der Vertrag kann sich jederzeit ändern. Und nur wenn wir diesen Erwartungen jederzeit einen ausreichenden Gegenwert entgegenstellen, wird die Beziehung von Dauer sein.

Es ist für das Funktionieren Ihrer Beziehung von immenser Bedeutung, dass Sie sich darüber im Klaren sind, was in ihrem Vertrag steht, was Ihren Partnerwert ausmacht.

Und weil wir gerade so schön unromantisch sind: Machen Sie eine Inventur und denken Sie über die Eckpfeiler ihres Partnerwertes nach. Was schätzt ihre Frau an Ihnen? Was können Sie aus den von ihrer Frau offen angesprochenen Kritikpunkten an Ihnen ableiten? Was können Sie aus dem Verhalten Ihrer Frau schließen? Was können Sie am Verhalten anderer Frauen ableiten?

Sein Sie jetzt mal völlig ehrlich zu sich selbst! Wenn bei Ihnen das Geld am Monatsende immer knapp wird, dann werden Sie möglicherweise nicht den Erwartungen an den gesellschaftlichen Status entsprechen.

Wenn ihre Frau nicht gerne mit Ihnen schläft, dann hat vielleicht ihre Attraktivität abgenommen oder Sie sind nicht gerade der geborene Liebhaber. Denken Sie über all das nach und bewerten Sie Ihren Partnerwert. Nachdem solche Selbsteingeständnisse sowieso niemand in ein Buch schreiben würde, spare ich mir die Leerzeilen hierfür. Dennoch schreiben Sie es auf! Auf einen Zettel den sie anschließend wegwerfen oder in einer kennwortgesicherten Datei – machen Sie sich dieses Geschenk.

So und nun ermitteln Sie die Inventurdifferenz. Was hat sich seit dem Beginn ihrer Beziehung geändert?

Wenn Sie das Ganze nun auch noch für Ihre Partnerin machen, dann wissen Sie relativ schnell, wie es um ihre Beziehung bestellt ist und wo die wirklichen Probleme liegen, wenn es welche geben sollte.

In meiner grenzenlosen Bescheidenheit habe ich eine solche „Inventur“ meiner eigenen Beziehung als Beispiel erstellt. Dabei habe ich die einzelnen Kriterien mit 1 (mangelhaft) bis 10 (perfekt) bewertet. Meiner Philosophie entsprechend habe ich die Hauptpartnerwahlkriterien mit dem Faktor 2 bewertet um der gesteigerten Bedeutung Rechnung zu tragen. Natürlich ist dies kein wissenschaftliches Modell und die enthaltenen Kriterien sind zwar nicht willkürlich gewählt, aber dementsprechend auch nicht einzementiert. Fügen Sie diesen ruhig ihre eigenen Gesichtspunkte hinzu, zumindest aber „Sozialer Status“ und „Sexuelle Attraktivität“ würde ich als Mindestanforderung sehen, um nicht gänzlich die Aussagekraft zu verlieren.

Meine „Beziehungsinventur“:

Kriterium	Sie		Ich	
	Vor 20 Jahren	Heute	Vor 20 Jahren	Heute
Sozialer Status	3	5	5 x 2	8 x 2
Sexuelle Attraktivität	10 x 2	8 x 2	6	7
Charakter	10	10	9	9
Liebhaber(in)	2	9	4	9
	35	40	29	41

Natürlich bin auch ich trotz einer fast perversen Eigenreflektiertheit von Selbstblindheit nicht gefeit. Dennoch gibt diese einfache Tabelle den Verlauf der Beziehung zu meiner Frau sehr exakt wieder. Anfänglich habe ich mir eine Traumfrau mit einem leicht höheren Staus „erkauft“. Erobern und behalten konnte ich diese aber nur, weil sie ein paar Enttäuschungen mit Männern hinter sich hatte, zu denen ich einen Kontrast setzen konnte. Eine von einem einschneidenden Erlebnis geprägte Kindheit und das Aufwachsen im wenig behütenden und wertschätzenden Umfeld von Einwanderern sorgten dafür, dass sie das Selbstbewusstsein, welches ihr aufgrund ihres Äußeren zugestanden hätte, nicht entwickeln konnte. Trotzdem war ich am Anfang aufgrund ihrer unglaublichen Schönheit in der Defensive. Denn auch wenn sie sich dieser nicht immer bewusst war, so waren sich die anderen Männer und ich sehr wohl mit nur einem Blick darüber im Klaren. Instinktiv spürte ich, dass ich dem etwas entgegensetzen musste und so brachte ich meine Karriere in Schwung, um meinen sozialen Status zu erhöhen. Gleichzeitig war ich stets bestrebt, mich als Liebhaber zu verbessern, auch wenn dies Anfangs aufgrund vieler falscher Ratgeber nur von mäßigem Erfolg gezeitigt war, so war ich doch der erste Mann mit dem sie einen Orgasmus hatte. Wären diese Bemühungen von mir ausgeblieben, wäre diese Traumfrau längst nicht mehr an meiner Seite. Heute, 20 Jahre später, habe ich diese Differenz ausgeglichen und kann mit Selbstbewusstsein behaupten, dass diese Traumfrau zu mir passt und mit keinem anderen Mann glücklicher wäre. Dass dies so ist, wird auch dadurch wiedergespiegelt, dass unsere Beziehung fast gänzlich eifersuchtsfrei ist. Keiner von uns beiden muss trotz außerehelicher sexueller Beziehungen Angst davor haben, den geliebten Partner zu verlieren.

Wer in Ihrer Beziehung den höheren Partnerwert hat, lässt sich relativ leicht daran erkennen, wer von beiden eifersüchtiger ist. Klarerweise hat der eifersüchtige Partner den geringeren Partnerwert. Dieser spürt instinktiv, dass da etwas aus dem Lot ist und versucht dieses Defizit mit mehr oder weniger offen gezeigter Eifersucht zu kompensieren. Den Partner also mit emotionalen Druck und verstärkter Kontrolle im Zaum zu halten. Eine völlig harmonische und funktionierende Beziehung ist in der Regel auch frei von offen gezeigter (!) Eifersucht.

Und wenn Sie ehrlich zu sich selbst waren, dann wissen Sie jetzt vielleicht schon, was Sie zum besseren Funktionieren ihrer Beziehung beitragen können. Vieles davon wird vielleicht schwer änderbar sein, aber seien Sie beruhigt, eine erfüllende Sexualität deckt vieles davon zu. Keiner ist perfekt und Sie müssen es auch gar nicht sein. Es hilft aber ungemein ein perfekter Liebhaber zu sein. Wenn Ihre Frau den Höhepunkt ihres Lebens in Ihren Armen erlebt, dann wird sie sogar über sehr viele nicht erfüllte Erwartungen hinwegsehen können. Und was Männer für Sex mit einer Frau alles auf sich nehmen, brauche ich wohl nicht extra erwähnen...

Der unbewusste Kampf um Macht in Beziehung

Wie wir schon mehrfach festgestellt haben, sind die Bedürfnisse der Geschlechter Gegenpole die sich ergänzen und sich anziehen. Je mehr diesen Bedürfnissen entsprochen wird, desto harmonischer wird auch die Beziehung sein. Gibt es Streit in der Partnerschaft so ist der Grund fast immer in einer Nichterfüllung zu suchen. Das Thema, um das sich der jeweilige Streit dreht, hat dabei zumeist nur eine Stellvertreterfunktion. Weil es zu hart ist zu sagen ‚Ich halte dich für einen Versager' oder ‚Ich finde dich nicht mehr attraktiv' streiten wir uns um Nichtigkeiten. Entgegen der landläufigen Meinung, dass es in jeder Beziehung Streit gibt, bin ich der Ansicht, dass jeder Streit ein Warnsignal darstellt. Ein Indiz dafür, dass etwas nicht im Lot ist. Und zwar nicht beim Thema um das sich der Streit dreht, sondern beim Partnerwert. Zumindest einer der Partner hat seinen Partnerwert in den Augen des anderen verloren oder zumindest so viel davon eingebüßt, dass darum gekämpft wird. Gekämpft mit der Forderung nach Veränderung und wenn dieser Forderung Widerstand entgegengesetzt wird oder diese Forderung nicht erfüllt wird, dann gibt es Streit.

Der Tag der Abrechnung

Bevor wir uns jetzt dem Thema Sex annähern, gehen wir aber nochmal einen Schritt zurück. Sollten Sie sich die „Inventur" aus dem Abschnitt „Partnerwert" gespart haben, dann werden Sie jetzt vielleicht enttäuscht sein, dass Sie dieser nicht so schnell entkommen. Würde ich Sie jetzt so einfach davonkommen lassen, wird Sie das höchstwahrscheinlich von anderer Seite wieder einholen, denn ich lenke Ihre Aufmerksamkeit auf einen bestimmten Moment im Leben Ihrer Frau:

Eines Tages, meist so zwischen 30 und 35, wird ihre Frau vor dem Spiegel stehen und sich, die ersten Falten und sonstige neu hinzugekommene Makel betrachtend, vergegenwärtigen, dass ihre Attraktivität zu schwinden begonnen hat. „Ich werde alt" kommt ihr in den Sinn und für jemanden der sich selbst sehr intensiv über sein äußeres Erscheinungsbild identifiziert (und fast alle Frauen tun dies) bricht eine Welt zusammen. Panik macht sich breit. Spätestens also, wenn sie sich dieses Eingeständnis gemacht hat, wird sie aus dem berechtigten Gefühl heraus, nicht ewig Zeit zu haben, zum ersten Mal ernsthaft darüber nachdenken, was aus ihren Träumen geworden ist. Möglicherweise liegt so ein Tag einer Frau auch schon hinter Ihnen und hat sich in Form eines Dauerauftrages für Unterhaltszahlungen auf Ihrem Konto eingenistet.

Ihre Frau wird also an diesem Tag damit beginnen, das durchzuführen, was Sie sich möglicherweise gerade sparen wollten: Eine Inventur ihrer aktuellen Beziehung. Der Traumprinz aus den Mädchenjahren, mit all seinen erträumten Eigenschaften, wird aus der verstaubten Kiste vom Dachboden gezerrt. Er wird aufpoliert und modernisiert (schließlich sind auch als Frau noch ein paar Träume hinzugekommen) und dann wird er neben Sie hingestellt. Und da steht er nun neben Ihnen und Ihrem Wohlstandsbäuchlein und Ihrem Karriereknick und Ihren sonstigen Makeln. Und jetzt da sie beide so nett nebeneinanderstehen, wird von Ihrer Frau abgerechnet.

Und wenn jetzt noch Ihre Beziehung in sehr jungen Jahren begonnen hat, Ihre Frau sich also vorher nicht ausleben konnte, wird diese Abrechnung umso härter ausfallen. Ihre Frau wird auch noch das einkalkulieren, was sie bisher verpasst zu haben meint.

Es ist keine Schande, an diesem Tag unwissentlich ein imaginäres ‚Ex' auf die Stirn gemalt zu bekommen. Auch wahrhaftige Traumprinzen sind an dieser von Panik getriebenen Inquisition schon gescheitert. Sollte Ihre Beziehung diesen Tag überleben, so ist dies das größte Kompliment, das Sie je von Ihrer Frau bekommen werden.

Die Entscheidung, nachdem ihre Frau schon ihre Jugend an Sie „verschwendet" hat, Ihnen auch noch den Rest ihrer sexuellen Attraktivität zu „opfern", wird Ihre Frau nur dann fällen, wenn sie Sie auch wirklich liebt und als ihren Mann respektiert.

Toll, aber wie erfahren Sie nun, dass Sie dieses Kompliment bekommen haben? Wenn Ihnen Ihre Frau zum ersten Mal (vorerst wahrscheinlich nur auf diffizile, undurchsichtige Art und Weise um Ihre Reaktion zu testen) gesteht, dass sie sich alt fühlt, dann ist der Tag der Abrechnung schon gewesen und die Tatsache, dass sie noch hier ist, verrät Ihnen ihre Entscheidung. Wenn Sie jetzt noch richtig reagieren und ihr glaubhaft versichern können, dass sie für Sie noch so schön wie am ersten Tag ist, dann sind Sie wirklich das, womit Sie verglichen wurden: ihr Traumprinz.

Und Ihre Frau wird ab diesem Tag eine andere sein. Der eventuell vorhandene Lack weiblicher Arroganz, der sich aus der einstmals selbstverständlichen männlichen Aufmerksamkeit gebildet hat, wird Stück für Stück abblättern. Sie wird dankbarer für das Geschenk der (verbliebenen) Schönheit. Es ist ein bisschen wie mit dem als selbstverständlich hingenommenen Geschenk des Lebens, dass erst wieder als etwas Besonderes betrachtet wird, wenn es durch Krankheit oder Unfall bedroht ist.

Sie wird mit Ihrer Unterstützung dieses Geschenk wieder annehmen können und danach dürsten, es noch so intensiv wie möglich auskosten zu können. Noch dazu, hat sie gerade beschlossen, all das, was sie noch nicht erlebt hat, mit Ihnen gemeinsam zu erleben. Wenn Sie es jetzt schaffen, ihrer Frau das Gefühl zu vermitteln noch begehrenswert zu sein und ihr darüber hinaus ermöglichen, ihre Träume zu verwirklichen, werden Sie aus dem Bett nicht mehr herauskommen. Nie wird Ihre Frau lustvoller und empfänglicher für Neues sein. Alles steht auf grün in dieser Lebensphase. Ihre Frau hat gelernt mit ihrem Körper umzugehen und sich ausreichend von ihrer Erziehung emanzipiert um all das mit Ihnen zu machen, von dem Sie immer schon geträumt haben.

Aber fühlen Sie sich nicht zu sicher, denn ständig kommen ein paar Falten und Hautunreinheiten hinzu. Schon morgen könnte der nächste Tag der Abrechnung sein...

Teil 2 – Sexualität

8. Sexualität, ein Definitionsversuch

So genug des Vorgeplänkels jetzt geht's endlich um Sex. Sexualität ist das, was unsere Beziehungen am Laufen hält. Sie ist der Kitt unserer Beziehungen. Sie erinnert uns daran, mit wem wir zusammenleben, dass dieser jemand nicht ein x-beliebiger Mensch ist, sondern der, den wir lieben und vielleicht ist sie sogar der Grund warum wir diesen Menschen überhaupt lieben. Sie schafft Intimität und ist ein Fenster zu unserer Seele. Sie ist das, was uns in unserer Jugend antreibt. Sie ist unser Ursprung. Sie ist unsere Bestimmung. Sie ist der Grund für unsere Anstrengungen und die Belohnung in einem. Ohne sie können wir nicht und wenn wir nicht können, dann stehen wir neben uns. Sie lässt uns zurückblicken in unsere menschliche zivilisationsfreie Natur. Sie lässt uns schreien und keuchen und vor Glück weinen. Sie lässt uns Mensch sein und in unserer hochtechnisierten Welt ist sie vielleicht der letzte Rückzugsort, in der wir noch unserer unverfälschten Natur folgen können und doch systematisieren wir sie, kategorisieren sie, analysieren sie und entmystifizieren sie. Wo kann man heute als Mann noch so richtig Mann sein? Komm mir nicht mit männlichen Ersatzbefriedigungen, nicht mit am Auto schrauben, nicht mit den Kumpels und einer durchzechten Nacht, nicht mit Hobbies, nicht mit Modellflieger in den Himmel jagen, nicht mit sportlichem Wettkampf und dem Gefühl des Gewinnens. Wie wär's mal mit einem richtigen Hobby? Mein liebstes Hobby ist, mit meiner Frau zu schlafen. Wo kann man heute als Mann noch richtig Mann sein, wenn nicht in den Armen einer begierigen Frau? Nichts geht über den Anblick einer sich vor Lust windenden Frau und dem Wissen, dass die eigene Männlichkeit die Ursache und die Erlösung dafür ist und jeder Mann, der diesen Anblick nie Erleben durfte, hat mein Mitgefühl redlich verdient.

Pornographie

Pornos bestimmen in einem sehr großen Umfang unsere Vorstellung von Sexualität. In einem größeren Umfang als uns gut tut. Dieses armselige Schaugeficke mit Sex zu verwechseln ist ein weit verbreiteter Fehler. Zum Teil deswegen, weil die Praktiken in einer Art und Weise dargestellt werden, dass sie vor einer Filmkamera auch zur Geltung kommen. Es ist wichtiger, dass die Geschlechtsteile zu sehen sind, als dass die beiden (oder mehreren) Akteure auch wirklich Spaß bei diesem „Sex" haben. Hast du dir schon mal einen Kuss in einem Porno objektiv angesehen? Die beiden strecken ihre Zungen soweit wie möglich aus dem Mund lassen ihre Zungenspitzen umeinander kreisen. Lächerlich, nicht? Dies, damit der Zuschauer etwas sehen kann. Dass dies lächerlich ausschaut, dürfte mit ein Grund sein, warum in Pornos so wenig geküsst wird. Aber auch wenn andere Praktiken im Porno weniger lächerlich aussehen, so heißt dies nicht, dass sie näher an dem sind, was auch Spaß macht. In einem Porno wird eine Frau zum Beispiel immer so geleckt, dass der Zuschauer auch sehen kann, dass sie geleckt wird. Würde der Mann die Frau so lecken, dass sie auch etwas davon hat, würde der Beobachter nur einen relativ unbewegten männlichen Kopf zwischen weiblichen Beinen sehen.

Würde der Mann die Frau so ficken, dass sie auch etwas davon hat, dann würde der Pornokonsument möglicherweise nur einem männlichen Hintern dabei zusehen wie er sich leicht kreisend zwischen den Beinen der Frau bewegt und dabei zusehen wie sich die beiden in die Augen sehen und sich schmutzige Worte ins Ohr flüstern. Das, was zwischen einem wirklich Sex habenden Paar abläuft ist filmisch einfach nicht erfassbar und wäre für den Zuseher im Gegensatz zu den Akteuren langweilig. Dass sich dies nicht verkaufen lässt, erklärt, warum Pornos das sind, was sie sind: armseliges Schaugeficke.

Verstehe mich nicht falsch, ich mag Pornos. Ich kann dem Anblick einer attraktiven, schaugefickten Frau durchaus einiges abgewinnen und mit etwas physischer Stimulation komme ich damit auch zum Höhepunkt.

Aber ich gebe mich nicht der Illusion hin, dass das, was ich da gerade beobachte Sex wäre. Wenn du dich dieser Illusion noch hingeben solltest, dann ist jetzt der Zeitpunkt, an dem du dich davon befreien solltest. Alles in dieser Welt ist so künstlich wie die Brüste der meisten Darstellerinnen. Die Frau stöhnt weil es von ihr erwartet wird und der Mann spritzt ab, weil der Regisseur gesagt hat, er solle es jetzt tun. Es schadet auch nicht diesem Schauspiel beizuwohnen und es geil zu finden, solange du eines nicht machst: Zu Vergleichen und Lehren daraus zu ziehen.

Nein, die gezeigten Schwänze stellen keinen repräsentativen Querschnitt in Punkto Länge und Umfang dar. Nein, Frauen finden das gezeigte Gelecke nicht geil und sie schreien sich auch nicht die Seele aus dem Leib, nur weil sie von einem Karnickel spielenden Männchen gerammelt werden.

Prostitution

Ähnliches wie für die Pornographie gilt auch für die Welt der Bordelle, Laufhäuser und Callgirls: es ist eine Scheinwelt. Versetzen wir uns in die Gefühlswelt einer Sexarbeiterin beispielsweise in einem Laufhaus. Du hockst in einem 15m² großen Zimmer. 6 Tage lang Tag und Nacht. Jeder Mann der vorbeikommt, ganz egal ob er schön oder hässlich ist, dünn oder dick, frisch geduscht oder ungepflegt, charmant oder arrogant muss von dir bedient werden. Solange er 100€ auf den Tisch legt, darf er sich auf dich drauflegen und du musst ihm vorspielen, dass dir das Spaß machen würde. Du würdest abstumpfen und hart werden müssen um dies aushalten zu können. Wenn du nun diese Frau wärst, dann würdest über kurz oder lang beim Betreten dieses Zimmers alle deine Gefühle in einen dickwandigen in deinem Inneren gut versteckten Safe sperren. Alles was dich als Person ausmacht, würdest du nach und nach wegsperren, um es zu bewahren, um es von diesem demütigenden Schauspiel fernzuhalten und ein sich selbst achtender Mensch zu bleiben. Du würdest zu einem professionellen Emotionszombie werden, weit weg von der Person, die du eigentlich bist.

Das was überbleibt, ist eine Sexpuppe, die sprechen, sich bewegen und schauspielern kann. Und dieser Sexpuppe, diesem Emotionszombie stehst du gegenüber wenn, du in einem Laufhaus ein Zimmer betrittst.

Ich verurteile niemanden der zu einer Sexarbeiterin geht, es ist ein freies Land und ich kann die Motivation, mit einer schönen Frau Sex haben zu wollen, verstehen. Nur sollte man sich auch hier nicht der Illusion hingeben bei diesem mechanischen Scheingeficke würde es sich um Sex handeln.

9. Deine eigene Welt

Was wäre, wenn es einen Raum gäbe in dem du so sein darfst wie du bist? Was wäre wenn es einen Raum gäbe in dem du einfach sein darfst? Einen Raum in dem du deine Kleider und mit ihnen deine Sorgen von dir werfen kannst, in dem du die schönsten Momente deines Lebens verbringen kannst, in dem du die friedlichsten Momente deines Lebens verbringen kannst, in dem du ausruhen kannst, in dem du dein halbes Lebens verbringst, in dem du der uneingeschränkte König bist. Was wäre wenn es so einen Raum gäbe? Wie würdest du ihn einrichten?

Also ich würde in diesen Raum, nennen wir ihn der Einfachheit halber mal Tempel der Lust, ein Podest bauen und in dieses eingelassen, von einem kuscheligen Teppich umrahmt, ein Bett oder vielleicht auch ein Wasserbett, damit es wohlig warm ist, wenn ich mich schlafen lege. Wahrscheinlich würde ich einen Spiegel an die Decke montieren, damit ich die bezaubernde Kehrseite meiner Liebsten jederzeit bewundern kann. Ja und vielleicht sogar noch einen großen Spiegel neben dem Bett, damit mir auch wirklich nichts von meiner Liebsten entgeht. Denn spätestens wenn uns mal eine Freundin besucht, wäre ein Blickwinkel definitiv zu wenig um alles mitzubekommen. Und hinterleuchtete Leisten am Rande des Podests hätte ich, weils einfach stylish ist. Ja und dann noch erotische Bilder von meiner Liebsten, vielleicht sogar ein gemaltes. Und dann hätte ich noch einen versperrten Geheimkasten, für das Sexspielzeug. Und unsichtbare Ösen an der Seite des Bettes, falls mal jemand Lust auf Wehrlosigkeit im Liegen verspürt. Ja und dann hätte ich da noch zwei Säulen mit versteckten Ösen mitten im Raum, falls mal jemand Lust auf Wehrlosigkeit im Stehen verspürt und dann noch einen Haken von der Decke, falls mal jemand Lust auf Wehrlosigkeit im Hängen hat. Und ein Bild mit einer Detailaufnahme eines Körperteils von mir (nein, nicht das an das du gerade als erstes gedacht hast) würd ich reinhängen, nur um zu zeigen wer hier der Mann ist und eine gemütliche Bank davor stellen, falls ich mal der, die gerade

Lust auf Wehrlosigkeit im Hängen, Stehen oder Liegen hat, genüsslich und entspannt beim Wehrlossein zuschauen will. Ach ja und dann kann man mit so einer Bank ja auch noch allerlei andere nette Sachen machen, wenn man sich schon beim Kauf überlegen würde, für was die alles gut sein könnte.

Und ich würde auch noch eine hüfthohe hinterleuchtete Wand aus Glasbausteinen hinter dem Bett aufstellen um schönes Licht und einen sicheren Platz um Kerzen draufzustellen zu haben und weil Glasbausteine einfach cool sind. Dahinter würde ich eine Palme stellen (natürlich beleuchtet) und den Mistkübel für sexuelle Hinterlassenschaften, damit mir diese beim Aufwachen nicht in die Augen stechen. Moderne Flächenvorhänge, die den Tag zur Nacht machen können, hätte ich natürlich auch. Ja und einen extra Ankleideraum hätte ich da auch, damit die Liebste auch genug Platz für ihre Reizwäsche und sonstigen Accessoires findet. Ein Flächenvorhang als Raumteiler und Sichtschutz für hereinplatzende Kinder könnte ich mir auch noch gut vorstellen. Einen Design-Strahler hätte ich da auch drinnen, falls die Liebste in kalten Winternächten partout nicht die Bettdecke loslassen will. In eine gute Soundanlage würde ich auch noch investieren, damit die Lounge Musik auch wirklich entspannt daher kommt und in einen Fernseher falls mal wer Lust auf erotische Stimulation durch Schaugeficke verspürt und vielleicht sogar einen an den Fernseher angeschlossenen Computer, damit das Schaugeficke auch punktgenau die aktuellen Sehbedürfnisse abdecken kann. So, dann würde ich vielleicht noch ein paar liebevoll platzierte Accessoires hinzufügen und die Todesstrafe auf das Liegenlassen von Schmutzwäsche und sonstigem Zeugs aussprechen.

Ja und in diesen Tempel der Lust würde ich dann voller Vorfreude allabendlich hineingehen und schon aufgrund der Stimmung die in diesem Tempel herrschen würde, der restlichen Welt gedanklich posten, dass sie mich jetzt kreuzweise kann. Und das allerwichtigste würde sein, dass auch meine Frau beim Betreten sofort fühlen würde, dass sie hier nicht in der Rolle als Mutter oder als Karrierefrau gefragt ist, sondern als meine Frau, als meine Geliebte, als mein Weib, als meine Schlampe, als meine Gefährtin. Sie würde fühlen: Hier ist das Ende der Gleichberechtigung, diese Schwelle ist die Grenze. Hier muss ich keine Karriere machen und muss auch nicht tough sein. Sie würde fühlen: Hier ist Geborgenheit und Wärme. Hier ist Liebe. Sie würde fühlen: Hier darf ich sein wie ich bin, wie ich wirklich bin, hier gibt es niemand der mich verurteilt, niemand der mir Vorschriften macht, außer vielleicht meinem Mann. Hier ist die Höhle, in die ich geschliffen werde.

Und wie hast du diesen Raum, nennen wir ihn der Einfachheit halber mal Schlafzimmer, eingerichtet? Wie viel Phantasie und Geld hast du in die Einrichtung deines Tempels der Lust investiert? Zeige mir dein Schlafzimmer und ich sage dir, wie gut du fickst.

Es wird mir ewig ein Rätsel sein, wie Leute 30.000 € und Wochen der Planung in ihre Küche investieren können und dann ins Schlafzimmer einfach ein beliebiges Bett, zwei Nachtkästchen und einen Kasten stellen. Bei den kreativeren Zeitgenossen reicht es dann noch für eine Kommode und einen Spiegel darüber. Wie kann man nur den Raum, in dem man sein halbes Leben (und wenn man's richtig macht, noch dazu die schönere Hälfte) verbringt und in dem man sich jeden Morgen nach dem Erwachen aus seinen Träumen wiederfindet, derartig vernachlässigen? Da geht's auch gar nicht drum, ob man seine Möbel bei Ikea oder beim Designmöbelhändler kauft. Ich sag ja auch gar nicht, dass du 30.000 € in dein Schlafzimmer investieren hättest sollen, aber vielleicht ein wenig mehr Liebe wäre drinnen gewesen, oder? Drinkst du Champagner aus dem Pappbecher? Würdest du ein Gourmet-Candlelight-Dinner in einem lieblos eingerichteten Restaurant haben wollen? Wieso achtet man beim Essen auf das richtige Ambiente, aber nicht beim Sex? Und das noch dazu, obwohl man beim Achten auf das richtige Ambiente beim Essen nur im Kopf hatte, zum Sex zu kommen.

Aber es ist nie zu spät, sein Schlafzimmer in einen Tempel der Lust zu verwandeln. Eine LED-Lichtleiste da, ein paar Kerzen dort, ein paar erotische Bilder, vielleicht ein, zwei Spiegel und ein paar richtig platzierte Metallösen und was dir sonst noch alles einfällt. Die Message soll sein: Hier geht's um Sex, nicht ums Schlafen. Hier kannst du Frau sein. Schaffe euch eine eigene Welt. Schlicht, schaffe geeignetes Ambiente für Sex.

Das Gleiche gilt auch für Sex in einem Hotelzimmer oder anderen Raum. Stelle ein paar Kerzen auf, ein paar Takte chillige Musik und vielleicht noch ein Räucherstäbchen und schon hast du aus einem kalten Hotelzimmer eine warme Liebeshöhle geschaffen.

10. Hilfe! Meine Frau will keinen Sex

Liebe und Sexualität lassen sich nicht trennen. Ich lass mir nicht erzählen, dass ein Mann lieben kann und sich nicht gleichzeitig danach sehnt sich in dieser Göttin zu verströmen. Ich lass mir nicht erzählen, dass eine Frau die wirklich liebt, sich nicht danach sehnt, ihren Geliebten in sich zu spüren. Nein, eine Frau die liebt, begehrt auch und eine Frau die nicht begehrt, liebt nicht. Gleiches lässt sich (und bei diesem wahrscheinlich noch mehr) über den Mann sagen. Ja, Liebe ist mehr als nur Sex, aber ohne sexuellem Verlangen ist es keine Liebe. Es heißt auch nicht, dass es erst zum Sex kommen muss um Liebe zu sein, nein es kann auch Liebe sein, wenn zwei gar nicht miteinander schlafen, aber die Liebe muss sich zumindest im Verlangen nach Sex mit dem Geliebten wiederspiegeln. Habe ich eine Frau wirklich gerne und verspüre kein Verlangen mit dieser auch zu schlafen, so ist und bleibt sie eine Freundin. Von mir aus eine gute, oder die beste Freundin, aber sie ist nicht meine Geliebte. Ich würde sie so lieben, wie ich meinen besten Freund liebe: asexuell, platonisch.

Frauen sind mitunter sogar unfähig, Sex und Liebe zu trennen. Und ich meine damit richtigen, intimen und nahegehenden Sex, kein beliebiges, belangloses Zeitvertreibsgeficke. Bei manchen meiner sexuellen Bekanntschaften bahnt sich eine gewisse Verliebtheit ihren Weg. Auch wenn dies von vornherein nicht beabsichtigt ist und sie auch genau wissen, dass ihre Liebe ins Leere gehen wird, weil dieser Platz schon unverrückbar besetzt ist, können sie sich nicht dagegen wehren. Sie verlieben sich gegen jede Vernunft und gegen ihren Willen. Sie tun dies, weil das weibliche sexuelle Erleben so intensiv, so berührend ist. Weil es so tief geht, dass sie sich nicht dagegen wehren können. Sie verheimlichen mir es auch, weil sie wissen, dass es so nicht abgemacht ist und sie es eigentlich nicht dürften. Doch ich kann es in ihrem Verhalten, an der alles beiseite räumenden Bereitschaft, sich mit mir zu treffen, erkennen und ich kann es in ihren Augen lesen. Und irgendwann gestehen sie es mir dann. Anfangs nur mit einem ich hab dich gern und dann mit einem ich hab dich lieb und früher oder später mit einem ich liebe dich und Tränen beim Abschied. Sie kennen mich nicht wirklich und ich verbringe auch kaum Zeit mit ihnen außerhalb unserer Sextreffen, es kann also nur mit dem Sex selbst zusammenhängen. Und ich erlebe auch in meiner eigenen Beziehung, dass jeder einzelne Orgasmus den meine Frau mit mir erlebt auch unsere Liebe wieder auffrischt. Natürlich gehört noch anderes dazu, aber ich habe meine Zweifel, dass es ohne diese Orgasmen auf Dauer so gut funktionieren würde.

Kann man also den Umkehrschluss ziehen, nämlich, dass eine Frau die vor dem Sex schon liebt, weniger liebt wenn der Sex für sie nicht gut ist? Ich weiß es nicht. Ich glaube, dass die Liebe sich nach und nach verflüchtig, weil sie nicht genährt wird. Wenn der Sex nicht gut ist, nimmt das Verlangen danach ab und mit dem Schwinden des Verlangens verschwindet auch die Liebe. Liebe existiert nicht im luftleeren Raum, sie muss eine Basis haben und sie muss von etwas genährt werden.

Ja, man kann man auch lieben ohne ernsthaftes Interesse am Sex mit dem Partner, aber nicht so, wie die Natur die Liebe von Mann und Frau in uns geschaffen hat. Es ist dann eine eher platonische Liebe, vielleicht auch mütterliche Liebe und nicht die Form von Liebe die in einer Liebesbeziehung erwartet wird. Wenn deine Frau keinen oder nur wenig Spaß am Sex mit dir hat, dann wirst du auf Dauer keine erfüllende Beziehung haben. Du kannst mit Geld um dich werfen und du kannst ein modellgleicher Adonis sein, aber du wirst es nicht zu mehr, als den nützlichen Financier oder den netten optischen Aufputz bringen. Und da hilft es auch nichts, die Frau zu wechseln, du wirst bei der nächsten Frau wieder ganz genauso enden.

Wenn deine Frau nur mangelndes Interesse zeigt, mit dir zu schlafen, so kann dies 4 Ursachen haben:

1) Der Sex ist nicht gut

Wenn etwas keinen Spaß macht, dann macht man es auch nicht gerne und vermeidet es so oft wie es nur geht. Sex wird dann zur (ehelichen) Pflicht. Aber dafür ist dieses Buch ja zuständig…

2) Sie findet dich sexuell nicht (mehr) anziehend

Wenn du die Werte, die die Frau in dein Bett getrieben haben, nicht mehr repräsentierst, dann nimmt klarerweise auch die Versuchung ab, wieder in dein Bett zurückzukehren. Ist auch eng damit verbunden, dass sie dich vielleicht nicht mehr liebt, da sexuelles Begehren und die Liebe eng miteinander verbunden sind.

3) Sie ist überlastet

Du haltest sie als Arbeitssklave und dieses quittiert sie mit Verweigerung im Bett. Wie in Teil 1 im Kapitel „Einfluss der Emanzipation“ bereits erwähnt ist der Alltag für die Frauen durch die Gleichberechtigung nicht weniger anstrengend geworden. Wenn du deine Frau mit deiner Beteiligung bei der Erziehung der Kinder und der Hausarbeit nicht unterstützt, hat sie am Ende des Tages schlicht und einfach keine Energie mehr, um sich neben der Rolle der Karrierefrau, Mutter und Haushälterin auch noch in der Rolle der Schlampe zu versuchen.

4) Sie leidet an Frigidität

Sie ist sexuell nicht gesund und hat aufgrund physischer oder psychischer Probleme kein Verlangen nach Sex. Wird aber auch oft mit sexueller Unlust aufgrund der vorangegangenen Ursachen verwechselt.

Wie kannst du das ändern?

Diese 4 Ursachen sind mitunter nicht leicht voneinander zu unterscheiden und stark voneinander abhängig. Wenn du also weniger Sex hast, als dir lieb ist, dann solltest du damit anfangen, einmal in dich zu gehen und dich ehrlich zu fragen, welche dieser Ursachen bei dir zutreffen.

Wenn deine Frau überlastet ist, dann fange an, sie zu unterstützen oder wenn es dir finanziell möglich ist, stelle eine Putzfrau ein, die deiner Frau einiges an Hausarbeit abnimmt. Sorge dafür, dass ein Babysitter da ist, um öfters den Abend frei zu haben und Zeit zu zweit verbringen zu können. Denn wenn deine Frau zu überlastet ist um den Sex genießen zu können, dann werden deine Anstrengungen als Liebhaber auf unfruchtbaren Boden fallen. Dies soll aber auch nicht bedeuten, dass du dich zum Arbeitssklaven machst, denn dann wirst du selbst nicht die Energie haben um als Mann im Bett agieren zu können.

Wenn deine körperliche Attraktivität abgenommen hat, weil du zugenommen hast, fange an abzunehmen und forme deinen Körper durch Krafttraining. Achte auch sonst auf dein Äußeres und lasse dich nicht gehen.

Wenn diese beiden Ursachen ausgeschaltet sind, dann und erst dann kannst du dich innerhalb der Beziehung zu einem besseren Liebhaber entwickeln. Denn erst dann ist jemand da, der bereit ist, diesen Weg mit dir zu gehen und dein Geschenk in Empfang zu nehmen.

Wuff

Ganz gleich was die Ursache für das mangelnde Interesse der Frau am Sex ist, der Mann ist in so einer Beziehung in der Position des Bittstellers. Ihr fehlt es nicht, da sie kein Verlangen nach (diesem) Sex hat und er beginnt unter dem mächtigsten männlichen Urtrieb zu leiden: Seinem angeborenen Bedürfnis nach Sex. Er bettelt um Sex und sie erhört diese Bettelei und tut ihm einen Gefallen in dem sie Gnade walten lässt oder eben nicht. Sie ist in der Versuchung Sex als Belohnung für gewünschtes Verhalten zu gewähren und als Bestrafung für unerwünschtes Verhalten zu verweigern und nicht wenige Frauen erliegen dieser Versuchung. Von außen wirkt das immer ein bisschen wie das Abrichten eines Hundes. Sie gibt die Kommandos und er steht schwanzwedelnd vor ihr und darf sein Schwänzchen an ihr reiben, wenn er brav Männchen macht. Dass dieser Männchen machende Schwanzwedler das Gegenteil eines richtigen Mannes ist, muss wohl trotz unklarer männlicher Geschlechterrollen nicht extra erwähnt werden. Da steht keine böse Absicht der Frau dahinter, das ihr dienende Männchen ist eine Ersatzbefriedigung für den richtigen Mann, den sie gerne hätte. Das dienende Männchen wird auch umgehend durch einen richtigen Mann ersetzt, wenn sich einer selbstbewusst vor ihr aufbaut und ihr zeigt, wie das mit Mann und Frau wirklich funktioniert. Nur solange dieser nicht in Sicht ist, darf das Männchen gerne seine Dienste verrichten. Und auch nicht extra erwähnt werden muss wohl, dass ein Mann aus dieser Position heraus kein guter Liebhaber sein kann. Er ist jeglichem Selbstvertrauens beraubt und wird von seiner Frau als Mann nicht akzeptiert.

Was aber viel schlimmer ist als die Tatsache, dass er wenig bis keinen Sex hat, ist der Umstand, dass dieser Mann von seiner Frau nicht wirklich geliebt wird. Nicht so, wie eine Frau einen Mann lieben, einen Mann begehren sollte.

Wenn du in so einer Beziehung bist, dann hör auf dir einzureden, dass deine Partnerin dich lieben würde. Sie findet dich nützlich, möglicherweise bist du gut für ihr Ego und wahrscheinlich empfindet sie auch eine Art von platonischer oder mütterlicher Zuneigung zu dir. Sie liebt dich mit dem Kopf, vielleicht noch mit dem Herz, aber auf keinen Fall mit ihrer Fotze. Würde sie das tun, dann würde sie deinen Schwanz auch in ihr brauchen und nicht nur gewähren lassen.

Viele Männer entziehen sich dieser Falle, indem sie aufhören mit dem Schwanz zu wedeln und ihr eigenes Bedürfnis nach Sex unterdrücken. Allerdings sitzt auch hier die Frau am längeren Ast, denn das Bedürfnis nach (ihrer Ansicht nach) schlechtem Sex ist leicht zu unterdrücken und Frauen sind überdies sehr begabt darin, ihr sexuelles Verlangen zu verdrängen. Auch ist es nicht ungefährlich für die Beziehung, ihr die Bestätigung ihrer Attraktivität zu entziehen.

Was immer du in so einer Situation auch tust, du musst raus aus dieser Ecke. Diese Art von Beziehung ist zwar weit verbreitet, aber sie ist ein armseliger Abklatsch dessen, was eine Liebesbeziehung sein kann. Du darfst es dir auf keinen Fall gefallen lassen, dass Sex gegen dich als Waffe eingesetzt wird. Auch wenn dieses Spielchen von vielen Frauen in Unwissenheit darüber, wie Sex wirklich sein kann, gerne gespielt wird, es ist nicht der Normalzustand in einer Liebesbeziehung. Meine Frau hat kein Kopfweh, wenn ich mit ihr schlafen will, und wenn, dann nimmt sie eine Tablette um sich das nicht entgehen zu lassen. Sie schläft mit mir auch nach einem anstrengenden Tag, wenn sie die Tage hat und sogar wenn sie krank ist. Sie hat Spaß am Sex mit mir, sie liebt mich und sie ist eine sexuell gesunde Frau und weil das so ist, lässt sie sich auch keine Gelegenheit entgehen, um mit mir zu schlafen. Und wenn wir eine Woche nicht miteinander geschlafen habe, dann wird sie kribbelig und beginnt von sich aus die Initiative zu ergreifen. Ich will hier auch nicht den großen Macker geben, ich war früher auch nicht der große Liebhaber und so hatte ich lange Zeit, wenn auch auf relativ hohem Niveau, auch weniger Sex als ich gerne gehabt hätte. Da hab ich auch phasenweise Männchen gemacht und mein Schwänzchen an ihr gerieben. Aber seitdem ich wieder weiß, was ein richtiger Mann ist und wir beide (und vor allem sie) wissen, wie Sex wirklich sein kann, braucht sie ihn mindestens so sehr wie ich.

Ich kann dir auch keinen eindeutigen Rat geben, was in dieser Situation zu tun ist. Möglicherweise ist die Situation schon zu verfahren um gelöst werden zu können, auf jeden Fall aber, solltest du ein klares ‚So nicht!' an deine Frau senden und dich darauf besinnen, was dich als Mann ausmacht. Möglicherweise verweigerst dich du mal eine gewisse Zeit lang oder machst sie ein klein wenige eifersüchtig. Und dann, wenn sie begriffen hat, dass es so nicht mehr funktioniert, beginnst du an dir als Liebhaber zu arbeiten, denn dabei kannst du nicht verlieren. Auch andere Frauen haben schöne Beine und für einen guten Liebhaber öffnen sie sich öfter als ihm lieb ist.

Sexgott

Und wie sieht die Gegenposition zum Männchen machenden Schwanzwedler aus? Versetzen wir uns in die Lage einer Frau, die keinen Orgasmus mit einem Mann erleben darf oder zumindest keinen guten Sex geboten bekommt. Beim ersten Mann denkt sie sich noch, es liegt am Mann. Vielleicht denkt sie das auch noch beim zweiten und beim dritten. Aber spätestens dann fängt sie zu zweifeln an und beginnt zu grübeln, ob es nicht an ihr liegen könnte. Mit jedem weiteren Mann, der nicht dazu fähig ist, ihr Lust zu spenden, wandelt sich dieser Zweifel mehr und mehr in Gewissheit. Irgendwann stempelt sie sich als unfähige Liebhaberin und frigide ab. Es kann doch nicht an all den Männern liegen, dass sie beim Sex nicht zum Orgasmus kommt und keinen Spaß hat. Wenn du jetzt daher kommst und diese Frau mit deiner Liebhaberkunst vom Gegenteil überzeugen kannst, was glaubst du, wird diese Frau von dir denken?

Genau, du wirst ihr Retter sein, der Märchenprinz der sie aus dem Dornröschenschlaf geweckt hat. Du wirst ein Gott sein für sie und du hast ihr das schönste Geschenk gemacht, dass ein Mann einer Frau heutzutage machen kann. Es stellt sich auch gar nicht die Frage, ob diese Frau dich lieben wird, nein sie wird dich nicht lieben, sie wird dich vergöttern. Wenn du es schaffst, dieser Held für eine Frau zu sein, dann wird sie dich nie mehr vergessen und sie wird, wenn du dich auch nur als ein klein wenig beziehungsfähig erweisen solltest und es auch willst, eine Gefährtin fürs Leben gewonnen haben. Diese Gefährtin wird dich auch nicht betrügen, denn sie weiß, dass es da draußen nichts gibt, was den Betrug rechtfertigen würde.

Oder es entwickelt sich wie bei mir, wo meine Nummer von einer Frau zur anderen weitergegeben wird und mich von Zeit zu Zeit eine Unbekannte anschreibt, die das auch mal erleben möchte. Klingt doch auch ganz reizvoll, wenn man sich noch nicht binden will...

Der Unterschied zwischen diesen beiden Positionen in einer Mann-Frau Beziehung ist, wie unschwer zu erkennen ist, eklatant. Natürlich gibt es zwischen diesen beiden schwarz-weißen Extrempositionen noch eine Menge Grau. Aber der Unterschied ist in jedem Fall zum Gutteil dein Können als Liebhaber. Das ist der Unterschied zwischen einem Männchen machenden Schwanzwedler und einem respektierten Mann.

So und darum legen wir jetzt mal unsere Ersatzbefriedigungen, unsere Modellflieger, Autos, Computer und sonstigen Spielzeuge beiseite, jetzt zeig ich dir, was wirklich Spaß macht: Sex mit deiner Frau. Und wenn meine Philosophie dein Leben so verändern sollte wie meines, dann hast du auch gar keine Zeit mehr für diese Spielzeuge. Also auf, los geht's!

11. Was Frauen wirklich geil macht

Im Vorwort hab ich die wichtigste Regel für den Sex mit einer Frau schon erklärt und weil es so wichtig ist, hier einfach nochmal zur Erinnerung:

Du wirst eine Frau mit diesem ganzen Gerubbel, Gelecke und Gefingere nur dann zum Orgasmus bringen, wenn sie schon geil ist. Du wirst eine Frau mit diesem ganzen Gerubbel, Gelecke und Gefingere nicht geil machen können!

Ich will, dass du das wirklich begreifst, in seinem ganzen Umfang und mit allen Konsequenzen begreifst, es ist die mit Abstand wichtigste Lektion in diesem Buch. Denke jetzt einmal an deine eigenen Erfahrungen. Stell dir normalen Sex mit deiner Frau vor. Du liegst neben deiner Frau und beginnst mit dem Sex. Du streichelst sie, vielleicht machst du ihr auch ein paar Komplimente, küsst sie und ihre erogenen Zonen und gibst dir alle Mühe sie geil zu machen. Dann gehst du mit dem Kopf zwischen ihre Beine und beginnst ihre Klitoris zu lecken. Was macht deine Frau? Sie schließt ihre Augen, stimmt's? Wahrscheinlich hatte sie sie sogar vorher schon zu. Warum schließt sie ihre Augen beim Sex? Sie macht das nicht, um sich besser auf das, was du gerade machst konzentrieren zu können, nein sie macht das, damit sie sich besser in ihre eigene Welt flüchten kann. Genauso, wie sie die Augen schließt, wenn sie es sich selbst macht. Dabei schließt sie auch nicht die Augen, um besser spüren zu können wie ihre Finger sich auf ihrem Kitzler anfühlen. Hast du schon mal eine Frau mit offenen Augen wichsen sehen (außer natürlich die vor der Kamera, denen der Regisseur sagt, sie sollen lüstern ins Objektiv blicken)? Sie muss sich, um wirklich geil zu werden, etwas vorstellen. Sie muss einen Ersatz finden, für das, was du ihr gerade nicht gibst. Sie meint das auch gar nicht böse und so gut wie alle Frauen kennen es auch gar nicht anders und halten das für völlig normal. Frag sie doch einfach mal gerade heraus, was sie sich gerade vorgestellt hat. Irgendwann hat sie gelernt, dass sie sich Sexfantasien vorstellen muss, um zum Orgasmus zu kommen und die, die es noch nicht gelernt haben, kommen meistens nicht zu einem und stempeln sich irgendwann selbst als frigide ab. Jedenfalls ist sie mit geschlossenen Augen nicht bei dir und du spielst gerade Vibrator. Versteh mich nicht falsch, es ist nichts Schlimmes an dieser Art von Sex. Ich zieh auch nicht immer das volle Programm durch und gebe ab und an auch mal gerne den Vibrator (und ich habe ihn jahrelang, in Befolgung weiblicher Sexualmaximen und kniggeartige Sexualratgeber, gegeben – darum bin ich auch ein guter Vibrator). Der Sex ist O.K. und sie kommt dabei auch zum Orgasmus, zumindest wenn ich einen guten Vibrator abgebe und sie eine geile Phantasie findet. Sie macht es schlicht und einfach, um mir dabei zu helfen sie zum Höhepunkt zu bringen. Ich kenne es aber auch anders. Sehr viel anders. Wenn du es einer Frau richtig besorgst, dann brauchst du ihre Hilfe nicht, nicht beim ersten und nicht beim zehnten Orgasmus. Und sie kann dir in die Augen sehen beim Sex. Denn es geht immer um die Augen, es bedeutet nichts ohne die Augen! Wenn du es einer Frau richtig besorgst, dann kannst du es ihr sogar verbieten zu Kommen und sie wird es trotzdem tun. Du kannst sie gegen ihren Willen dazu zwingen zu kommen. Wie das geht? **Indem du aufhörst den Vibrator zu spielen und beginnst ihre Sexphantasie zu werden.**

Frauen ticken beim Sex schlicht und einfach anders als wir Männer. Uns reicht der Anblick einer schönen Frau oder auch nur eines Körperteils und ein wenig der richtigen physischen Stimulation und der Orgasmus ist garantiert. Um Frauen richtig heiß zu machen, bedarf es um vieles mehr. Klar ist es ein Vorteil hübsch auszusehen, aber mit dem Äußeren alleine wirst du beim Sex keinen Blumentopf gewinnen. Dein Äußeres ist nur insofern von Belang, als es deinen Handlungen Bedeutung und Rahmen gibt. Spricht dein Aussehen die Frau an, so kommst du vielleicht leichter zum Sex und du hast vielleicht einen Bonus als Ausgangsposition um sie geil zu machen, doch wenn du dich als unfähiger Liebhaber erweist, wird die Nacht ohne weibliche Lust oder zumindest mit geschlossenen Augen von statten gehen. Ein schöner Mann der eine

Frau weder psychisch noch physisch stimulieren kann, ist ein miserabler Liebhaber. Ein schöner Mann, der zwar gelernt hat eine Frau physisch zu stimulieren, der wichsen, lecken und 2 Stunden ficken kann, ist immer noch ein miserabler Liebhaber. Ein Mann der es schafft, eine Frau **psychisch** zu stimulieren, ist schon mal ein guter Liebhaber, auch wenn er vielleicht nicht alle physischen Tricks drauf hat. Selbst wenn er optisch nicht ansprechend ist, wird die Frau mehr Spaß am Sex mit ihm haben, als mit dem unfähigen Beau. Um mit einer Frau einmal Sex zu haben musst du für sie sexuell attraktiv sein – also körperlich und/oder sozial attraktiv. Um mit einer Frau öfter Sex zu haben, musst du ein guter Liebhaber sein. Außer die Frau hat keine besseren Alternativen. Dann bist du vielleicht ein Mann der öfter mit der Frau Sex hat, aber bei weitem nicht so oft, wie du es gerne hättest und du wirst Geschichte sein, sobald die Frau eine bessere Alternative findet. Wenn du ein guter Liebhaber bist, dann wirst du vielleicht sogar öfter Sex haben, als dir lieb ist. Und wenn du ein sensationeller Liebhaber bist, dann treten selbst körperliche und soziale Attraktivität in den Hintergrund. Wenn du ein Paar siehst, bei dem sie offensichtlich um Welten attraktiver ist als er, dann ist auf die Frage ‚Was findet die denn an dem da?' nicht immer nur sein wirtschaftlicher Wohlstand die Antwort.

Ich kenne Göttinnen, die haben mindestens 50 Nummern von Männern in ihrer Kontaktliste, die binnen 10 Minuten an ihrer Haustüre kratzen würden, wenn sie nur die leiseste Andeutung machen würden, es könnte eventuell zum Sex kommen. Und doch setzen die sich ins Auto, fahren zwei Stunden zu mir, nehmen sich ein Hotelzimmer, fahren am nächsten Morgen wieder zwei Stunden heim, um dann übermüdet im Büro zu sitzen, nur um Sex mit mir zu haben. Mit meinem Äußeren kann ich das leider nicht ausreichend begründen und auch mein sozialer Status kann dabei nur eine untergeordnete Rolle spielen, da es sich um explizit sexuelle Beziehungen handelt. Diese Frauen wissen, dass ich eine Ehefrau habe und dass ich diese um keinen Preis der Welt verlassen werde, weil ich sie abgöttisch liebe. Der Grund kann also nur der Sex an sich sein. Und was unterscheidet den Sex mit mir, mit einer Nummer mit einer von den 50 Nummern? Da ist etwas, was diese Frauen tief im Inneren berührt, etwas das ihre geheimsten und zum Teil selbst nicht gekannten Sehnsüchte befriedigt, etwas das sie nicht an jeder Hausecke bekommen und Sex bekommt eine attraktive Frau an jeder Hausecke, wenn sie wollte. Auch mit attraktiven Männern, mit attraktiveren Männern als mir. Auch mit reicheren Männern und sogar mit reicheren und attraktiveren Männern. An physischer Stimulation ist an diesen Göttinnen sicher auch schon alles ausprobiert worden, was die sonstigen Sexualratgeber so alles hergeben, schließlich diskutieren wir darüber auch schon seit 50 Jahren in aller Öffentlichkeit. Sie wurden geleckt und gefingerlt und penetriert und weiß der Kuckuck was nicht alles sonst noch. Es ist etwas, das mehr ist als physische oder soziale Attraktivität und physische Stimulation. Und es ist auch nicht die große Liebe, denn die bekommen sie bei mir nicht. Sie sind sich von Anfang darüber bewusst, dass sie diese bei mir nicht bekommen werden und auch nicht die geringste Hoffnung besteht. Es sind also nicht einmal die Gefühle, die diese Frauen in meine Arme treibt. Es ist die Tatsache, dass ich sie so nehme wie sie in ihrem Innersten sind, so wie sie von der Evolution, der Natur geschaffen wurden. Ich ficke nicht ihren Körper und nicht einmal ihren Verstand. Ich ficke ihre Seele. Ich gebe (nicht spiele!) ihnen den Mann, den ihre innerste Natur attraktiv findet. Ich gebe ihnen einen richtigen Mann, einen dominanten Mann, einen intimen Mann. Einen Mann der fühlt und nicht denkt, einen Mann der weiß was er will und nicht fragt, einen Mann der schon wusste wer sie sind, bevor sie es selbst wussten und weil ich das alles bin, bin ich ein Mann der ihnen Orgasmen geben kann.

Bei Frauen geht Geilheit über die Psyche und nicht über optische Reize. Sie finden Männer geil, die den Eindruck machen, als können sie sie und ihre Kinder versorgen und beschützen. Und diese Fähigkeit demonstrierst du nicht mit Finger- oder Zungenfertigkeit und auch nicht damit, deinen Hintern vor und zurück bewegen zu können. Diese Fähigkeit demonstrierst du mit Dominanz, mit Selbstbewusstsein, mit Empathie, mit der Bereitschaft Gefühle zuzulassen und dem Vermögen welche hervorzurufen, mit ehrlichem Interesse für sie und ihre Bedürfnisse. Es sind die gleichen Kriterien, die die Frauen bei der Partnerwahl anwenden. Wieso sollte es auch anders sein. Du als Mann findest doch auch das geil, auf was du bei der Partnerwahl achtest. Du achtest doch auf ihr schönes Gesicht, auf ihre makellose Haut, auf ihre Brüste, auf ihre Taille, auf ihre breiten Hüften, langen Beine und ihren Hintern (und komm mir jetzt ja nicht mit dem Charakter – hast du je einen geilen Charakter gefickt?). All die Eigenschaften die in deinem Steinzeithirn darauf hindeuten, dass die Frau gesund ist und fähig ist, gesunde Kinder zu gebären. Und Frauen finden eben das geil, was dich in ihrem Steinzeithirn zu einem potentiell guten Ernährer und Versorger macht. Alles was darauf hindeutet, dass du dich nicht direkt nach dem Sex aus dem Staub machst und sie ihrem Schicksal überlässt, ist für Frauen attraktiv und attraktiv bedeutet im Endeffekt immer sexuell attraktiv = geil. So fühlen (nicht denken!) sie und das machen sie unbewusst. Das ist das, was die Evolution mit ihrem Selektionsprozess über hunderttausende von Jahren aus ihnen gemacht hat. So sind sie geschaffen und das kann ihnen auch kein Feminismus und keine Erziehung und auch sonst nichts austreiben.

Das abstruse daran ist, das es sie wie in meinem Fall nicht einmal stört, dass ich mich nach dem Sex aus dem Staub machen werde und sie das vorher schon wissen. Natürlich werden diese Frauen mit einem anderen Mann Sex haben, wenn sie einen finden der es drauf hat und sich nicht aus dem Staub macht, aber bis sie den gefunden haben, schlafen sie eben mit mir. Da ist kein logischer Denkprozess dahinter, da ist ein Bedürfnis nach einem richtigen Mann in ihnen und wenn sie den nur für ein paar Stunden und nicht ein ganzes Leben haben können, dann nehmen sie das in Kauf.

Und so machst du eine Frau geil, indem du Eigenschaften verkörperst, die die richtigen evolutionären Signale senden:

Dominanz = Er ist selbstbewusst und erfolgreich und kann mich und meine Kinder versorgen und beschützen

Leidenschaft = Er hat das Herz am richtigen Fleck und wird mich nicht im Stich lassen

Empathie = Er kann sich in mich hineinversetzen und wird mir helfen, wenn ich Hilfe benötige

Attraktivität = Er ist gesund und ich kann mit ihm aller Voraussicht nach gesunde Kinder zeugen und er wird noch am Leben sein, wenn diese Kinder geboren werden.

Und diese Signale funktionieren auch nur in ihrer Kombination. Dominanz ohne Leidenschaft ist kalt. Leidenschaft ohne Dominanz ist hilflos. Leidenschaft ohne Empathie ist ungestüm. Attraktivität ohne Leidenschaft ist arrogant. Empathie ohne Dominanz ist mitleidsvoll. Dominanz ohne Attraktivität ist unglaubwürdig. usw., usf.

Eine sich auf der Partnersuche befindliche Frau hat Männer mit solchen Eigenschaften schon getroffen. Dominante Männer und leidenschaftliche und empathische und attraktive. Höchstwahrscheinlich hat sie aber noch keinen dominanten, leidenschaftlichen, empathischen und für sie attraktiven Mann getroffen. Hätte sie das, so wäre sie nicht auf der Partnersuche. Verkörperst du eine oder zwei dieser Eigenschaften, bist du ein begehrenswerter Mann. Verkörperst du alle, bist du ein Gott.

Nur wenn du alle diese Eigenschaften ausreichend in dir vereinst und sie der Frau gegenüber glaubhaft zeigen kannst, wirst du als richtiger Mann wahrgenommen werden und deine Frau ohne ihre Mithilfe geil machen können. Und erst wenn du alle diese Eigenschaften ausreichend verkörperst, wirst du auch mit deinem Gerubbel, Gelecke und Gefingere deine Frau zu einem Orgasmus bringen, der dir gilt und nicht dir als Vibrator. Der erste Orgasmus der dir als Mann gilt. Und dieser erste dir geltende Orgasmus, den eine Frau dir machtlos entgegenschreit und wuchtig ausströmt und hilflos zuckt und unwillkürlich zittert und tiefberührt weint, dieser erste Orgasmus wird dich zu einem anderen

Mann machen. Zu einem Mann, der weiß was es heißt ein Mann zu sein. Zu einem der es nicht erzählt, nicht gelehrt, nicht vorgelebt, nicht eingeimpft und nicht gezeigt bekommt, was es heißt ein Mann zu sein. Zu einem Mann der weiß, was es heißt ein Mann zu sein, weil er es erlebt hat.

12. Dominanz

(von lat. dominus = Herr, beherrschend auch Hausherr, Gatte, Geliebter)

Die natürliche Dominanz scheint etwas zu sein, was vielen Männern im Schlafzimmer verloren gegangen ist. Ob du diese Dominanz in anderen Lebensbereichen benötigst, will und kann ich nicht beurteilen. Ich weiß nur eines: im Bett brauchst du sie auch heute noch unbedingt.

Nun, warum ist männliche Dominanz im Schlafzimmer überhaupt wichtig und warum bezeichne ich sie als natürlich? Die einfache Version: Weil es Frauen geil macht!

Und wenn das heute im feministisch geprägten Umfeld noch eine Selbstverständlichkeit sein dürfte und im männlichen Bewusstsein verankert wäre, dann könnte ich mir hier jede weitere Erklärung sparen und vielleicht hätte ich dieses Buch auch gar nicht schreiben müssen.

Erinnern wir uns an das Kapitel ‚Woher wir kommen?' und an das letzte Kapitel ‚Was Frauen wirklich geil macht'. Ich finde, da ist schon mal gut erklärt, warum männliche Dominanz natürlich und wichtig für unsere sexuellen Handlungen ist. Weil eben die Evolution uns dazu gemacht hat und uns hierfür mit den entsprechenden körperlichen und geistigen Fähigkeiten ausgestattet hat. Es ist auch schon hinlänglich erklärt, warum Frauen auf männliche Dominanz im Bett stehen, aber weil mir dieser Punkt so wichtig ist, versuche ich es noch einmal von einer anderen Seite.

Es gibt ein hervorragendes Sprichwort über das Tanzen: ‚Tanzen ist Geschlechtsverkehr in Kleidern'. Ich behaupte: Das Liebespiel ist tanzen ohne Kleidung.

Und um diese Analogie mit dem Tanzen zu verdeutlichen: Stell dir ein tanzendes Paar vor, bei dem keiner führt. Die beiden würden sich pausenlos auf die Zehen steigen und nicht wissen in welche Richtung sie tanzen sollen. Und kein Tänzer würde beim Tanzen seine Partnerin fragen, ob sie jetzt lieber nach links oder nach rechts tanzen möchte und welchen Tanz sie jetzt tanzen möchte. Es wird von der Musik und vom Mann vorgegeben. Natürlich würde der Tanz auch funktionieren, wenn sie führen würde, aber niemand würde auf die Idee kommen dies zu fordern. Der Mann hat beim Tanzen zu führen und Punkt. Tanzen funktioniert einfach so, jeder weiß das und keiner hinterfragt das. Beim Sex verhält sich das genauso, nur weiß das nicht mehr jeder und es wird pausenlos in Frage gestellt. Wir sollten endlich begreifen, dass eine Frau vollständig gleichberechtigt im Alltag sein kann und sich gleichzeitig beim Sex einem dominanten Mann hingeben kann. Sogar im Gegenteil, gerade die selbstständigen Frauen, die erfolgreich sind und im Alltag ihren „Mann" stehen, sehnen sich geradezu danach im Bett diese Rolle endlich aufgeben und sich als Frau erleben zu dürfen.

Und so würde ich Dominanz im Bett auch definieren: Als führen beim Sex. Du gibst die Schritte vor und sie folgt dir. Dominanz hat viele Facetten. Sie kann vom sanften Hinführen auf das Gewollte bis zum körperlich für die Frau deutlich spürbaren (gewünschten!) Zwang gehen. Und genauso wie beim Tanzen bestimmt auch der, der führt wie gut der Sex ist. Gib einem hervorragenden Tänzer eine beliebige Frau an die Hand und selbst wenn diese die unbegabteste Tänzerin auf diesem Planeten ist, so wird der Tanz immer noch passabel aussehen. Gib ihm eine gute Tänzerin und er fegt virtuos über die Tanzfläche. Gib ihm mehr Zeit mit der unbegabtesten Tänzerin des Planeten und er wird in relativ kurzer Zeit auch mit dieser virtuos übers Parkett schweben. Und darüber hinaus gilt, dass ein Tanz bei dem der unbegabteste Tänzer des Planeten führt, immer noch besser ist, als ein Tanz, bei dem keiner führt.

Genauso verhält es sich auch im Bett. Es liegt also hauptsächlich an dem der führt, also am Liebhaber, ob der Sex gut ist oder nicht. Ob der Sex einfach nur gut oder fantastisch ist, liegt dann daran, wie gut die Frau im Bett ist und/oder wie gut das Paar eingespielt ist. Und Sex mit einem schlechten Liebhaber, der führt, ist immer noch besser als Sex, bei dem keiner führt. **Ganz egal wie gut du als Liebhaber schon bist (und wenn**

du gut bist, wirst du wahrscheinlich schon jetzt führen), du kannst nicht verlieren, wenn du jetzt damit anfängst zu führen. Und führen im Bett heißt, dominant zu sein. Das einzig blöde bei dieser Analogie ist, dass es zwar Tanz- aber keine Sexschulen gibt.

Steigen wir noch einmal einen Moment zurück und beschäftigen uns einmal damit, was Dominanz in Bezug auf Sex überhaupt bedeutet.

Was sexuelle Dominanz auf jeden Fall nicht ist

Körperliche Gewalt

Auch wenn es beim Sex durchaus, je nach Gelüsten, mal etwas härter zugehen kann, gehe ich selbstverständlich davon aus, dass dies vorher abgeklärt ist. Ich kenne Frauen, die mit einer Ohrfeige feuchter werden, als wenn ich stundenlang mein ganzes anderes Repertoire auspacke. Aber nur weil ich von diesen Frauen weiß, dass es diesen Effekt haben kann, würde ich niemals ohne mir vollständig sicher zu sein und niemals ohne es ganz vorsichtig und dann steigernd zu testen, einer anderen Frau eine Ohrfeige geben, selbst wenn diese es vorher explizit verlangt hat. Bevor ich diese Ohrfeige austeile muss eine ganze Menge passieren auf das ich später noch detailliert eingehen werde. Auf jeden Fall darfst du niemals Schläge oder sonstige Schmerzen austeilen, wenn du nicht vollkommen sicher bist, dass das von ihrer Seite gewünscht ist. Und wenn es gewünscht ist, dann kannst du diese auch nur austeilen wenn du vorher die richtige Stimmung aufgebaut hast und dann noch den richtigen Moment erwischt. Schmerzen in der richtigen Intensität und im richtigen Kontext können eine unglaubliche Wirkung erzielen, aber Dominanz hat in keinem Fall etwas damit zu tun, brutal oder auch nur unerwünscht unsanft zu sein.

Psychische Gewalt

Gleiches wie für die physische Gewalt, gilt auch für die psychische. Es gibt Frauen, die es lieben werden, dir die Füße zu küssen, das heißt nicht, dass du eine andere Frau dazu zwingen solltest, ohne dir absolut sicher zu sein, dass sie das auch mag und damit emotional auch umgehen kann. Dominanz ist nicht herablassend, nicht beleidigend und auch nicht arrogant. Sie erfüllt tiefe und bisweilen geheime oder gar unbekannte Sehnsüchte aber sie zwingt nicht zu etwas, was den anderen psychisch belastet.

Aggressivität

Wenn jemand auf den Tisch haut, dann offenbart er damit vielmehr, dass er am Ende seiner Weisheit, am Ende seines Könnens ist. Er demonstriert damit nicht Stärke sondern Hilflosigkeit und Hilflosigkeit ist definitiv das Gegenteil von ‚Führen beim Sex'. Was nicht heißt, dass du nicht auch mal hilflos statt souverän sein wirst, nur ist Aggressivität dann ganz sicher nicht die Lösung.

Was Dominanz dagegen schon ist

Souveränität

Dominanz wird nur akzeptiert und nur als solche überhaupt erkannt, wenn sie auch ausgestrahlt wird. Damit du sie ausstrahlen kannst, musst in jeder Sekunde den Eindruck erwecken, dass du ganz genau weißt was du tust und was du vorhast. Diese Souveränität, dieses Können kann nur schrittweise entwickelt und gelernt werden. Würdest du als bisher nicht dominant agierender Mann versuchen, eine Frau mit allen zur Verfügung stehenden Mitteln und unter Einbeziehung aller Praktiken zu unterwerfen, so wirst du mit höchster Wahrscheinlichkeit auf die Nase fliegen. Als erschwerend dürfte sich erweisen, wenn die Frau dich schon anders kennt. Sie wird gegen eine Veränderung des Bildes von dir Widerstand zeigen – denn es ist das Bild mit dem sie sich eingerichtet hat.

Der Weg zur absoluten Souveränität ist steinig und mit Unsicherheit gepflastert. Gehe es also langsam an und konzentriere dich auf das, was du schon kannst oder dir zumindest leicht umsetzbar zu sein scheint. Lasse immer nur ein wenig Neues einfließen, um dann, wenn es nicht so läuft wie gedacht, wieder auf Bewährtes zurückschwenken zu können.

Zärtlichkeit

Dominanz schließt Zärtlichkeit nicht aus. Im Gegenteil es ist viel mehr die höchste Form der Zärtlichkeit. Einer Frau etwas zu Teil werden zu lassen, nach was sie sich im Innersten wirklich sehnt, teilweise ohne es im Vorhinein benennen zu können, kann ich nur als Zärtlichkeit beschreiben. Die meisten Frauen werden auch nicht sagen können, was dieses Etwas ist, da sie es selbst nicht wissen, solange sie es nicht gefühlt haben. Eine Frau wird dir, sofern sie noch keine Erfahrung damit und dir hat, zum Beispiel nicht sagen: „Bitte fass mir an den Hals und schnüre mir die Luft ab, damit ich die Macht, die du im Augenblick über mich hast, fühlen kann. Das würde mich erregen.“ Überdies wird sie dies vorab nicht formulieren können, weil sie es im nüchternen, nicht erregten Zustand wahrscheinlich als abstoßend empfinden würde. Wenn es zur Sache geht, wird sie dich spüren lassen, was sie gerne hätte und so erfordert es eine Menge Empathie dieses Etwas aus dem Verhalten der Frau zu lesen. Und um dieser Empathie und dem Gewünschten näher zu kommen ist die Annäherung aus der Richtung „Zärtlichkeit“ die einzige mögliche Vorgangsweise. Bleiben wir beim genannten Beispiel. Will ich wissen, ob es eine Frau erregt, wenn ich ihr die Luft abschnüre, so werde ich den ersten Versuch erst starten, wenn sie wirklich geil (am besten nahe dem Höhepunkt) ist und ich in ihr bin. Zuerst streiche ich ihr zärtlich über das Gesicht und stelle Augenkontakt her um sicher zu gehen, dass sie bei mir und im Hier und Jetzt ist. Mit warmen und von Zuneigung getränkten Blick, versuche ich ihr zu vermitteln, das alles was folgt nur dann geschieht, wenn sie das will. Wie zufällig werde ich die Hand auf ihren Hals gleiten lassen und immer noch Augenkontakt haltend ganz langsam und nur ganz sanft zudrücken. Während ich das tue sind alle meine Sinne darauf konzentriert, wie sie reagiert. Erkenne ich übermäßige Angst in ihren Augen? Weicht sie mir aus oder verstärkt sie sogar den Druck von sich aus, in dem Sie mir den Hals entgegen reckt? Spannt sich ihr Körper an, als würde sie flüchten wollen oder drückt sie mir ihren Unterleib entgegen um mich besser in ihr fühlen zu können? Führt sie ihre Hand zu meiner in einer abwehrenden Bewegung, tut sie nichts oder drückt gar selbst fester zu? Atmet sie ruhig oder kann ich aus ihrem Atmen erkennen, dass sie Angst davor hat, für einen Augenblick keine Luft zu bekommen. Es gibt so viele Zeichen, die gelesen werden können und wenn diese kein absolut eindeutiges Bild ergeben, dann werde ich meine Hand wieder wegnehmen und sie nochmals zärtlich im Gesicht streicheln um ihr zu vermitteln, dass ich das vorerst nicht mehr tun werde. Wenn ich mir aber unzweifelhaft sicher bin, dass sie es anmacht, dann werde ich ein klein wenig mehr zudrücken (noch weit weg von der Intensität zu der ich bereit bin und noch viel weiter von der Intensität mit der ich ihr Schaden zufügen würde) und wieder genau auf die gleichen Signale achten. Und auch wenn diese Signale abermals eindeutig positiv sind, werde ich die Hand wegnehmen und es fürs erste beenden um ihr Zeit zu geben, es zu verarbeiten und mit ein wenig Glück, das nächste Mal herbeizusehnen. Ich und sie haben dann gemeinsam auf zärtliche Art und Weise herausgefunden, ob sie es erregend findet. Dieses eine Beispiel illustriert, wieviel Zärtlichkeit und Einfühlungsvermögen von Nöten ist, um dominante Gesten setzen zu können.

Fürsorge

Wenn du willst, dass deine Frau sich bedingungslos in deine Hand begibt, dann musst du ihr Vertrauen dahingehend besitzen, dass du auch für sie sorgen kannst. Der tiefe Sinn der Dominanz ist, dass deine Frau ihre Sorgen abgeben und sich somit fallen lassen kann. Indem du die Verantwortung übernimmst, befreist du sie von der Last sich um sich sorgen zu müssen. Im Idealzustand kann sie dir sogar ihre Hemmungen und Ängste übergeben. Aber wie gesagt, es ist deine Aufgabe für die Dauer des Spiels, dich für sie zu sorgen, also die Fürsorge zu übernehmen.

Symbole

Dominanz wird in Symbolen ausgedrückt. Quasi in Insignien der Macht. Diese Insignien sind aber bei diesem Spiel meist keine Gegenstände, sondern hauptsächlich Gesten die du setzt und Handlungen die deine Frau bereit ist, für dich auszuführen. Schon eine sanftes Streicheln über die Wange kann ein solches Symbol sein, indem es bedeutet: „Du bist mein kleines Mädchen und ich werde jetzt auf dich Acht geben“ und sie anerkennt deine Dominanz indem sie ihre Wange an deine Hand schmiegt oder dir einfach nur vertrauensvoll in die Augen blickt. Über diese Symbole wird das Machtgefälle kommuniziert. Diese Symbole können natürlich noch viel drastischer ausfallen, aber es steckt das gleiche Prinzip dahinter.

Aber auch Gegenstände wie Kleidung und Körperschmuck können die Dominanz repräsentieren. Ein Mann in einem Anzug wirkt immer dominant und eine Frau die sich in aufreizenden Dessous als Geschenk für ihren Mann verpackt, setzt damit auch ein Zeichen ihrer Unterordnung.

Respekt

Den Respekt den du bei einer Frau genießt, ist maßgeblich dafür verantwortlich, ob du mit deiner Dominanz bei einer Frau auf Widerstand stößt oder nicht. Eine meiner Freundinnen hatte einmal gesagt, dass sie die Dominanz die sie bei mir verspürt, bei ihrem Mann vermisst (sonst wäre sie wohl auch nicht bei mir gelandet). Er versuche es zwar, aber so richtig funktioniere das nicht. Im Zuge des Gesprächs sind wir darauf gekommen, dass sie ihn eigentlich nicht (mehr) als ihren Mann respektiert und daher einen inneren Widerstand hat, sich von ihm dominieren zu lassen. Wenn sich die Ausübung deiner Dominanz bei deiner Frau als schwierig herausstellen sollte, dann solltest du noch einmal über das Kapitel Partnerwert in Teil 1 nachdenken. Möglicherweise bist du aufgrund einer größeren Differenz in dieser Hinsicht in der Defensive. Wenn möglich, solltest du diese Differenz weitestgehend ausgleichen. Unter Umständen kann es sogar erforderlich sein, dies zu tun, bevor du im Bett wirklich dominant sein kannst.

Nur wenn du den Respekt einer Frau hast, dann wird diese bereit sein, sich dir unterzuordnen und sich von dir führen zu lassen.

Respekt ist aber keine Einbahnstraße. Hast du keinen Respekt vor der Frau die du führen (dominieren) willst, so wirst du möglicherweise Grenzen überschreiten, die über dem Limit sind. Über deinem, dem der Frau oder sogar dem, das durch Gesetze vorgegeben wird. Es muss nicht unbedingt Liebe sein, aber du solltest der Frau zumindest so viel Sympathie entgegenbringen, dass du die in den Abschnitten Zärtlichkeit und Fürsorge beschriebene Empathie und Verantwortung schon alleine aus dieser heraus aufbringen kannst. Mein persönlicher Rat: **Wenn negative Gefühle, Aggression oder Drogen im Spiel sind, dann unterlasse alle Versuche, dich in Dominanz zu üben, denn du kannst in diesen Situationen das nötige Verantwortungsbewusstsein nicht aufbringen.**

Was heißt Dominanz nun konkret beim Sex?

Es heißt, dass du beim Sex so wie beim Tanzen führst und somit, dass du

a) **machst was du willst und es so machst, dass es zu dem wird, was sie will oder**
b) **machst was sie will und es aussehen lässt als wäre es das, was du willst.**

Es heißt auf keinen Fall, dass du sie fragst, was sie will, denn damit würdest du deine Dominanz gänzlich zerstören – wenn du ihre Wünsche erfüllen willst, dann benutze dafür ihre sexuellen Phantasien – dass, was sie sich während sexueller Erregung vorstellt, liegt, zumindest vom Thema her, sehr nahe an dem, was sie sich wünscht.

Jemand der uns fragt was wir den gerne hätten, ist ein Diener und kein Herr. In Österreich gibt es einen Spruch „Wer lang fragt, geht lang irr“. Das trifft nirgends mehr zu als beim Sex. Die Frauen werden dir nicht sagen, was sie wirklich anmacht. Zeigen vielleicht, aber sagen werden sie es dir nicht. Weil sie es entweder selbst nicht wissen, oder weil sie es im nicht erregten Zustand nicht beurteilen können, ob sie es mit dir geil finden werden, oder weil sie das was du machen willst, gar nicht kennen, oder weil sie es sich nicht sagen trauen, weil sie Angst haben, du könntest sie für pervers halten und, und, und... Ich weiß, in nahezu jedem Sexratgeber steht, man soll die Frauen fragen, was sie denn gerne haben und das Hauptproblem mit unserer Sexualität wäre, dass die Paare zu wenig darüber reden. Reden über Sex ist wie tanzen über Architektur. Du findest damit nicht den Kern der Sache, zu viele Dinge bleiben aus den genannten Gründen ungesagt. Sie wird erst wissen, ob sie es geil findet, wenn sie es erlebt. Die einzige Ausnahme ist, dass du mit ihr darüber redest, wenn sie schon geil ist. Aber auch dann wird die wahre Antwort mehr von ihrem Körper als verbal kommuniziert werden.

Und somit heißt es auch auf keinen Fall, dass du sie fragst ob ihr das was du gerade machst auch gefällt. Denn würdest du das tun, wäre die Frage die sie sich darauf innerlich stellt ,Wieso? Sieht es leicht so aus, als wäre es nicht so? Bin ich nicht sexy? Kann er nicht fühlen, dass es mir gefällt?' usw. und diesen inneren Dialog musst du unterbinden. Sie muss mit allen ihren Sinnen bei dir, bei dem was du tust, sein und das kannst du nur erreichen, indem du den inneren Dialog auf dich richtest. Sie muss sich fragen: „Was tut er als nächstes? Mach ich das gut genug? Strenge ich mich auch genug an?" Sie muss sich sagen: „Wow, ist das geil!" Und du darfst sie nicht dazu verleiten, dass sie dies in Frage stellt.

Du musst sie fordern, sie überraschen – sie schlicht und einfach beschäftigen. Entweder indem du Dinge tust, die ihre ganze Aufmerksamkeit erfordern, sie Dinge tun lässt, die ihre ganze Aufmerksamkeit erfordern oder du mit Dirty Talk dafür sorgst, dass ihr innerer Dialog mit dir oder mit dem beschäftigt ist, was dir gerade in den Plan passt. Sie darf keine Zeit haben, zu grübeln oder an den Alltag zu denken. Sie muss bei dir sein. Mit ihren Gedanken, mit ihrem Herzen und mit ihrer Fotze.

Das Alles klingt vorerst so, als wäre es sehr schwierig zu erreichen. Zugegeben bedarf es einer paar Fähigkeiten und du wirst dies nicht von einem Moment auf den anderen beherrschen, aber wenn du Dominanz und ehrliche Leidenschaft zeigst und die Empathie aufbringst, ihre Zeichen zu lesen, so geht es fast von selbst, wie ein Tanz der der Musik, die gerade gespielt wird, folgt. Wie du das erreichst, darauf erhältst du noch eine Menge Antworten in den folgenden Kapiteln.

13. Leidenschaft

(auch Inbrunst, eine das Gemüt völlig ergreifende Emotion)

Etwas mit Leidenschaft zu tun, bedeutet, es aus ganzem Herzen zu tun. Gerade nichts lieber zu tun als das, was man gerade macht. Es bedeutet, dem was gerade geschieht Bedeutung zu geben, es zu lieben. Wie geht es uns dabei, wenn uns jemand mit Leidenschaft berichtet, was er gerne macht? Es weckt Interesse, es lässt uns fragen was ist das Besondere daran? Und wenn wir uns jetzt in die Gefühle einer Frau versetzen, die gerade mit völliger Inbrunst leidenschaftlich geliebt wird, dann werden wir feststellen, dass sie es geradezu fühlen kann, dass sie das Besondere ist.

Und genau so soll es sich für eine Frau anfühlen, wenn du mit ihr intim bist. Sie soll fühlen, dass du gerade nichts lieber machst als das, dass sie Bedeutung hat für dich und dass sie etwas Besonderes für dich ist. So wie du nicht gerne der beliebig austauschbare Vibrator bist, so darfst du sie selbstverständlich nicht zu einer beliebig austauschbaren Sexpuppe degradieren. Und Frauen ist das noch viel, viel wichtiger. Sie wollen als Frau, als individuelle Person wahrgenommen und geschätzt werden. Und geschätzt werden, ist beim Sex unzweifelhaft die Tatsache, dass du sie sexy findest und sie dich geil macht und das kannst du nur mit Leidenschaft vermitteln.

Die Stille als Feind der Leidenschaft

Es reicht auch nicht, wenn du die Leidenschaft verspürst, du musst sie ihr zeigen mit deinen Handlungen, mit deinem Blick und du musst sie ihr hören lassen. Viele Männer begehen den Fehler, keinen Laut von sich zu geben, denn ihrer Ansicht nach ist Stöhnen etwas für Frauen. Doch sie braucht das Feedback, dass du es geil findest, genauso wie du. Lass sie hören was du empfindest. Es mag dir zwar am Anfang komisch erscheinen, doch stelle dir vor, wie es dir dabei ergeht eine Frau zu lieben, die keinen Laut von sich gibt. Du würdest denken, dass es ihr nicht gefällt. Und so musst du ihr das Gefühl ebenso geben, dass es dir gefällt. Ansonsten besteht wieder die Gefahr, dass ihr innerer Dialog sich zu fragen beginnt, ob es geil für dich ist und dann wird sie sich fragen ob mit ihr alles ok ist und so weiter. Wenn du nicht stumm wie ein Fisch bist, dann braucht sie sich diese Sorgen alle nicht zu machen und kann sich fallen lassen und sich im Gefühl baden, dass sie sexy und begehrenswert ist. Du muss ja nicht die ganze Nachbarschaft zusammenschreien, ein bisschen maskulines tieftönernes brummen reicht vollkommen.

Die Augen, es bedeutet nichts ohne die Augen!

Du kannst alle Eigenschaften, die eine Frau sich wünscht, haben. Du kannst aussehen wie Brad Pitt, du kannst Küssen wie ein Weltmeister, du kannst charmant, humorvoll und der perfekte Gentleman sein. Du kannst alle Liebhaber-Tricks draufhaben, die je jemand publiziert hat und noch deine selbst erfundenen hinzufügen. Und doch wird dies alles wirkungslos verpuffen, wenn du deiner Auserwählten nicht in die Augen siehst. Ohne einen intimen Blick bedeutet dies alles gar nichts, mit ihm bedeutet es alles. Deine Augen sind der Unterschied zwischen einem Fremden und dem Mann der alles ist. Deine Augen sind der Unterschied zwischen einem namenlosen Vergessenen und dem der noch Wochen, Monate und Jahre später in ihren Träumen die Hauptrolle spielt.

Hast du je einer Frau in die Augen gesehen? Ich meine, hast du je einer Frau wirklich in die Augen gesehen? Hast du ihre Sehnsüchte gesehen und ihr Glück und ihr Leid und ihre Ängste und ihre Liebe und ihr ganzes Leben? Hast du je einer Frau in die Augen gesehen und das kleine lachende Mädchen gesehen, dass ihren Vater anhimmelt und das kleine weinende Mädchen gesehen, dass von ihrer Mutter getadelt wird und das ängstliche kleine Mädchen, dass die Dunkelheit fürchtet und den verunsicherten Teenie gesehen, der den Leadsänger der Boyband anhimmelt und die selbstbewusste Frau gesehen, die die Narben ihrer Kindheit überwindet und die lebensfrohe Frau gesehen die den Märchenprinzen geliebt hat und das liebeskranke Elend gesehen, als sie von ihm verlassen wurde und die kämpfende Frau gesehen, die dies hinter sich lässt und wieder lieben lernt und die leidende Mutter gesehen, die unter unsagbaren Schmerzen gebärt und diese Schmerzen aus Liebe erträgt? Und hast du je die Frau in ihren Augen gesehen, die dies alles gehofft und gefürchtet und erlitten und genossen und geliebt und überwunden und verarbeitet hat? Und hast du je die Frau gesehen, die dies alles noch ist und immer sein wird und noch erleidet und wieder erhofft und immer noch ersehnt? Hast du je einer Frau in die Augen gesehen und alles über sie mit nur einem Blick erfahren? Mit nur einem

Blick verstanden? Verstanden, was es bedeutet eine Frau zu sein, was es bedeutet sie zu sein? Hast du ihr in die Augen gesehen und das alles verstanden und sie dafür begehrt, sie dafür geliebt? Ihr mit den Augen gesagt: „ich verstehe, ich verstehe das alles voll und ganz“ und ihr gesagt: „alles wird gut, ich bin ja da“? Hast du ihr in die Augen gesehen und dem kleinen armen Mädchen über die Wange gestrichen? Ihr in die Augen gesehen und der starken Mutter auf die Stirn geküsst? Ihr in die Augen gesehen und der würdevollen Frau die Hand geküsst? Ihr in die Augen gesehen und das gefickte Weib dabei beobachtet, wie es ihm gerade kommt und ihr dann die Tränen aus den Augenwinkeln geküsst? Hast du je den Stillstand der Welt erlebt? Wenn du das hast, dann hast du begriffen: Es sind die Augen, es bedeutet nichts ohne die Augen!

Fühlen statt Denken

Beim Sex Leidenschaft zu empfinden, bedeutet auch mit allen Sinnen bei der Sache zu sein. Du kannst kein guter Liebhaber sein und gleichzeitig über die bevorstehende Gehaltsverhandlung nachdenken. Die Wünsche einer Frau zu lesen und zu interpretieren, ob das was gerade abgeht für sie gut ist, ist für uns Männer schon schwer genug. Mit abgelenkten Sinnen ist dies nicht zu meistern. Wenn du wirklich im dominanten Modus bist, dann hast du auch gar keine Zeit an etwas anderes zu denken. Mir passiert es regelmäßig, dass ich dabei in einer vollkommen eigenen Welt abtauche und alles rund um die Frau vergesse. Dieser herrliche Zustand der Sorgenlosigkeit und der völligen Hingabe an eine einzige Aufgabe kann über Stunden gehen und ich vergesse in diesem Zeit und Raum. Es gibt nichts Schöneres, als sich so hingebungsvoll in einer Aufgabe zu verlieren, zudem sie auch schon ohne diese Hingabe Spaß macht. Meine Besessenheit für Sex und die Frauen ist nicht unwesentlich diesem herrlichen Zustand geschuldet. Ich habe im Vorwort schon erwähnt, dass wir Männer durch die Art zu denken, die die moderne Zivilisation erforderlich macht, stark geprägt sind. Wir denken in sequentiellen Anleitungen, wir denken in Ursache und Wirkung, wir denken darüber nach, ob unser Penis groß genug ist, wir analysieren ob das gerade die richtige Stellung ist, wir bewerten, ob wir als Liebhaber überzeugen können und wir denken dies und wir denken das und wir denken überhaupt zu viel und sollten anfangen mehr zu fühlen. Leichter gesagt als getan. Leider.

Versteh mich nicht falsch, denken ist alles andere als ein Fehler. Mach dir so viele Gedanken über Sex wie möglich, analysiere, bewerte und plane. Nur mache dies vor und nicht während dem Sex. Während dem Sex ist es Zeit abzuschalten, zu empfinden, zu fühlen und sich hinzugeben.

Wenn du Probleme damit hast, den inneren Monolog, die innere Stimme abzuschalten und dich völlig deiner Leidenschaft hinzugeben, so kann dir dabei nur Übung helfen. Übung beim Abschalten erlangst du am besten bei der Meditation. Kaufe dir ein Buch über Meditation oder besuche einen Kurs. Du musst auch gar kein Meister der Meditation werden. Es geht einzig und alleine darum, zu lernen Ablenkungen in deinem Geist, in deinem inneren Dialog, zu erkennen und darum, diese ziehen lassen zu können.

Ebenfalls hilfreich habe ich das Erlernen von Selbsthypnose erlebt. Durch diese ist es mir in relativ kurzer Zeit möglich, aus einen zerstreuten und hektischen Alltag heraus zu mir zu finden und den inneren Monolog auf das gewünschte zu richten.

Lass es raus, das Tier im Mann

Wo kann man heutzutage als Mann noch richtig Mann sein, wenn nicht in den Armen einer begehrenden Frau? Und was muss ein Mann für ein dummer Mann sein, wenn er die Gefühle, die es da zu erleben gibt, nicht an sich heranlässt? Begehren, Liebe, Macht, Nähe, Verbundenheit, Ekstase, Selbstvergessenheit und noch hundert Gefühle mehr. Nein, du musst nicht cool sein, nicht hart, nicht kontrollierend und auch nicht unnahbar sein, um dominant sein zu können. Du musst auch keinen Riesenpenis haben und keinen Traumkörper. Du musst einfach nur so sein, wie du von der Natur geschaffen wurdest. Nein, du musst nicht, sondern du darfst in den Armen einer Frau so sein, wie du von der Natur geschaffen wurdest. All die Regeln, Gebote und Glaubenssätze darfst du über Bord werfen und zu dem werden, der du wirklich bist. Wirf sie weg, die Maske der Zivilisation. Hör auf zu denken und sei der, der du gewesen wärst, wenn du 100.000 Jahre früher geboren worden wärst und nichts gehört hättest vom Feminismus und vom Knigge und dem ganzen verhaltenslenkendem Müll, mit dem uns die Medien das Gehirn vollstopfen. Sieh, was es zu sehen gibt, höre was es zu hören gibt, rieche, was es zu riechen gibt und fühle, was es zu fühlen gibt. Folge deiner Natur und befreie es, das Tier, das da tief unter den vielen Schichten Zivilisationsmüll im selbstgezimmerten Gefängnis lauert.

14. Empathie

(*altgriech. ἐμπάθεια empátheia, bezeichnet die Fähigkeit, Gedanken, Emotionen, Absichten und Persönlichkeitsmerkmale eines anderen Menschen zu erkennen und zu verstehen*)

Es gibt das Vorurteil, dass Einfühlungsvermögen eine rein feminine Domäne wäre. Tatsächlich können Frauen das auch wirklich gut, denn in unserer Entwicklungsgeschichte musste die Frau mit ihrer Empathie erfühlen, ob sie sich in die richtigen Hände begibt. Damit meine ich nicht nur das Erfühlen, ob es sich bei dem Mann um einen geeigneten Versorger und Beschützer handelt, nein, von der Entscheidung mit wem sie geht und wem nicht, kann ihr Leben abhängen. Wir Männer denken darüber nicht nach und Frauen in unserer vergleichsweise sicheren und behüteten Welt auch immer weniger. Dennoch bleibt der Fakt, dass wenn eine Frau sich in die Hände eines Mannes begibt, sie sich einem Menschen anvertraut, der theoretisch aufgrund seiner überlegenen Körperkraft fähig ist, ihrem Leben ein Ende zu setzen. Dieser psychologische Faktor ist nicht zu unterschätzen. Zumindest unterbewusst ist diese Tatsache in jeder Frau verankert. Versetzen wir uns nun in die Lage einer Frau, die wenn sie sich mit dir alleine in einem Raum befindet, in einer theoretischen Lebensgefahr befindet. Wenn du nun bei dieser Frau Dominanz ausübst und dann noch das Tier im Mann rauslässt und dich der Leidenschaft zu dieser Frau hingibst, so ist das Einzige was dich von einer Bedrohung für sie trennt, dein Einfühlungsvermögen. Nur wenn die Frau aufgrund deiner Rücksichtnahme und Empathie Vertrauen zu dir aufbauen kann, kann sie sich auch fallen lassen und deine Dominanz und Leidenschaft als unbedrohlich, als geil empfinden und es auch selbst werden.

An diesem Vertrauen kannst du schon vor dem Sex arbeiten. Mit einfachen Handlungen. Halte ihr die Türe auf, helfe ihr in den Mantel und sei ein Gentleman. Auch wenn's altmodisch ist, du vermittelst damit Dominanz und du signalisierst vor allem, dass du dich um ihr Wohlergehen sorgst, dass du aufmerksam bist. Wenn du vorher dafür sorgst, dass ein gewisses Grundvertrauen da ist, dann macht das die Sache schon um vieles leichter. Bei einer bestehenden, funktionierenden (!) Beziehung sollte es hier sowieso kein Problem geben.

Ich selbst bin nicht mit einer naturgegebenen Empathie gesegnet und merke auch heute oft noch nicht, wie es meinem Gegenüber gerade geht, weil ich zu viel mit mir selbst beschäftigt bin. Ich gebe es zu, ich bin im Alltag mit dieser Aufgabe oft überfordert. Glücklicherweise ist die Sache mit der Empathie beim Sex um vieles leichter als im Alltag. Bekommst du doch beim Sex auch aktives Feedback. Ihr Stöhnen, ihr Art dich zu küssen oder dich zu umarmen, ihre körperlichen Reaktionen sind um vieles eindeutiger als bei einem angezogenen Menschen zu interpretieren, ob er einen sympathisch findet oder nicht. Da du als guter Liebhaber mit völliger Hingabe auf den Moment konzentriert bist und alle Sinne auf die Frau ausgerichtet sind, kannst du die winkenden Zaunpfähle nur auf die Gefahr hin, von ihnen erschlagen zu werden, übersehen. Zudem will sie dir ja auch noch helfen. Sie will dich hinführen auf das was sie möchte und sie will dir auch zu spüren geben, was sie geil findet, schließlich möchte sie, dass du mit dem was du gerade tust, weitermachst, wenn es ihr gefällt.

Beim Sex selbst habe ich das durch diese Umstände mittlerweile im Griff, auch wenn das für mich der härteste Schritt auf dem Weg zum guten Liebhaber war. Oft habe ich meine Souveränität verloren und ich war in Gefahr aggressiv zu werden, weil etwas nicht so klappte, wie ich es gerne gehabt hätte. Zum Teil lag es an meiner Unerfahrenheit, überwiegend aber daran, dass ich die Zeichen falsch gelesen habe oder sie richtig gelesen habe und nicht wahrhaben wollte.

Wenn du gelernt hast diese Zeichen zu lesen, bist du noch lange nicht am Ziel. Du musst das gelesene auch verstehen wollen und annehmen können. Wenn du aus den Zeichen liest, dass das was gerade passiert, nicht nach ihrem Geschmack ist, dann lasse es auch bleiben und hoffe nicht, dass es sich mit der Zeit oder mit gesteigerter Intensität ändern wird. Wenn du eine Frau sehr gut kennst, dann kannst du unter Umständen auch gegen ihre Signale handeln. Mache dies aber niemals, wenn du nur einen Hauch von Unsicherheit verspürst. Das Risiko, dass du damit den gesamten Abend versaust, ist viel zu hoch.

Darum ist es auch nicht gut, Sex im Vorhinein Schritt für Schritt durchzuplanen. Mit einem exakten Ablaufplan für Sex ist es ein bisschen wie mit einer Wegbeschreibung (also die Methode mit der wir früher einen bestimmten Ort gefunden haben, bevor es Navis gab). Wenn du nur einmal falsch abbiegst, dann bist du vom beschriebenen Weg abgekommen und der Rest der Wegbeschreibung ist sinnlos, weil sie nicht mehr den Weg beschreibt, der jetzt zu deinem Ziel führt. Man findet nicht zum Ziel, ohne jeden einzelnen Wegpunkt passiert zu haben. Darum achtet man auch bei einer Wegbeschreibung ganz genau darauf, keinen Fehler zu machen. Hast du nun einen exakten Plan im Kopf, wie der Abend verlaufen soll, so begibst du dich in Gefahr zu sehr an einem einzelnen Wegpunkt festzuhalten, um den Plan nicht zunichte zu machen. Du steuerst also das an, von dem du vorher dachtest es würde geil sein und nicht das, was sich wirklich als geil erweist. Und du umfährst nicht das, was sich schon vorher als für die aktuelle Situation unpassend erwiesen hat. Um bei dieser Analogie zu bleiben: Du musst das machen, was den Unterschied zwischen einer Wegbeschreibung und dem Navi ausmacht: Wenn eine Straße gesperrt ist, dann musst du den Weg zum Ziel neuberechnen. Darüber hinaus gilt: Sex sollte sowieso mehr ein entspannter Sonntagsausflug, als das Hetzen zu einem Termin zu einer bestimmten Zeit an einem bestimmten Ort sein.

Und so ist es von vornherein viel flexibler, zwar ein paar Eckpunkte im Kopf zu haben die zum Ziel eines geilen Abends und einer befriedigten Frau führen könnten, sich dabei aber auf seine Empathie zu verlassen und diese Eckpunkte nach Bedarf anzusteuern und auch mal länger zu verweilen, weil die Aussicht gerade so schön ist und der Weg zum Ziel geworden ist. Und man findet dabei bezaubernde Kleinode, die auf keiner Karte verzeichnet sind.

Setze also deine Instinkte ans Steuer und du wirst früher als gedacht und viel einfacher als erhofft ein ‚Sie haben ihr Ziel erreicht' entgegen geschrien bekommen.

15. Attraktivität

(Auch Anziehungskraft, kann sowohl auf äußerlichen Eigenschaften - Schönheit - als auch auf Wesenseigenschaften - Charakter, Geist, Charisma, soziale Stellung - oder auf Materiellem beruhen)

Dass du Vorstandsvorsitzender eines internationalen, börsennotierten Konzerns bist, mag dir dabei helfen die Frau ins Bett zu bekommen, aber wenn du nackt vor ihr stehst und sie dich hässlich findet, kannst du dir das an den vielzitierten Hut stecken, den du gerade nicht aufhast. Dass sie dich hässlich findet, ist vielleicht noch nicht einmal ein Hinderungsgrund, mit dir zu schlafen, wenn du andere Vorzüge hast, nur wird dieser Umstand sie dennoch nicht gerade geil machen, um es milde auszudrücken. Im Folgenden beziehe ich mich daher trotz der obigen Definition ausschließlich auf die äußerliche Attraktivität.

Was sagte doch die Tante Jolesch in Friedrich Torbergs ‚Der Untergang des Abendlandes in Anekdoten': ‚Was ein Mann schöner is wie ein Aff, is ein Luxus'. Das blöde ist nur: Frauen stehen auf Luxus.

Je attraktiver du bist, umso leichter wird es dir fallen, deine anderen Vorzüge ins rechte Licht zu setzen, Attraktivität ist schlicht und einfach ein Multiplikator. Vieles an dem, was deine Attraktivität oder auch Unattraktivität ausmacht, hat den unangenehmen Beigeschmack, dass es angeboren ist, dies sollte dich aber nicht daran hindern, das Vorhandene bestmöglich zur Geltung zu bringen.

Ich selbst bin Softwareentwickler und verbringe den ganzen lieben Tag damit, auf meinem Computer rumzuhacken. Wenn ich mich den gängigen Klischees jetzt noch hingeben würde und diesem Nerd-Dasein auch noch einen hühnerbrüstigen Nerd-Körper, kapuzzenpullige Nerd-Kleidung und die Herr der Ringeschen Nerd-Hobbies hinzufügen würde, dann hätte ich meine Fähigkeiten als Liebhaber mangels ernsthaften Kontakt zu Frauen nicht entwickeln können. Klar kann man sich verhalten und anziehen wie ein kleiner Junge und dem kleinen Jungen der in jedem von uns steckt, dem macht das auch richtig Spaß, nur wird man dann halt auch gefickt wie ein kleiner Junge, nämlich gar nicht.

Betrachten wir uns als Liebhaber, der weiß was Frauen wirklich wollen, mal als Juwel, als Geschenk an die Frauenwelt. Und wenn du einer Frau einen Juwel schenkst, würdest du diesen Juwel in eine alte Schuhschachtel werfen und in Zeitungspapier einwickeln? Natürlich nicht! Du würdest diesen Juwel in einer gefütterten Schatulle platzieren und diese sorgfältig in geschmacksvollem, dem Inhalt entsprechendem, Hochglanzpapier verpacken. Als Mann von Welt würdest du natürlich noch eine schöne Schleife darum wickeln um die Neugier auf den Inhalt noch zu steigern. Umgelegt auf dich, wäre deine Kleidung das Geschenkspapier, deine Krawatte oder die Uhr, die Schleife und dein Körper die Schatulle in dessen Inneren dieser Juwel des perfekten Liebhabers funkelt. Solange er nicht ausgepackt wird, funkelt dieser arme Juwel ganz umsonst in seiner Schachtel und keiner bekommt ihn je zu sehen.

Der gepflegte Mann

In jedem Falle ist es schon mal ein guter Anfang, wenn du dich im Bett zwar wie ein urzeitlicher Mann verhältst aber nicht wie einer riechst und auch nicht wie einer aussiehst. Die ästhetischen Ansprüche haben sich im Gegensatz zu unseren Genen in den letzten Jahren dann doch zu sehr gewandelt um deine urzeitliche Einstellung äußerlich allzu deutlich sichtbar machen zu können.

Auch wenn es für den ambitionierten Liebhaber eine Selbstverständlichkeit sein sollte: Ja, es törnt Frauen ab, wenn du riechst wie ein Affe. Auch wenn ich immer die Rückkehr zu unsere Natur propagiere, so hat zumindest die Zivilisation in diesem Punkt ihre Berechtigung und ein Mindestmaß an Körper- und Mundhygiene sollte selbstverständlich sein und kann nur selten übertrieben werden. Ein Deo ist auch nie ein Fehler. Meinetwegen verwende auch ein wenig Parfüm. Auch wenn ich persönlich Parfüm bei Frauen hasse, weil ich ihren natürlichen Geruch viel erotischer finde, scheinen Frauen einen Faible dafür zu haben und so verwöhne ich die Nase einer Frau auch ab und an mit einem dezenten, künstlichen Duft. Prinzipiell bin ich aber der Meinung, wenn eine Frau den natürlichen Geruch eines Mannes nicht erträgt, dann ist sie sowieso schon zu denaturiert um mit einem richtigen Mann etwas anfangen zu können. Dann soll sie mit dem nächsten kajalbemalten Moschus-Wunderbäumchen Vibrator spielen gehen.

Dreck unter den Fingernägeln ist auch ein absolutes No-Go. Bei langen schwarzhinterlegten Nägeln und dem Gedanken diese in ihrem Körper zu haben, wünscht sich jede Frau ihre Jungfräulichkeit umgehend zurück.

Und ja, Haare am Sack und Schaft sind für fast alle Frauen unerotisch. Ob du die restlichen Schamhaare abrasierst oder nur stutzt ist dann schon wieder Geschmackssache. Ich persönlich bevorzuge die gestutzte Variante, da ich mir gänzlich ohne wie ein kleiner Junge vorkomme und dies als unmännlich empfinde. Aber ich mag auch keine totalrasierten kleinen Mädchen und wie gesagt die Geschmäcker sind verschieden und der massenmedial verbreitete Zeitgeist hat offensichtlich gerne kleine Jungen und Mädchen.

Beim Brust und Beinhaar orientierst du dich am besten an den Vorlieben der Frau. Kennst du diese nicht, so ist die gestutzte Variante der kleinste Nenner. Die Welt geht aber auch nicht unter, wenn du dir diese Mühe nicht machst. Bei Haaren am Rücken wirst du möglicherweise ein Weilchen suchen müssen um eine Frau zu finden, die in dieser urzeitlichen Hinterlassenschaft gerne wühlt.

Zu weit ins androgyne (also weg vom Männlichen – hin zum Weiblichen) solltest du es meiner Meinung nach mit der Pflege nicht treiben. Mit steigender Androgynität wirst du von Frauen als weniger attraktiv beurteilt werden. Dies ergab eine 2006 durchgeführte Studie von Ansgar Feist vom psychologischen Institut der Universität in Köln mit dem Titel „Die physische Attraktivität androgyner Gesichter“. In dieser zeigte er 350 Probanden gemorphte Bilder von Frauen und Männern (also immer mehr verweiblichte männliche Gesichter). Mit zunehmender Androgynie wurden die Bilder auch als zunehmend unattraktiv empfunden. Du solltest also zumindest noch als richtiger Mann erkannt werden können, wenn du den Frauen gefallen willst.

Kleidung

Wenn du keinen besonderen Wert auf Kleidung legst und einfach irgendwas anziehst, oder noch schlimmer deine gesamte Kleidung von deiner Frau kaufen lässt, dann hast du in dieser Hinsicht sicher Nachholbedarf und eine relativ einfache Möglichkeit deinen Partnerwert zu erhöhen. Wenn du jemanden beeindrucken willst, der diesem Thema mit höchstem Interesse und Enthusiasmus huldigt (und die meisten Frauen tun das – vor allem die attraktiven) kannst du nicht täglich in Blaumann und Jogginghose durch die Gegend laufen. Ich will mich jetzt nicht in Stil- und Modeberatung üben, dazu gibt es sicher berufenere Zeitgenossen.

Eines will ich aber unbedingt erwähnt haben: Es gibt Kleidung die dich aufgrund ihrer Stillosigkeit für jede Frau von jeglicher dominanten Handlung ausschließt. Vergessen wir nicht, was die Frauen wirklich wollen. Sie wollen einen erfolgreichen Mann, den sie respektieren und zu dem sie aufschauen können. Und wenn du jetzt mit dem Kaputzenpulli, auf dem jetzt vielleicht noch Bart Simpson prangt, in der Disco stehst, dann ist ihr das schlicht und einfach nicht möglich. Um dies zu vermeiden solltest du die stilvollste Kleidung wählen, die dir dein Budget und dein sozialer Status erlauben. Und mit stilvoll meine ich nicht möglichst viele Markenlogos in möglichst deutlicher und flächendeckender Aufmachung auf allen möglichen Kleidungsstücken unterzubringen. Frauen sind zwar durchaus dankbar für kleine dezente und stilvolle Hinweise, wo der Mann sich in der sozialen Hierarchie befindet. Aber wenn das Logo in Riesenlettern einem Affen gleich, der sich brüllend auf die Brust schlägt, verkündet, wo man gerne stünde, so wirkt das einfach lächerlich. Bei einem Ferrari verzichten sie schon mal gerne auf diese Feinsinnigkeit, nur ein T-Shirt (und wenn es auch das exklusivste Label ist), dass sich bei jedem Versandhändler auf Teilzahlung abstottern lässt, wird sie allerhöchstens ein mildes Lächeln kosten.

Die Kleidung sollte einfach zu deinem Status passen. Wenn du mit dem Anzug durch die Stadt läufst und dann bei der Frage nach dem Beruf eingestehen musst, dass du den ganzen Tag am Fließband dieselben 3 Schrauben in irgendein unbekanntes seriengefertigtes Produkt schraubst, ist deine Dominanz dahin. Nicht das daran etwas Unehrenhaftes wäre, aber es passt einfach nicht zum Anzug und stellt deine Authentizität in Frage. Übertreibe nicht, gib dich aber auch nicht unter Wert geschlagen.

Die dezenteste Möglichkeit deinen Status mitzuteilen ist eine kostbare Uhr eines nicht allzu marktschreierischen Herstellers zu tragen. Die ersten beiden Marken, die dir jetzt einfallen, sind es nicht. Wenn dein Budget dir allerdings nicht erlaubt, ein paar Tausend Euros für eine Uhr auszugeben, dann lässt du es besser ganz. Eine 500 Euro Modell kann zwar die Zeit genauso gut anzeigen, deinen Status kommunizierst du damit allerdings nicht. Und die Message hat auch nur einen Wert, wenn dahinter auch ein Realitätsbezug steht. Wenn du dir eine 10.000 Euro Uhr auf Raten kaufst, dann kannst du dieses Statussymbol zwar tragen aber es passt nicht zu dir. Das ist wie mit den gefälschten Markenhandtaschen bei den Frauen, mit denen sie sich gegenseitig beeindrucken wollen. Die mit den auffälligsten Logos sind die, die am häufigsten gefälscht werden und die Fälschung kann noch so gut gemacht sein, sie ist auch für den größten Laien an der restlichen Kleidung der Frau zu erkennen.

Körperliche Attraktivität

Der männliche Körper hat einen entscheidenden Vorteil gegenüber dem weiblichen: Aufgrund seines geringen Fettanteils und des stärkeren Bindegewebes kann er selbst mit 60 noch immer attraktiv und mit etwas Glück sogar makellos sein.

Der entscheidende Nachteil des männlichen Körpers gegenüber dem weiblichen: Selbst wenn du 16 und schlank bist, wirst du etwas dafür tun müssen um auch einen schönen Körper zu haben.

Ein weiterer Vorteil des männlichen Körpers: Wenn du auf Dopingmittel verzichtest, kannst du nicht zu viel für deinen Körper tun. Frauen haben immer das Problem, dass sie sich die für ihre körperliche Attraktivität nötigen Fettpölsterchen wegtrainieren können. Als Mann brauchst du dir solche Sorgen nicht zu machen. Wenig Fett bei einem Mann symbolisiert Gesundheit und einen hohen Testosteronspiegel. Leider sind in unserer Überflussgesellschaft nur wenige Männer davon betroffen sich über zu wenig Fett Gedanken zu machen.

Männer erleiden in den letzten Jahren auch immer mehr das Schicksal, von dem die Frauen schon viel länger betroffen sind: Sie werden mit dem Schönheitsideal des perfekten Körpers aus der Werbung verglichen. Mit der zunehmenden Verankerung dieses Bildes in den Köpfen der Frauen steigt auch der Druck diesem zu folgen. Das dieses Bild nur mit Doping und Entwässerungskuren zu erreichen ist und die absolute Perfektionierung mittels Photoshop noch ein Schäufelchen Unerreichbarkeit drauflegt, kann der Standardisierung dieses Ideals keinen ernsthaften Makel anheften. Aber es ist wie es ist und was kümmerts den Mond, wenn ihn der Wolf anheult. Nebenbei bemerkt, bin ich selbst ein Opfer dieses Ideals und trainiere seit 20 Jahren. Ich sollte also nicht zu laut heulen.

Was ist dran am Six-Pack?

Als Teilzeitinhaber eines Six-Packs kann ich dazu durchaus ein paar Erfahrungen aus der Praxis zum Besten geben.

Eines ist amtlich, es ist schwer zu erreichen und noch schwerer zu halten. Für mich war es eine ähnliche sportliche Herausforderung wie das Training auf einen Marathon. Es verlangt ähnliche Besessenheit und noch größere Konsequenz bei der Ernährung. Und es dauert mindestens genauso lange die nötige Form zu erreichen. Vom Ausgangszustand abhängig, kann es sogar Jahre dauern und wenn du schon mal einen größeren Bauch hattest, wird das Ergebnis wegen der überschüssigen Haut optisch trotzdem nicht besonders ansprechend ausfallen. Wenn du allerdings halbwegs schlank bist, dann kann ich die Erfahrung nur empfehlen. Als über 40 Jähriger mit dem Körper eines Jünglings durch die Gegend zu laufen und die Blicke der Frauen zu spüren, macht schon wirklich Spaß und gibt dem Selbstvertrauen einen Schub.

Werden die Frauen, wenn du ein Sixpack hast, reihenweise vor dir auf die Knie sinken und um Befriedigung betteln? Nein, werden sie nicht, so wichtig ist ihnen das auch wieder nicht. Auch wirst du auf Internetdating-Plattformen selbst mit einem perfekt in Szene gesetzten und austrainierten Oberkörper keine Anschriften generieren können. Du wirst dich vorher anders beweisen müssen, um die schönsten Früchte eines Sixpacks zu ernten: die Blicke der Frauen auf deinen Körper während du sie fickst. Vor allem Frauen, die den Anblick eines solchen Körpers in Bewegung nicht gewohnt sind, können die Augen kaum davon abwenden. Sie ficken aber auch mit dir, wenn du ein kleines Bäuchlein hast. Ein klein wenig mehr Spaß werden sie aber mit dem Sixpacktypen haben. Für Frauen ist es ein nettes kleines Addon, die Sahne auf dem Kuchen. Nicht mehr, aber auch nicht weniger.

Unzufrieden mit deinem Körper?

Wenn du trotz deiner unendlichen Weisheit einmal den Fehler begehen solltest, dich vor dem Spiegel auf die Seite zu drehen, so kann auch beim wenig auf seine Außenwirkung bedachten Mann der Wunsch nach Veränderung, nach einer Diät entstehen. In der Tat ist das Abnehmen bei Übergewicht eine vergleichsweise simple Möglichkeit seinen Partnerwert zu erhöhen. Zumindest simpel im Vergleich dazu, mal eben schnell Karriere zu machen.

Wenn schon, dann wenigstens richtig. Es gibt keine Wunderdiät und auch keine magischen Übungen die dir dein Bauchfett schmelzen lassen. Es gibt nur harte ehrliche Arbeit und Disziplin.

Gerade im Bereich der Diäten wird von den Lifestyle-Magazinen und sonstigen Medien alle paar Monate eine andere Sau durchs Dorf getrieben. Ganz egal ob du auf Zucker, auf alle Kohlehydrate, Fett oder gar Eiweiß verzichten sollst, alle Diäten laufen darauf hinaus, dass du weniger Kalorien zu dir nimmst, als dein Körper benötigt. Die meisten fangen nun an zu Laufen, Rad zu fahren oder frönen sonstigen Ausdauersportarten. Diese mögen dir zwar während dem Abnehmen behilflich sein, doch begünstigen sie etwas, was du schon alleine durch dein diätbedingtes Kaloriendefizit erleidest: Muskelverlust. Da Muskeln der Hauptenergieverbraucher in deinem Körper sind, bedeutet Muskelverlust neben dem Verlust an Körperkraft auch, dass du nach deiner Diät beträchtlich weniger essen kannst ohne zuzunehmen. Und somit bedeutet Muskelverlust nichts anderes, als dass du dem Jojo-Effekt erliegen wirst und ein paar Monate nach Diätende mit mehr Gewicht und einem höheren Körperfettanteil enden wirst. Wenn du nicht die Motivation aufbringst, während der Diät dem Muskelverlust mit Krafttraining entgegenzuwirken und nach der Diät nicht auch noch die Konsequenz um die trotzdem verlorene Muskelmasse wieder aufzutrainieren, dann lasse die Fingern von einer Diät.

Die einfachste und einzig dauerhaft wirksame Diät der Welt:

a) Führe Buch in einer App oder auf einem Internetportal (z.Bsp. fddb.info) über die gegessenen Kalorien und verbrauchten Kalorien. Erreiche ein Kaloriendefizit von ca. 3500 kcal / Woche in dem du auf das verzichtest, auf das du am leichtesten verzichten kannst.
b) Gehe mindestens dreimal pro Woche zum Krafttraining ins Fitnessstudio und behalte dies so lange wie möglich nach der Diät bei.

Mehr Sinnvolles wirst du über Diäten auch in 1000 Diätratgebern nicht erfahren.

16. Die ersten Schritte

Aller Anfang ist schwer. Vor allem, wenn dazu zwei gehören und man nicht unbeobachtet üben kann. Andererseits wirst du höchstwahrscheinlich nicht völlig am Anfang stehen, denn in jedem Mann gibt es eine dominante Ader, die sich in den verschiedenen Verhaltensweisen beim Sex oft ganz von alleine schon längst etabliert hat. Es ist kein Weg der in neues unbekanntes Land führt, es ist ein Weg nach Hause, zu deinem Ursprung. Es ist ein Weg zurück zum Männlichen das dir angeboren ist und darum fühlt sich dieser Weg beim Beschreiten auch als so natürlich an. Da ist nichts was gespielt werden muss, außer vielleicht am Anfang, weil wir es verlernt haben und es uns ausgetrieben wurde. Und ich kann mich nur wiederholen, wenn eine Frau völlig erschöpft und befriedigt neben dir liegt, nicht weil du die publizierten sexuellen und feministischen Maßgaben befolgt hast, sondern jede einzelne davon missachtet und invertiert, dann, ja spätestens dann, wirst du dein Bild von dir als Mann neu gezeichnet haben. Wobei neu gezeichnet der falsche Ausdruck ist, du wirst das Falsche und das Aufgesetzte von deinem alten Bild abgekratzt und das zum Vorschein gebracht haben, was du immer schon warst.

Überdies sind die meisten Standardsexualpraktiken von sich aus ein männliches Dominanzsymbol. Wenn eine Frau vor dir kniet und dir einen bläst, lässt sich das nur schwer in einen feminin dominierten Kontext einfügen. Auch der Geschlechtsverkehr an sich stellt ohne großen Aufwand oder große Änderungen eine dominante Handlung des Mannes dar. Du musst also das sowieso schon vorhandene Bild zum Vorschein bringen und ihm den richtigen Rahmen verpassen. Diesen Rahmen rundherum zu bauen ist eine Aufgabe, die du schon lange vor dem eigentlichen Sex beginnen solltest. Kleine Neckereien, ein paar anzügliche SMS, eine aufgehaltene Tür, ein wohlüberlegtes Geschenk und noch viele Möglichkeiten mehr bieten sich an um deine Frau und vor allem auch dich in die richtige Stimmung zu bringen. Aber dazu später mehr im Kapitel „Das Vorspiel vor dem Vorspiel“.

Veränderungen beim Sex

Zuerst sollten wir uns mit einer Grundregel für alle Veränderungen, die du in deinem Sexleben einführen willst, vertraut machen. Da bei der Veränderung in bestehenden Beziehungen immer zwei dazu gehören, musst du deine Frau dabei mitnehmen, sie einbeziehen. Genau wie viele Männer verlernt haben, richtig Mann zu sein, haben auch viele Frauen verlernt, wie es sich anfühlt, Frau sein zu dürfen. Du musst für euch beide lernen und handeln. Dies wird auf Widerstand stoßen. Du kannst nicht einfach sagen „Schatz, ab jetzt hast du im Bett nichts mehr zu sagen, denn jetzt folge ich meiner inneren Natur und du hast zu gehorchen, wie es sich für eine richtige Frau gehört, ok?“. Du musst ihr lehren, dass sich das mehr als gut und natürlich anfühlt und dass das für euch als Paar bereichernd ist. Dass es eure Liebe auf solidere Säulen stellt und sie nicht zum Einsturz bringt.

Stellen wir uns dazu folgende Situation vor: Ein Mann und eine Frau sitzen nach dem Essen noch gemütlich bei einem Glas Rotwein am Tisch. Plötzlich kommt ihm die glorreiche Idee, über etwas zu reden um frischen Schwung in ihr gemeinsames Sexleben zu bringen, jetzt da sie gerade so entspannt zusammensitzen. Letztens waren sie mit einer ihrer Freundinnen in der Bar und nach ein paar Gläsern wurde es immer anzüglicher und die Freundin hatte mit ihren Blicken seine Frau fast auf Ort und Stelle ausgezogen. Eine gewisse intime Vertrautheit der beiden war sowieso immer schon spürbar gewesen und körperlicher Kontakt gehört zum normalen Alltagsverhalten. Auch ihn hatte sie in dieser Bar immer wieder mit unverhohlenem sexuellem Interesse taxiert und das eine oder andere Mal streifte ganz zufällig eine Brust seinen Arm. Erotisches Knistern lag in der Luft und er hatte das Gefühl, dass er nur ein Wort sagen hätte müssen und einem ausschweifenden Dreier wäre nichts im Wege gestanden. Nach einer kurzen Schilderung dieser Situation und seiner persönlichen Einschätzung dieser, macht er den Vorschlag doch mal wieder mit dieser Freundin auszugehen und...

Rotweinflecken können einem den Abend schon mal ruinieren, ganz zu schweigen von dem Streit der dann folgt.

Die gleiche Ausgangslage, das Paar hat sich nach einem angenehmen Gespräch und dem Glas Rotwein ins Bett zurückgezogen, um nach einer kurzen Phase der Abstinenz wieder miteinander zu schlafen. Wie schon hunderte Male davor, machen sie sich gegenseitig effizient und routinierten Handgriffen geil. Er dringt in sie ein, nur ändert er dieses Mal etwas. Während er sie fickt, flüstert er ihr schmutzige Worte ins Ohr und als sie kurz vor dem Orgasmus ist, verlangsamt er sein Tempo, um sie auf dem Niveau zu halten und ihr Verlangen zu steigern. Und während er dies macht, schildert er ihr ausführlich die Situation aus der Bar. Er beflügelt ihr Kopfkino, indem er ihr beschreibt, wie es wohl weitergegangen wäre, wenn sie dieses eine Wort gesagt hätten. Wie heiß es ihn gemacht hätte, den beiden beim Liebesspiel zuzusehen und wie sexy sie ausgesehen hätte mit dem Kopf ihrer Freundin zwischen den Beinen. Mit ein bisschen Empathie und Phantasie, biegt er die Geschichte so hin, dass sie genau nach ihrem Geschmack ist und sie mit der Vorstellung dieses Dreiers im Kopf schlussendlich zum Orgasmus kommt. Wenn er jetzt oder wenn er ganz gerissen ist, erst beim nächsten Sex, den Vorschlag macht, doch wieder mal mit dieser Freundin auszugehen und dieses eine Wort dann zu sagen, dann wird die Antwort mit viel größerer Wahrscheinlichkeit ‚Ja' lauten. Mit etwas Glück muss er den Vorschlag nicht einmal selbst machen, weil sie von sich aus fragt. Im schlimmsten Fall kann sie sich noch auf die Position zurückziehen, dass dies Phantasie bleiben muss, weil sie es nicht in der Realität ertragen könnte oder sie die Freundschaft nicht gefährden will. Auf keinen Fall aber kann sie mit der Moralkeule schwingend einen Streit vom Zaun brechen und ihn für etwas verurteilen, was sie gerade noch so geil gefunden hat, dass es sie zum Orgasmus gebracht hat. Auch wenn es nicht sofort zum Erfolg führt, so ist zumindest der Samen gesät und irgendwann wird er wieder aufkeimen und mit dem Prädikat ihrer eigenen Idee versehen werden und wer weiß, nach ein paar Gläschen mit einer Freundin in der Bar...

Mache Vorschläge für sexuelle Spielarten und Variationen nie, wenn deine Frau nicht auch sexuell erregt ist! Ihre anerzogenen Tabus und die gesellschaftlichen Konventionen für Frauen wird dir eine Antwort liefern, die nicht in deinem Sinne ist. Mache sie so richtig heiß und dann wenn sie schon kurz vor dem Orgasmus ist, unterbreite ihr deinen Vorschlag unterschwellig und in eine Geschichte verpackt. Du wirst aufgrund der Reaktion ihres Körpers die Antwort auf deine Frage schon haben, bevor sie etwas gesagt hat. Du wirst wissen ob sie es nicht machen möchte, nur für dich machen würde oder ob sie es selbst geil findet und sich danach sehnt. Nachdem ihr die Vorstellung der Realisierung deiner Idee einen wohligen Schauer durch den Körper gejagt hat, wird ihr vor allem auch selbst klar sein, dass sie es will und ihre anerzogenen Hemmungen und das was die Gesellschaft von ihr erwartet, sind ihr in diesem Moment schlicht und einfach egal. Du wirst überrascht sein, bei was sie alles dabei sein wird. Frauen können unglaublich pervers sein, wenn du sie nur lässt, nicht dafür verurteilst und nicht zulässt, dass dir ihre Erziehung in die Quere kommt. Und wenn du ihr jetzt als dominanter Mann noch die moralische Verantwortung für ihr Handeln abnimmst – sie hat es ja schließlich nur auf deinen „Befehl" hin und ausschließlich dir zu Liebe getan – dann hast du alle Hände voll zu tun Schritt zu halten und dabei nicht deine eigenen Grenzen zu überschreiten.

Das gleiche gilt, wenn du etwas Neues ausprobieren willst und vorher nicht mit ihr darüber sprichst – mache dies stets erst, wenn sie sexuell erregt ist, am besten kurz vor dem Orgasmus.

Gehen wir aber vorerst einmal von der einfacheren Situation aus, dass eine Frau noch keine sexuellen Erfahrungen mit dir hat und du nichts verändern musst, sondern ein unbeschriebenes Blatt mit deinem Wesen füllen kannst.

Dominanz ab der ersten Minute oder der Moment der Wahrheit

Wenn ich das erste Mal mit einer Frau schlafe, konzentriere ich mich auf das, was ich den Moment der Wahrheit nenne. Alles was ich vor diesem Moment tue, hat hauptsächlich den Zweck, diesem Bedeutung und Substanz zu geben. Alles was danach folgt wird von diesem getragen und führt in seiner logischen Konsequenz zu ihren und meinen Orgasmen.

Und in diesem einen Moment versuche ich Souveränität und dennoch Leidenschaft, Dominanz und dennoch Liebe auszudrücken. Wir sind noch angezogen und es beginnt gerade Ernst zu werden. Ich werde sie mit dem Rücken an die nächste Wand oder Tür lehnen um ein wenig Ausweglosigkeit zu vermitteln. Gleichzeitig werde ich ihr, während ich ihr in die Augen sehe (die Augen, es bedeutet nichts ohne die Augen!), über die Wange streichen, wie ich es bei einem kleinen Mädchen tun würde. Ich werde sie noch nicht küssen, noch eine ganze Weile nicht, denn die Botschaft soll sein, dass wir erst küssen, wenn ich dazu bereit bin. Die Botschaft soll sein, dass hier überhaupt alles erst getan wird, wenn ich dazu bereit bin. Und um diese Botschaft zu überbringen und um sicherzustellen, dass die kleine Wildkatze in ihr, den Versuch, meine Souveränität zu testen, meiner überlegenen Körperkraft schuldig bleiben muss, werde ich meine Hand von ihrer Wange auf ihren Hinterkopf gleiten lassen und meine Finger werden sich durch das Dickicht ihrer Haare pirschen und während ich ihr noch immer in die Augen blicke (die Augen, es bedeutet nichts ohne die Augen!!), werden sie zupacken - nicht grob, aber bestimmt. Sie werden ihren Kopf an genau der Stelle fixieren, an der ich ihn haben will. Dann werde ich sie mit meinem Körper gegen die Wand pressen und ihr das ehrlichste Kompliment der Welt überbringen. Ich werde sie meine Erektion, die dieser Moment und ihre sexuelle Anziehungskraft verursacht haben, spüren lassen. Ich werde mich ihr mit meinen Lippen nähern, so als würde ich sie jetzt küssen wollen und gerade in dem Augenblick in dem ihre Augen sich zu schließen und ihre Lippen sich zu öffnen beginnen und sie versucht mir mit ihrem Kopf entgegen zu kommen, um meinen Kuss zu empfangen, wird mein Griff in ihren Haaren wieder fester werden und ihre Lippen außerhalb der Reichweite meiner verharren lassen. Und ihre Augen werden sich wieder öffnen und werden wieder in die meinen blicken (die Augen, es bedeutet nichts ohne die Augen!!!), die ihr sagen werden, hier wird erst geküsst, wenn ich dazu bereit bin, wie überhaupt alles hier erst dann passieren wird, wenn ich dazu bereit bin. Und dann sucht sich schon die andere Hand ihren Weg unter ihre Kleidung, auf der Suche nach ihren Brüsten, weil ich dafür jetzt bereit bin und wenn sie eine gefunden hat und sie sanft aber bestimmt zu erforschen beginnt und genau dann, wenn sie ihren Nippel zwischen Daumen und Zeigefinger zärtlich zu rollen beginnt, werde ich mich ihr wieder zu einem vermeintlichen Kuss nähern. Nur zu nähern, um das gleiche Spiel noch einmal zu spielen und weil sie gerade von ihrem Nippel abgelenkt ist, wird sie wieder darauf hereinfallen. Und während ich ihre Brust liebkose und ihre Lippen außerhalb der Reichweite meiner verharren müssen, weil ich dazu noch immer nicht bereit bin, werden ihr meine Augen wieder sagen (die Augen, es bedeutet nichts ohne die Augen!!!!), dass hier alles nur geschieht, wenn ich dazu bereit bin und dieses Mal werde sie es ihr lange sagen. Und sie werden ihr sagen: „Ich meine dich! Nicht deinen Körper, nicht deine Brüste, nicht deinen Arsch und nicht deine Fotze. Ich meine dich als Mensch, als die wunderbare Frau, die du für mich bist.“ Das alles werden ihr meine Augen sagen, eindringlich, ausführlich, lange. Unnatürlich lange. So lange, bis sie ihre Augen abwendet und damit eingesteht, dass hier nur etwas geschieht, wenn ich dazu bereit bin. Dann, erst dann, werde ich ihr das auch sagen. Nicht durch die Blume, nein direkt und je nach Frau wird diese Botschaft von mehr oder weniger schmutzigen Worten getragen werden. Denn die zweite Botschaft soll sein: Es kümmert mich einen Dreck was die Konventionen von mir erwarten, was man zu tun und zu lassen hat und wenn ich Lust habe dich Schlampe oder Fotze oder Hure zu nennen, dann werde ich das tun. Weil ich ein Mann bin und kein unreifes Bürschchen, dass vor Ehrfurcht erstarrt, nur weil eine attraktive Frau vor ihm steht. Und jetzt da ich weiß, dass sie das alles auch wirklich kapiert hat, bin ich dazu bereit sie zu küssen. Aber noch nicht gleich, denn zuerst muss ich sie es noch wissen lassen, dass ich jetzt dazu bereit bin. Und zuerst muss ich auch noch wissen, wie sehr sie dazu bereit ist. Dann, erst dann, wenn sie es wirklich herbeisehnt, bin ich auch wirklich dazu bereit, sie zu küssen. Die Botschaft soll sein, du brauchst es mehr als ich, wie du überhaupt alles mehr als ich brauchst, was hier geschehen wird. Denn schließlich bin ich hier der Mann, der Mann der die Macht hat. Die Macht über dich und dein Sehnsüchte und deine Geilheit und deine Erlösung und diese Macht kann ich nur haben, wenn ich die Macht über mich habe, auch wenn ich mich stets dem Punkt nähern werde, an dem ich diese verlieren würde, aber ich werde diesen Grat nicht überschreiten, denn dann würde ich mich gänzlich fallen lassen und gänzlich fallen lassen werde ich mich erst, wenn ich dazu bereit bin. Und wenn sie mir schlussendlich ausreichend signalisiert hat, dass sie es herbeisehnt, dass sie es wirklich herbeisehnt, dass sie es mit jeder Faser ihres Körpers herbeisehnt, dann werde ich sie küssen. Aber auf den vollen Kuss wird sie noch ein klein wenig warten müssen. Denn auch jetzt spiele ich ein Spiel mit Zurückhaltung und Pausen und erst langsam steigernder Intensität. Zuerst nur eine ganz sanfte Berührung der Lippen und dann noch eine und noch eine und dann nehme ich eine ihrer Lippen zart zwischen die meinen und knabbere daran und dann wieder ein kleine Pause in der ich sie ansehe (die Augen, es bedeutet nichts ohne die Augen!!!!!). Dann lecke ich kaum merklich über ihre Lippen, ihrer suchenden Zunge ausweichend, denn dazu bin ich noch nicht bereit. Lecke über die empfindliche Stelle unter ihrer Unterlippe, küsse sie sachte auf die Mundwinkel und erst dann suche ich ihre Zunge, vorerst noch spielerisch, gezügelt und dann in einer Explosion der Leidenschaft wild, fordernd und gierig. Meine Hand wird sie nicht mehr fern sondern bei mir halten. Die andere wird sich nehmen, nach was mir gerade die Lust steht. Und jetzt wo ich weiß, nach was sie sich gesehnt hat, werde ich herausfinden, nach was sie sich noch alles sehnt. Und dann werde ich alles wissen, und sie wird wissen, dass ich es weiß und spätestens dann, wird sie es selbst wissen. Jetzt ist er da, der große Moment. Der Moment der Wahrheit. Meine Hand, die mit ihrem Körper und ihren

Brüsten nun schon ausgiebig Bekanntschaft gemacht hat, schiebe ich nun in ihr Höschen und wenn sie wirklich mit mir Sex haben will und wenn ich alles nur annähernd so hinbekommen habe wie ich mir das vorgestellt habe, dann wird sie jetzt schon feucht sein, so feucht, dass sie mir nichts mehr vormachen kann - Und wenn sie es jetzt nicht ist, dann ist der Abend eigentlich schon gelaufen, dann kann ich mich höchstens noch als geduldiger Vibratorersatz betätigen. Denn glaube mir, eine Frau die feucht ist, ist auch geil und eine Frau die nicht feucht ist, ist auch nicht geil. Da gibt es kein vielleicht und kein ja, aber und keine Grauzone. Es ist so, als würde ich behaupten vor Geilheit zu zerfließen und hätte keinen Ständer. Und natürlich werde ich ihr das jetzt sagen, dass sie schon so feucht ist. Und wenn ich sie schon etwas kenne (und vor allem sie mich oder vielleicht ist mir das alles auch gerade scheißegal weil ich ein richtiger Mann bin), dann werde ich ihr auch sagen was für eine kleine verdorbene Schlampe sie ist. Und wenn ich sie noch ein bisschen besser kenne (oder wenn mir das auch gerade scheißegal ist), dann werde ich sie ihren Saft von meinen Fingern ablecken lassen, damit sie auch wirklich keinen Zweifel mehr darüber hat, wie feucht sie schon ist.

Und der Punkt, dass sie mir nichts mehr vormachen kann, der ist das Beste daran. Was immer sie jetzt noch sagt und was immer sie jetzt noch tut, selbst wenn sie jetzt schreiend davon läuft – sie kann mir und ihr nicht mehr vormachen, dass der Mann der vor ihr steht, nicht fähig wäre, in ein paar Augenblicken ihr Höschen feucht zu machen. Und genau das ist Dominanz. Zu wissen wie du dieser bezaubernden Göttin, die gerade noch in ihren High Heels und ihrem Burberry Täschchen, die begehrlichen Blicke auf ihren Arsch ignorierend, durch die Innenstadt stolziert ist, das Höschen feucht machst. Zu wissen, wie du diese Arroganz und diesen künstlich aufgezogenen Lack abblätterst, wie du sie zurück auf den Boden, zum Frau sein, holst.

Und nun wird sie wissen: dieser Mann wird nicht stundenlang an meinem Kitzler herumrubbeln müssen um mich zum Orgasmus zu bringen und dem werde ich auch keinen vorspielen müssen. Sie wird wissen: Dieser Mann hat sich ein paar mehr Gedanken gemacht, als sich nur mittels anatomischen Forschungen mit der ungefähren Lage meiner erogenen Zonen vertraut zu machen. Sie wird wissen: Dieser Mann meint mich als Frau. Sie wird wissen: Dieser Mann weiß was er tut und das wird jetzt alles andere als langweilig. Sie wird ahnen: dieser Mann zerrt mich jetzt in seine Höhle. Und sie wird sich fragen: Wenn dieser Mann schon in ein paar Augenblicken mein Höschen nass macht, was macht der er erst mit mir, wenn es richtig zur Sache geht? Und nachdem ihr das nicht alle Tage passiert, wird sie sich diese Chance nicht entgehen lassen und alles in ihrer Macht stehende dazu beitragen. Und noch bevor sie beginnt, über all dies wirklich nachzudenken, werde ich sie auf die Knie zwingen und ihr meinem Schwanz in den Mund schieben, weil ich dazu jetzt bereit bin, und zu viel denken schadet sowieso nur der Geilheit und so wird sie erst Zeit haben darüber nachzudenken, wenn ich dazu bereit bin, wie überhaupt alles hier geschieht, wenn sie es sich herbeisehnt und ich dazu bereit bin. Natürlich werde ich dieses Niveau jetzt halten müssen, aber mit dem Selbstvertrauen und Wissen aus dem Moment der Wahrheit und den Techniken die ich mir im Laufe der Zeit angeeignet habe, ist das ein Kinderspiel. Sobald du einmal auf der Welle bist und sicheren Fußes auf dem Brett stehst, kann dich die Welle nicht mehr abwerfen, wenn du nur ein klein wenig wachsam bist. Und diese Welle wird schlussendlich über ihr zusammenbrechen und sie hinwegtragen und sie mit einem Orgasmus ausspucken, von dem sie nicht zu hoffen gewagt hat. Dann, erst dann, wenn sie erschöpft im Sand liegt, wird sie Zeit haben, über all das nachzudenken und sie wird sich fragen, was zum Henker da gerade mit ihr passiert ist, was sie da gerade gefickt hat. Möglicherweise wird sie darauf keine Antwort finden aber auf die Frage, ob sie das nochmal erleben möchte, kennt sie die Antwort schon jetzt. Und wenn sie noch ein wenig mehr Zeit hat, darüber nachzudenken, dann wird sie zum Schluss kommen, dass sich die Frage, ob sie es möchte, gar nicht stellt. Da ist etwas, was sie braucht und dieses Etwas bekommt sie nur bei mir.

Dadurch, dass ich in ihr eine gewisse Erwartungshaltung und Sehnsucht nach einem Kuss erwecke und ihn ihr dann verweigere, bringe ich mich in die dominante Position. Sie ist meinem Willen hilflose ausgeliefert und kann sich dadurch in ihrer genetisch veranlagten sexuellen Unterwürfigkeit als Frau einfinden. Leider kann ich jetzt keine Studie und empirischen Forschungen über das Funktionieren dieses auf Tease and Denial basierenden Prinzips anführen. Allerdings habe ich mich in meiner grenzen- und selbstlosen Unterordnung unter die Entstehung dieses Projektes als Feldforscher zur Verfügung gestellt und bin für dich mehrfach durch die Hölle gegangen. Und so kann ich berichten, dass es in den letzten beiden Jahren, bei den Frauen, mit denen ich das erste Mal Sex hatte, ausnahmslos funktioniert hat.

Natürlich ist dies auch nur meine persönliche Interpretation und wenn du das Prinzip verstanden hast, dann ist es ein leichtes deine persönlichen Varianten einzubringen, wenn du dabei das Ziel nicht aus den Augen verlierst: Dich in die psychologische Position des „Chefs im Ring" bringen. Genau genommen sollst du das auch tun. Das ist nur ein Beispiel, kein fixes Schema. Es kann auch ganz anders laufen. Manchmal gebe ich ihnen einfach nur eine Ohrfeige. Wenn die Stimmung passt und es die richtige Frau dafür ist, funktioniert das sogar noch besser. Aber vor allem mache ich es bei einer einzelnen Frau immer anders (ohne das Prinzip zu ändern), denn Vorhersagbarkeit ist das Gegenteil von Dominanz. Alles wird mit der Zeit langweilig und zu viel von einem Guten ist das Gegenteil von Gut. Du musst immer variantenreich und undurchschaubar bleiben.

Eine bewährte Variante für das zweite Mal ist, ihr den Kuss gleich zu geben und wenn sie dann schon feucht ist, sie dafür eine Schlampe zu nennen, dass man gar nicht viel bei ihr zu machen braucht um sie nass zu bekommen. In diesem Fall verweigere ihr dann später etwas anderes, um die dominante Position vollends einzunehmen. Wenn sie noch nicht feucht sein sollte, dann wird sie dafür eine Schlampe genannt, es zu brauchen, dass man ihr etwas verweigert und sie hart anfasst und sie

Fotze nennt – wenn das nicht so wäre, müsste sie doch nun schon feucht sein. Vielfach ist sie dann schon feucht und hat mir damit Recht gegeben. Wenn sie es noch immer nicht ist, dann bekommt sie eben was sie braucht und gibt mir dann Recht in dem sie feucht ist.

Bei allem aber gilt: Die Augen, es bedeutet nichts ohne die Augen!

Einführung von Dominanz in bestehenden Beziehungen

Der Nachtteil dieser Methode ist, dass sie sich in länger bestehenden Beziehungen als nicht so effektiv erweisen wird, da die Verhaltensmuster und Erwartungshaltungen schon eingelernt sind und nur widerwillig verlassen werden. Jede abrupte Änderung kann auch durch die Fragestellung „Was hat sich getan, warum ist er plötzlich so anders?“ in ihrer Verunsicherung münden. Außerdem wird dich deine Frau nicht von einem Moment auf den anderen als ihren sexuell dominanten Mann anerkennen, nur weil du ihr den Kuss vorenthältst und ihr bedeutungsvoll in die Augen blickst. Ich will dir nicht abraten die eben erklärte Methode so oder so ähnlich auch in deiner bestehenden Beziehung anzuwenden. Ganz im Gegenteil, sie stellt Intimität her und jede Form von Nähe kann einer Beziehung nur gut tun. Nur, der Effekt wird nicht so nachhaltig sein, denn deine Frau hat ein Bild von dir im Kopf. Ein Bild mit dem sie sich in eurer Beziehung eingenistet hat und wenn du dieses Bild verändern willst, dann wird das auf vielleicht sogar massiven Widerstand stoßen, weil es auch eure Beziehung in ihrer gegenwärtigen Form in Frage stellt.

Methode 1: Der Fremde

Die einfachste Methode um an deinem einzementierten Bild als Mann zu rütteln, ist es, dieses vorerst nur als Spiel und daher nur temporäre Veränderung zu tarnen. Rollenspiele bieten sich hierfür durch ihren frei gestaltbaren Charakter und die klar erkennbare zeitliche Abgrenzung an. Auch wenn ich prinzipiell ein Freund des Wahrhaftigen und nicht vorgespielten bin, so beeindruckt mich immer wieder, wie sehr man sich in einem Rollenspiel verlieren kann. Mit meiner langjährigen Frau spiele ich von Zeit zu Zeit ein simples Spiel, bei dem wir uns vorgeblich nicht kennen und ich sie in einer Bar aufreiße. Da komme ich dann in die Bar und beobachte meine Ehefrau, die mir meine Kinder geboren hat und mit der ich die schönste Zeit meines Lebens verbringen durfte, die alle meine Geheimnisse kennt und ich die ihren. Und tatsächlich stehe ich dann mit Herzklopfen an der Bar wie vor 20 Jahren und habe

Hemmungen den Menschen, den ich am besten von allen kenne, anzusprechen. Unser Geist ist mit den einfachsten Mitteln zu überlisten. Für unseren Zweck erscheint mir dieses einfache Spiel ideal zu sein. Die Regeln sind einfach und es gibt keinen Grund sich einem solchen Spiel mit seinem geliebten Partner zu verwehren. Du bist im Grunde immer noch du und musst keine Fabelfigur spielen, die fernab der Realität zu Hause ist. Sie ist immer noch sie und hat Gelegenheit, dich in deiner neuen Rolle ganz unverbindlich zu testen. Aber nicht nur sie hat die Gelegenheit zu testen, auch du kannst dich immer auf die Position zurückziehen, dass dies alles nur ein Spiel ist. Es ist also alles halb so schlimm, wenn's mal nicht so läuft. Du verspielst damit keinen Kredit bei deiner Partnerin, sondern nur bei der fremden Frau in irgendeiner Bar.

Ihr nehmt euch also mal einen Abend frei und sucht euch eine nette Bar in der nächsten Stadt aus, in der euch nicht alle paar Minuten Bekannte über den Weg laufen und euch in die Realität zurückreißen würden. Der clevere Mann hat jetzt schon ein schönes Hotelzimmer in einem Hotel in der Nähe der Bar reserviert, selbst wenn es im Wohnort sein sollte. Du schickst sie allein vor in die Bar und checkst derweilen im Hotel ein und wenn du ein ganz cleverer Mann bist, dann deponierst du jetzt den gekauften Champagner in der Minibar und sorgst für ein wenig Ambiente im Zimmer. Dann gehst du als Fremder in die Bar. Um diesem Spiel Leben einzuhauchen, musst du dich natürlich auch wie ein Fremder verhalten. Deine Frau fällt dir vielleicht beim Betreten der Bar gar nicht auf und du stellst dich mit etwas Abstand zu ihr an den Tresen. Du bestellst dir was und blickst dich unverbindlich um. Je nachdem wie sehr deine Frau jetzt schon in ihrer Rolle ist, wird sie dich vielleicht auch ignorieren oder dich mit vertrautem Blick ansehen, aber da du ein Fremder bist, nimmst du keine Notiz davon. Lass sie ruhig ein bisschen zappeln und gib ihr die Zeit, ein wenig in der Begehrlichkeit der anderen Männer in der Bar zu baden. Dies gibt ihr das Gefühl sexy zu sein und deiner baldigen Eroberung mehr Gewicht. Ich genieße immer wieder die neidischen Blicke der anderen Männer, wenn ich meine Frau klarmache. Nach ein paar Minuten kannst du dann schon ein wenig verbindlicher und interessiert zu ihr rüber schauen. Wenn sie deinen Blick erwidert und du das Gefühl hast, dass sie in ihrer Rolle ist, dann ist es Zeit, los zu starten und deine unbekannte Fremde zu erobern. Und spätestens jetzt wirst du aufgrund deiner feuchten Hände und deinem Herzklopfen erkennen, dass du in diesem Spiel jemand völlig anderer sein kannst, denn trotz des Wissens das es eines ist, fühlt es sich nicht wie ein Spiel an. Wenn du jetzt noch auf plumpe Anmachsprüche verzichtest und einfach so bist, wie du wärst, wenn du keine Frau hättest, dann steht einem gelungenem Abend nichts im Wege. Spiele den Charmeur und Gentlemen, es ist jetzt noch nicht an der Zeit den Macho raushängen zu lassen. Dafür hast du ja das Hotelzimmer. Natürlich geht eine Frau nicht innerhalb einer halben Stunde mit einem Fremden auf sein Hotelzimmer und so wirst du sie umgarnen müssen. Vielleicht geht ihr noch in einen Club um zu tanzen und körperliche Nähe herstellen zu können. Wenn du diese bezaubernde Frau schlussendlich heiß gemacht und zu einem One Night Stand überredet hast, dann kannst du ohne auf irgendwelchen Widerstand zu stoßen und in einer Situation, die sich absolut echt anfühlt, die Methode aus dem vorigen Abschnitt anwenden und erkunden, was der Moment der Wahrheit in dir und deiner Frau bewirken kann. Und vor allem wirst du dann auch wissen, ob deine Dominanz das Höschen deiner Frau nass macht und sie wird dir nichts mehr vormachen können. Dann kannst du im Bett auch außerhalb des Spiels zu diesem Fremden werden der du in deinem Inneren eigentlich schon immer warst.

Das einzige was mir jetzt zu raten noch bleibt, ist, dass du dieses Buch vorher fertig liest, dann die Liebesnacht fängt mit dem Moment der Wahrheit erst an...

Methode 2: Blind Date

Als Rollenspiel, wenn es etwas einfacher sein soll, bietet sich noch ein Blind Date an. Entweder seid ihr schon räumlich getrennt oder du sorgst dafür, indem du dich in ein Hotel begibst. Dann erfolgt die Kontaktaufnahme über ein Internet-Dating Portal, Facebook, Whatsapp,

SMS oder ähnliches in dem du sie als Fremder anschreibst. Ihr flirtet miteinander und vereinbart ein Blind Date in einem Lokal zu einem Drink oder auf ein Essen. Da du sie dann schon für dich alleine hast und sie nicht mehr ansprechen musst, ist das mit weniger Nervenkitzel verbunden, hat aber immer noch den gleichen Reiz, sich als Fremde gegenüberzusitzen und sich näher zu kommen.

Methode 3: Ab sofort läuft der Hase anders!

Bei dieser Methode behandelst du deine Frau von einem Moment auf den anderen dominant. Auch wenn die für deine Frau spürbare Veränderung plötzlich eintritt, so musst du dich gewissenhaft darauf vorbereiten und zumindest gewisse Grundtechniken wie Dirty Talk und Tease and Denial (was das Grundprinzip hinter dem Moment der Wahrheit ist) erlernen. Auch solltest du eine gehörige Portion Mumm mitbringen, denn seiner Frau in deutlichen und ordinären Worten zu sagen, dass sie ab jetzt im Bett nach deiner Pfeife zu tanzen hat, geht einem nach langer Beziehung nicht so einfach von den Lippen. Wenn die Methode erfolgreich ist, dann hast du die Regeln deiner Beziehung in wenigen Augenblicken in die gewünschte Richtung verändert. Aber bei allem was großen Erfolg verspricht, steht auch ein größeres Risiko dahinter. Du hast dafür genau einen Versuch. Scheitert dieser, so wirst du damit keinen Erfolg mehr haben, denn deine Souveränität ist dahin. Du kannst das dann zwar mit dem Moment der Wahrheit und der Methode 1 oder 2 auf dem langsameren Weg geradebiegen, aber dieser kann sich mitunter mühsamer als ohne dieses Scheitern darstellen.

Ich würde diese Methode Paaren empfehlen, bei denen die Beziehung und das Sexleben prinzipiell floriert und nur der letzte Kick noch fehlt. Voraussetzung ist vor allem, dass sie sexuell aufgeschlossen ist, sonst ist der Schock wohl zu groß.

Jedenfalls ist das die Methode, die ich selbst nach 15 Jahren Beziehung gewählt habe um mich endgültig vom Image des Softie-Liebhabers zu verabschieden. Im Grunde ist sie gar nicht so unterschiedlich zum Moment der Wahrheit, aufgrund der durch die Beziehung schon bestehenden Vertrautheit ist sie um ein ganzes Stück offensiver und direkter. Das Folgende ist wiederum nur ein Beispiel und muss für deine Beziehung und deine Frau entsprechend eurer Vorgeschichte angepasst werden.

Also es war an einem Samstagabend im April, die Kinder waren schon im Bett und ich hatte meine Frau schon vorgewarnt, dass etwas Besonderes ansteht. Und wie ich nun mal bin, ist auch schon viel mehr vorbereitet. Meine Frau hatte eine von mir bewusst eingelegte Sexpause, um auch garantiert geil zu sein, denn für das was ich ihr gleich erklären würde, musste sie unbedingt geil sein. Und damit sie auch mit absoluter Sicherheit geil ist, hatte ich ihr noch verordnet, sich vor den Computer zu setzen und sich ihre Lieblingspornos anzuschauen. Während sie das machte, hab ich mir noch ein Gläschen flüssigen Mutes genehmigt (natürlich nicht zu viel!), denn ohne hatte ich damals noch nicht das Selbstvertrauen, der Mutter meiner Kinder etwas derart direktes, und gegen alle gelernten Verhaltensmaßregeln Frauen gegenüber verstoßendes, laut und deutlich auszusprechen. Sie hatte die Order sich zu einer gewissen Zeit im Schlafzimmer einzufinden und sich ins Bett zu legen und auf mich zu warten.

Als ich dann kam, lag sie schon mehr als willig auf dem Rücken bereit. Ich habe mich ausgezogen und mich ohne jedes Vorspiel so auf sie gesetzt, dass ihre Arme fixiert waren. Nachdem ich weiß, dass wenn sie geil ist, sie der Anblick eines Schwanzes um den Verstand bringt, habe ich ihr meinen vor die Nase gehalten und ihr mit bestimmten Tonfall befohlen ihn sich anzuschauen. Und dann habe ich ihr mit selbstbewussten und keinen Zweifel lassenden Ton erklärt, wie unsere Beziehung von nun an laufen wird. Dass sie zwar im Alltag völlig gleichberechtigt sein wird, sich aber von nun an beim Sex mir bedingungslos unterzuordnen hat, dass sie mir und meinem Schwanz zu dienen hat. Und nachdem ich ihr das erklärt hatte, habe ich als dominanter Mann gehandelt und ihr befohlen was sie zu tun hat und selbst getan, was ich für richtig hielt. Nicht weil ich dachte, dass es richtig ist, sondern weil ich es gefühlt habe. Und ich habe seit diesem Moment vor ein paar Jahren nicht mehr damit aufgehört.

Geendet hat diese Nacht mit einem minutenlangen von Rührung verursachten Weinkrampf meiner Frau. Rührung darüber, Frau sein zu dürfen, sich nicht mehr verbiegen und verstellen zu müssen. Rührung darüber, zu wissen wer sie ist. Rührung darüber geliebt zu werden und diese Liebe nichts anderem als dem unverstellten, unverfälschten und natürlichen Ich als Frau zu verdanken. In dieser Nacht hat meine Frau endgültig zu ihrem natürlichen Wesen als Frau und ich zu meinem Dasein als Mann gefunden. Diese Nacht war die wahre Hochzeitsnacht die unseren Pakt fürs Leben endgültig besiegelt hat. Diese Nacht hat meine lange Reise beendet, zu der mich die ganzen Sexualratgeber und die Dogmen des Feminismus irrgeleitet haben. Seit dieser Nacht weiß ich was es heißt, ein richtiger Mann zu sein. Zu einem der es nicht erzählt, nicht gelehrt, nicht vorgelebt, nicht eingeimpft und nicht gezeigt bekommt, was es heißt ein Mann zu sein. Zu einem Mann der weiß, was es heißt ein Mann zu sein, weil er es erlebt hat.

Methode 4: Veränderungsdruck durch Eifersucht

Die Eifersucht als bestimmendes Merkmal wer in einer Partnerschaft mehr Macht hat, haben wir ja schon im Abschnitt Partnerwert in Teil 1 kennengelernt. Nicht nur, dass die Eifersucht erkennen lässt, wer von einem Paar den geringeren Partnerwert hat, so spüren wir auch selbst, dass wenn wir eifersüchtig sind, wir in der Defensive sind. Und so schlägt sich Eifersucht nicht nur in verstärkter Kontrolle der Tätigkeiten des Partners nieder, sondern auch in verstärktem Bemühen. Wir versuchen die Gunst des Partners wieder zu erlangen und uns im besten Licht zu zeigen. Wir versuchen zu beweisen, dass es sich dabei nur um einen Irrtum handeln kann. Und wir werden wachgerüttelt, etwas, was gerade noch selbstverständlich war, ist bedroht und wir erkennen den Wert, den es für uns hat.

Unser Stolz kann uns bisweilen sogar zu Handlungen motivieren, die durch diesen erkannten Wert bei weitem nicht gerechtfertigt sind. Als ich einmal eine Freundin, die ich zu diesem Zeitpunkt schon gar nicht mehr liebte und die ich eigentlich schon längst los werden wollte, an einen anderen Mann verlor, war ich derartig in meinem Stolz verletzt, dass ich alles tat, um diese Frau wiederzugewinnen. Ich habe also allen Ernstes hymnisches Liebesgedichte für eine Frau geschrieben, die ich nicht liebte, nur um sie dem anderen Mann wieder wegzunehmen und mich dann selbst von dieser Frau trennen zu können. Ich will gar nicht darüber nachdenken, zu was ich alles fähig wäre, wenn mich eine Frau richtig eifersüchtig macht, die mir etwas bedeutet.

Dieser wachrüttelnde Effekt der Eifersucht, zusammen mit eine kleiner Brise verletzten Stolzes, kann Berge versetzen und Beziehungsregeln neu schreiben. Natürlich ist das auch ein Spiel mit dem Feuer und so solltest du bei dieser Methode mit äußerster Vorsicht vorgehen. Jetzt loszuziehen und die nächste Frau flachzulegen, die für dich die Beine breit macht und dies mit breiter Brust zu Hause zu verkünden mag zwar die Regeln deiner Beziehung neu schreiben, aber wahrscheinlich drastischer als beabsichtigt.

Du musst dabei subtiler Vorgehen. Dein Verhalten muss dabei völlig integer und unschuldig sein, die Rute im Fenster für deine Frau muss aber deutlich erkennbar werden. Glaubwürdig und wasserdicht soll das Ganze natürlich auch noch sein. Jetzt etwas willkürlich zu erfinden, kann alles zu Nichte machen, bevor es begonnen hat, wenn es als Lüge enttarnt wird. Wenn dies passiert, wirst du auf absehbare Zeit nicht mehr als dominanter Mann in Aktion treten können.

Es sollte also schon auf etwas real Passiertem basieren. Du kannst es natürlich nach deinem Gutdünken etwas ausschmücken. Möglicherweise eine attraktive Arbeitskollegin die mit dir flirtet und du deiner Frau davon erzählst. Eine Nachbarin die schon länger ein Auge auf dich geworfen hat. Der Jackpot ist natürlich eine Situation, die deine Frau selbst miterlebt. Vielleicht bist du mal mit deiner Frau in einer Bar und während sie auf der Toilette ist, beginnst du ein Gespräch mit einer netten Frau. Dies muss auch kein intensiver Flirt sein, es reicht vollkommen, wenn deine Frau merkt, dass du mit anderen attraktiven Frauen leicht ins Gespräch kommst.

Irgendetwas, was erkennen lässt, dass dich andere Frauen begehrenswert finden. Wenn du dann bemerkst, dass deine Frau eifersüchtig ist, dann ist der Zeitpunkt, an dem du die Regeln deiner Beziehung neu schreiben kannst. Beginne im Bett dominanter und selbstbewusster zu Handeln. Da sie durch ihre Eifersucht dann schon bekannt hat, dass sie sich in der Defensive befindet, wird sie sich beim Sex auch eher in diese begeben und wenn du das mit Können ausführst, wird sie auch den Wert für sich selbst erkennen können.

Vorsicht bei dieser Methode ist geboten, wenn sie es dir mit gleicher Münze zurückzahlt und versucht dich eifersüchtig zu machen. Ich persönlich würde dies dann nicht auf die Spitze treiben, denn das würde nur eine Eskalation bewirken in der ihr euch nur mehr gegenseitig beweisen wollt, wer die Macht in der Beziehung hat.

Methode 5: Wechsle deine Frau

Wenn du den Respekt deiner Frau nicht hast und auch keine Möglichkeit siehst, diesen wieder zu erringen, dann wirst du auch keine Möglichkeit finden, dich als Liebhaber zu entwickeln. Und wenn du dann ehrlich zu dir selbst bist, gibt es in dieser Situation nur mehr den Ausweg, dich von ihr zu trennen und bei einer anderen Frau von Anfang an der Mann zu sein, der du sein möchtest. Meiner Erfahrung nach sind die meisten Frauen alles andere als verwöhnt, was das liebhaberische Vermögen der Männer betrifft. So kannst du selbst als Liebhaber am Anfang deiner Entwicklung mit dem theoretischen Wissen, was einen richtigen Mann ausmacht, schon bei den ersten Versuchen in der Praxis eine Menge Eindruck machen.

Wenn du deine Frau nicht wechseln willst, weil du sie liebst oder Vernunftgründe (Finanzielles, Kinder etc.) dagegen sprechen, dann bleibt nur mehr der Ausweg damit zu leben, eben kein absolut erfüllendes Sexleben zu haben.

Aus der Deckung kommen

Wenn du jetzt nicht die Methode ‚Ab jetzt läuft der Hase anders' angewandt hast, dann spielst du bis zu einem gewissen Grad noch immer ein verstecktes Spiel. Du agierst zwar dominanter, aber hast dies noch nicht offen kommuniziert. Sie mag das Spiel zwar schon durchschaut haben, aber irgendwann kommt der Moment an dem du dieses versteckte Spiel nicht mehr spielen kannst, weil du ihr Einverständnis und ihre aktive Mitwirkung brauchst, um dich als Liebhaber noch weiterentwickeln zu können.

Ein ganz wichtiger Aspekt, den du bei einer modernen, emanzipierten Frau berücksichtigen solltest, wenn sie sich dir im Bett vollkommen hingeben soll, ist: Du musst ihr Gewissheit geben, dass du jetzt nicht auch noch im Alltag beginnst dominanter zu werden. Sie wird zwar erkennen, dass es ihr gut tut, sich dir im Bett unterzuordnen, nur im Alltag ist das nicht jederfraus Sache. Wenn sie Angst davor hat, auch im restlichen Beziehungsleben dominiert zu werden, dann wird sie sich auch beim Sex dagegen wehren, weil sie nicht weiß, wo deine Grenze ist. Also kommuniziere diese Grenze klar und deutlich. Für mich und meine Frau ist diese Grenze zum einen die Tür zum Schlafzimmer und zum anderen jede Situation in der wir kinderlos sind und ich erkennen lasse, dass es nun um Sex geht.

Aber es geht nicht nur darum, diese Grenze zu ziehen, du musst deiner Frau auch die Sicherheit geben, dass dieser Weg erst begonnen hat und weitergehen wird. Denn nur dann kann sie sich diesem Weg auch hingeben und ihre eigene Energie investieren. Es gibt keine größere Enttäuschung, als sich in der devoten Rolle einzurichten und die Träume, Sehnsüchte, Erwartungen und Sexphantasien darauf auszurichten, nur um dann festzustellen, dass diese nicht erfüllt werden. Es besteht also die Gefahr, dass sie einen Teil von sich zurückhält, um nicht enttäuscht zu werden.

Du solltest damit warten aus der Deckung zu kommen, bis du den Eindruck hast, dass du schon erste Erfolge erzielt hast und sie Spaß am Sex mit dir als dominanten Mann hatte. Du musst dir sicher sein, dass sie sich nicht mehr vormachen kann, ein dominanter, selbstbewusster Mann wäre nicht gut für sie im Bett.

Wenn du diese Gewissheit hast, dann wird es Zeit deine Bedingungen offen auszusprechen. Als kluger Mann und Liebhaber, machst du das natürlich in einer Situation, in der sie richtig geil ist. Du kannst dem Ganzen auch ruhig eine große Portion Pathos und Feierlichkeit verpassen. Lass sie nochmal ihr Hochzeitskleid anziehen oder mache ihr ein Geschenk, dass ihre sexuelle Unterordnung symbolisiert.

Der Weg hat begonnen

Der erste Schritt ist immer der schwerste und gleich welche Methode (oder Kombination verschiedener) du anwenden möchtest, das Ziel sollte bleiben, diesen einen Orgasmus (d)einer Frau zu erleben, der dir als Mann und nicht dir als Vibrator gilt. Von da an geht alles fast von selbst. Wenn du einmal das Selbstvertrauen hast, ein guter Liebhaber zu sein, dann vermittelst du das auch den Frauen ohne groß darüber nachdenken zu müssen. Sei dominant, vermittle dieses mit Leidenschaft, lasse dich von deinen Gefühlen leiten und wende dazu die Techniken aus den folgenden Kapiteln an, die dich zu einem besseren Vibrator machen. Von einem richtigen Mann angewendet, werden diese Techniken ihre Wirkung nicht verfehlen und dir noch mehr Selbstvertrauen geben.

17. Das Vorspiel vor dem Vorspiel

Sex fängt nicht erst an, wenn ihr euch zu Küssen beginnt und euch auszieht. Die Lust auf Sex entsteht zwar möglicherweise bei diesem Kuss, wenn du dich aber nicht darauf verlassen willst, dann bietet dir deine Phantasie zusammen mit der modernen Kommunikationstechnik ein breites Betätigungsfeld. Deine Frau in Stimmung zu bringen, kannst du schon viel früher beginnen. Stunden, Tage und sogar Wochen vor dem Sex. Ich veranstalte mit meiner Frau oder einer meiner Freundinnen ganze Inszenierungen die ein bestimmtes Thema haben und sich über Tage und manchmal auch Wochen hinziehen können. Und dann gibt es noch eine gewisse Grundstimmung die immer spürbar ist und aus der heraus immer sexuelle Befehle erfolgen können. Wenn du diese Stimmung schaffen kannst, dann kannst du auch jederzeit Sex haben, denn deine Frau wird immer bereit sein. Sie wird sogar Hindernisse aus dem Weg räumen, um mit dir Sex haben zu können, weil sie selbst geil darauf ist.

Frauen lieben es, wenn man sich mit ihnen beschäftigt und ich liebe es wenn sie mit mir beschäftigt sind. Mit der richtigen Methode ist deine Frau, wenn es dann wirklich zum Sex kommt schon so heiß, dass sie in einer Minute zum Orgasmus käme, wenn du sie lassen würdest.

SMS / Whatsapp

So anstrengend Handys sein können, so hilfreich können sie auch sein, deine Frau in Stimmung zu bringen. Du kannst damit mit ihr in Verbindung bleiben und Bilder in ihrem Kopf entstehen lassen auch wenn du tausende Kilometer entfernt bist. Und du kannst mit ein paar Nachrichten dafür sorgen, dass sie mit ihren Gedanken schon lange bevor du sie triffst, mit dir und dem Sex mit dir beschäftigt ist. Wenn der Sex jetzt auch die Erfüllung der Sexphantasien ist, die du mit deinen

Nachrichten bei ihr hervorgerufen hast, dann ist das mehr als nur Vorbereitung, dann hat der Sex schon begonnen obwohl ihr noch getrennt seid. Mir bleibt bei den Freundinnen, mit denen ich mich zwar regelmäßig aber nur alle paar Wochen treffe, auch gar nichts anderes übrig, als so mit ihnen in Kontakt zu bleiben.

Halte deine Nachrichten am Anfang eher kurz, um ihr Gelegenheit zu geben, zu signalisieren, dass sie gerade keine Zeit hat, sich mit dir zu unterhalten. Ich mische in meine erste Nachricht immer schon eine kleine Brise Dirty Talk um deutlich zu machen, dass es nicht um Alltagsgequatsche geht. Auch lasse ich die erste Nachricht offen um nicht mit einem Ja oder Nein abgespeist zu werden und schon an der Länge und Kreativität ihrer Antwort ermessen zu können, wie groß ihr Interesse an einer Unterhaltung mit mir ist. Ein „Hab gerade an meine kleine Schlampe gedacht!" oder die direktere Variante „Warum kommen mir immer diese schmutzigen Gedanken, wenn ich mir meine kleine Schlampe vorstelle?" . Ich behalte bei diesen Unterhaltungen stets einen dominanten Unterton und werde im Verlauf immer direkter. Am Ende lasse ich fast immer eine kleine Aufgabe zurück, die sie zwingt sich noch ein wenig länger mit mir zu beschäftigen. Die Erfüllung dieser kann auch gleich den Einstiegspunkt für die nächste Unterhaltung bilden, wenn sie die Erledigung der Aufgabe meldet.

Wenn du Kinder hast, dann ist spätestens jetzt der Zeitpunkt, sich ein Kennwort zum Einstieg in dein Handy zuzulegen, denn was da alles zurückkommt, ist zumeist alles andere als jugendfrei. Das dumpfe Gefühl der Anonymität und die Möglichkeit sich den anderen so vorzustellen, wie man es gerne haben möchte, lässt die meisten Frauen dabei so richtig versaut werden.

Fotoauftrag

Ein gern von mir angewandte Variante ist es, einer Frau den Auftrag zu geben ein bestimmtes Foto zu machen und es mir via Whatsapp zuzusenden. Wenn sie ohne Höschen unterwegs sein sollte und einen Rock anhat, dann lass ich sie das Foto machen, wo sie gerade ist. Ansonsten darf sie sich natürlich mit etwas Privatsphäre vor fremden Blicken schützen.

Solltest du Bedenken haben, dass Frauen solche Fotos nicht machen und versenden würden, so kann ich diese zerstreuen. Bis jetzt habe ich noch jedes bekommen. Am ehesten haben sie ein Problem damit das Gesicht zu zeigen, wenn sie dich nicht allzu gut kennen.

Geh mal eben wichsen

Wenn ich weiß, dass sie ein paar Minuten Zeit hat, schicke ich sie auch gerne in die nächste Toilette oder auf die nächste Couch um zu wichsen bis es ihr fast kommt. Das geht sowohl aus der Entfernung via SMS, zu Hause, in der Bar aber durchaus auch in öffentlichen Situationen. Dies ist entweder mit dem Befehl verbunden, sich dabei etwas Bestimmtes vorzustellen oder mir nachher zu berichten, was sie sich vorgestellt hat.

Ich liebe diese Variante, sie macht sich selbst geil und mitunter erfahre ich auch noch, was sie gerade anmacht. Ich brauche mir also beim Sex nicht einmal mehr überlegen, wie ich sie den heute rannehme. Wenn sie den Auftrag hat, sich etwas Bestimmtes vorzustellen, dann habe ich natürlich schon ein bestimmtes Thema im Kopf und helfe ihr, sich darauf vorzubereiten.

Das einzige Problem ist, dass ich nicht kontrollieren kann ob sie es wirklich macht und wenn sie es macht, ob sie nicht doch zum Orgasmus kommt. Das ist aber nicht tragisch, denn die Frau die schon gemerkt hat, dass es sich für sie auszahlt, bei deinen Spielchen mitzumachen, wird von sich aus voll bei der Sache sein. Wenn ich bei ihr bin, greife ich auch schon mal ins Höschen um zu prüfen ob sie auch wirklich feucht ist und sie mir nichts vorspielt.

Mit Vorliebe kombiniere ich diese Anordnung mit dem Fotoauftrag, damit ich auch was davon habe. Wenn die Dame etwas risikobereit ist und die Fähigkeit hat, sich auch mit der Gefahr entdeckt zu werden im Nacken ausreichend entspannen zu können, dann lasse ich sie auch in einer öffentlichen Situation, in der ich sie beobachten kann, wichsen.

Kleidung

Oft gebe ich meinen Gespielinnen den Auftrag, eine bestimmte Kleidung anzuziehen, vor allem aus der Ferne. Die dabei befohlenen Kleidungsstücke gehen dabei immer an die Grenze dessen, mit was sich die Frau in der jeweiligen Alltagssituation gerade noch aus dem Hause traut. Natürlich spielen dabei die Kleidungsstücke eine besondere Rolle, die eben nicht angezogen werden dürfen.

Vom Moment des Ankleidens, bis zu dem Moment an dem du sie entkleidest ist sie in Gedanken bei dir. Sie muss sich schon beim Anziehen überlegen, welches Kleidungsstück dir denn gefallen würde und nachdem du ihr wohl nicht Pulli mit Jeans verordnet hast, wird sie auch bei jedem Blick in den Spiegel und immer wenn sie wer mustert an dich denken. Ist das was du angeordnet hast sexy und bekommt sie das von den Männern vermittelt, wird das ihrer Geilheit keinen Abbruch tun. Du solltest hier auch keine Eifersucht walten lassen und sie in eine westliche Version der Burka stecken. Wenn du sie in deiner Abwesenheit in sexy Kleidung durch die Gegend laufen lässt, so demonstrierst du damit Selbstvertrauen nach dem Motto: „Auch wenn dich noch so viele Männer gerne haben würden, so bin ich mir doch sicher, dass du in meinen Armen liegen wirst“ – und als guter Liebhaber kannst du dir dessen auch sicher sein.

Wenn ich mich mit einer meiner Freundinnen treffe, dann hat diese quasi immer das an, was ich vorher angeordnet habe. Sie bekennt ihre Unterordnung indem sie ihre Kleidung nach meinen Wünschen wählt, und bekommt schon am Morgen das Gefühl, dass dies ein besonderer Tag ist.

Ein bisschen anspruchsvoll darf es schon sein, übertreibst du es dabei oder lässt du bei deiner Kleidungsorder Stil vermissen, wirst du ein klares ‚Nein' hören. Solltest du bei weiblicher Kleidung nicht allzu stilsicher sein, dann bleibe in deinen Anordnungen unspezifisch. „Rock mit Bluse, kein Höschen" als Beispiel lässt ihr genügend Spielraum um sich in etwas zu Hüllen, in dem sie sich noch wohlfühlt. Wenn du sie so in die Bar gehen lässt, wird das eine aufgeschlossene Frau nicht besonders beeindrucken – ist sicher nicht das erste Mal. Wenn du sie so aber in die Arbeit schickst wird sie das hingegen einiges an Überwindung kosten.

Kaufauftrag

Ihre Frau geht heute noch in den Supermarkt um Lebensmittel einzukaufen? Wunderbar, sage ihr, sie soll eine Aubergine oder Gurke mitnehmen. Immer wieder eine nette Vorstellung wie sie vor dem Gemüseregal steht und überlegt, welche Größe den reinpassen könnte... Oder einen Kochlöffel könntest du doch auch hervorragend gebrauchen, um dem schlimmen Mädchen endlich mal Manieren beizubringen?

Ich lasse meine Mädels so allerhand kaufen, mit dem sie meine Augen erfreuen und ihre Zuneigung beweisen dürfen. Unterwäsche oder Strümpfe für das nächste Treffen. Wenn's ein wenig anspruchsvoller, etwas exotischer sein soll, dann verordne ich eine Büstenhebe oder ein offenes Höschen. Ich schicke sie auch schon mal ins Zoofachgeschäft, um ein Hundehalsband in ihrer Kragenweite zu erstehen. Ein kleiner

Umweg zum Baumarkt um ein paar Seile zu besorgen sollte ihr auch nicht zu weit sein, wenn sie eine Nacht mit mir verbringen will. Der Auftrag darf sie aber auch ruhig in den nächsten Sexshop führen. Entweder muss sie dort etwas Bestimmtes kaufen oder sie darf sich aussuchen mit welchem Spielzeug ich sie beim Sex verwöhnen soll.

Keuschhaltung

Meine Variante der Keuschhaltung ist definitiv mein Lieblingsspielchen.

Wenn du je eine grenzenlos sexhungrige, bei jeder Berührung und bei jedem Kuss erschauernde, eine sich an dir reibende, eine allein beim Anblick deines Schwanzes feucht werdende Frau haben wolltest, dann ist dies die Methode deiner Wahl.

Wenn ich meine Frau keuschhalte, dann heißt das nicht, dass sie keinen Sex hätte und schon gar nicht heißt es, dass ich keinen Sex hätte. Sie und ich haben sogar sehr oft Sex, sie hat dabei nur keinen Orgasmus. Nicht weil ich sie nicht dazu bringen würde, sondern weil sie es von mir verboten bekommt und aktiv zu verhindern hat. Sie hat den Auftrag möglichst oft nahe an den Orgasmus zu kommen und dann abzubrechen. Wenn ich das über ein paar Tage (und ja ich geb's zu, weil's mir so Spaß macht, werden daraus auch leicht ein paar Wochen), dann führt das zu oben beschriebenem Alltagsverhalten bei meiner Frau und bei mancher meiner Freundinnen.

Wenn du jetzt denkst, dass das gemein wäre und meine Frau dabei leiden würde, dann irrst du dich gewaltig. Nein, sie genießt es vielleicht sogar mehr als ich, denn sie erlebt in dieser Zeit das Frausein in all seinen Facetten und in einer Intensität, die sie ohne meine Gemeinheit nicht empfinden könnte. Sie genießt es geil zu sein und jede Berührung und jeden Kuss und jeden Stoß herbeizusehnen und mit jeder Faser zu empfinden. Und sie kennt auch schon den Orgasmus der auf die Phase der Keuschhaltung folgt. Da ich die Phase der Keuschhaltung meistens mit einem schon vorab definierten Ziel einführe, ist das Ende eine größere Inszenierung und der Orgasmus auf den sie schon seit Tagen und Wochen wartet ist alleine schon Belohnung genug. Aufgrund ihrer sexuellem Empfindlichkeit und der gesteigerten Geilheit ist dieser Orgasmus auch eine gute Gelegenheit für das erste Squirting oder den ersten multiplen Orgasmus, wenn dich diese Themen reizen.

Auf jeden Fall ist es eine Gelegenheit um etwas Neues zu machen, etwas was ihre Grenzen erweitert, denn durch die Geilheit, die sie seit Tagen oder Wochen beschäftigt, ist sie viel eher bereit, Hindernisse auf dem Weg zum ersehnten Orgasmus zu überwinden.

Das schönste daran aber ist, dass du dich nicht groß bemühen musst, um in der dominanten Position zu sein. Alleine schon, weil sie bei jeder deiner Berührungen davonfließt, erkennt sie, wie dringend sie dich als den sie erlösenden Mann braucht.

Rasurverbot

Beim Vorspiel vor dem Vorspiel, geht es vor allem darum ihre Aufmerksamkeit auf dich und ihre eigene Sexualität zu lenken. Nichts eignet sich dafür mehr, als kleine Tabus und ihre Routine zu durchbrechen. In unserer denaturierten Welt, in der alles makellos und dem aktuellen Zeitgeist entsprechend zu sein hat, ist ein solches Tabu ganz sicher die Schambehaarung. So gut wie jede Frau, die etwas auf sich hält ist im Intimbereich entweder ganz rasiert oder hat allerhöchstens einen kleinen Landingstrip.

Jedes Härchen, welches an der falschen Stelle sprießt, wird gnadenlos rasiert, epiliert, gelasert oder ausgerissen. Verbietest du ihr nun sich ihre Fotze zu rasieren, dann hast du ihre Aufmerksamkeit über Wochen sicher. Ich persönlich finde ja den Kontrast zwischen einer tadellos gepflegten schönen Frau und einem urzeitlichen Busch zwischen den Beinen sehr reizvoll, aber die Frauenwelt scheint mich in dieser Hinsicht ignorieren zu wollen. Naja, wenigstens in meiner eigenen kleinen Welt kann ich diesen Kontrast zumindest zeitweise herstellen.

Aber auch die solcherart zur Natürlichkeit gezwungenen Frauen empfinden dies, auch wenn sie sich anfangs meist sehr dagegen wehren, als durchaus interessante und geile Erfahrung. Wenn du es schaffst, dass sich eine Frau nicht mehr ihren Intimbereich rasiert, dann vertraut sie dir schon voll und ganz, dann hat sie sich in ihrem sexuell-devoten Selbstbild bereits gefunden.

Jedenfalls wird sie sehr damit beschäftigt sein, den kleinen Urwald der da auf und neben und über und hinter ihrer Fotze am Entstehen ist zu begutachten. Stolz wird sie dir ihre Fortschritte präsentieren und ihr beide werdet erfahren, wie eine Frau wirklich riecht.

Vor allem aber, wird sie sich bei jedem Toilettengang und bei jedem Mal entkleiden ihrer sexuellen Unterordnung bewusst und an dich denken. Sie bekennt ihre Unterordnung indem sie etwas unterlässt, dass über lange Zeit zu ihrer alltäglichen Routine gehört hat.

Sei kein Kontrollfreak!

All diese VorVorspiel-Varianten bieten nette Möglichkeiten deine Frau an ihren Status zu erinnern und sie aufzugeilen. Übertreibe es aber damit nicht und achte genau darauf wie sehr es ihr Spaß macht und mit wieviel Engagement sie bei der Sache ist.

Schnell bist du in der Ecke des Kontrollfreaks, wenn du zu oft gegen ihren Willen handelst und zu viel von ihrem Alltagsleben bestimmst. Wenn Gebote nicht oder nur unzureichend befolgt werden, dann ist es angebracht einfach mal eine Pause zu machen. Auch bedenken musst du dabei immer, wie sehr deine Frau im Alltag gerade belastet ist. Wenn sie alle Hände voll zu tun und den Kopf voller Sorgen hat, dann wird sie deine Befehle nicht befolgen – nicht weil sie dich nicht anerkennt, sondern weil es ihr einfach nicht möglich ist. Nebenbei würde das eigentliche Ziel – das ihr Höschen feucht wird – verfehlt, weil sie nicht in der Stimmung dafür ist.

Vergiss nicht auf dich selbst

Ich selbst bin oft so darauf konzentriert, meine Kleine geil zu machen, dass ich dabei schon mal auf mich selbst vergesse. Einen guten Liebhaber zeichnet aber nicht nur die Fähigkeit aus, seine Frau erregen zu können, sondern im gleichen Maße auch das Vermögen, sich selbst in Stimmung bringen zu können. Nur wenn du auch selbst geil bist, dann kannst du die Leidenschaft vermitteln, die es braucht, damit sie sich sexy und begehrenswert fühlt.

Und diese ganzen Aufgaben die du ihr gibst, wird sie mit höchster Wahrscheinlichkeit nur in der von dir gewünschten Hingabe ausführen, wenn sie das Feedback bekommt, dass sie dich damit anmacht. Es ist wie beim eigentlichen Akt: Nur wenn es für dich geil ist, dann kann es auch für sie geil sein. Frauen sind sehr darauf konditioniert begehrt zu werden, sie ziehen einen Gutteil ihres Selbstwertgefühls daraus, von Männern sexy gefunden zu werden.

Macht dich etwas nicht wirklich an, dann verzichte auch darauf es ihr zu befehlen. Wenn dich Schamhaare abtörnen, dann bringt es nichts ihr ein Rasurverbot zu erteilen. Denn nur wenn du einen Ständer beim Anblick von ihrem Busch zwischen den Beinen bekommst, dann wird sie diesen akzeptieren und selbst geil finden können. Gib ihr in erster Linie die Aufgaben die dich anmachen und verschwende nicht zu viele Gedanken damit, dir Befehle auszudenken, die sie geil machen würden. Natürlich musst du dabei je nach deiner Erfahrung und dem Wissen über sie, ihre Tabus beachten. Aber du bist der, der die Befehle gibt und ihre Aufgabe ist es sie auszuführen und dir damit einen Ständer zu verschaffen. Zögere nicht ihr dieses Kompliment zu überbringen, indem du ihr auch zu fühlen gibst, was ihre Dienste bei dir bewirkt haben. Versichere ihr auch verbal, dass sie dich damit um den Verstand bringt.

18. Dirty Talk

Die Stille ist der Feind der Leidenschaft. Seine Leidenschaft mit maskulinem Stöhnen hörbar zu machen ist ein guter Anfang, doch es dient lediglich dazu deine eigenen Gefühle mitzuteilen. Willst du Gefühle hervorrufen, dann führt kein Weg an Dirty Talk vorbei. Dirty Talk ist das wichtigste Werkzeug eines dominanten Mannes. Wenn du beabsichtigst, dass eine Frau macht was du willst, dann kannst du es ihr möglicherweise zeigen, doch viel einfacher geht es, wenn du es ihr sagst. Versetzen wir uns in die Lage einer Frau: du stehst einem Mann gegenübersteht, der auf dominant macht und nicht den Mumm hat, dir auch Befehle zu erteilen. Würdest du diesen Mann über dir akzeptieren? Dominanz funktioniert nicht ohne souveräne Artikulation deiner Erwartungen. Dies klingt leichter als es ist.

Schmutzige Wörter

Wenn du jetzt nicht gerade Drill Instruktor von Beruf bist, dann hast du wahrscheinlich eine Hemmschwelle, jemanden klare Kommandos zu erteilen. Vor allem wenn dieser jemand eine attraktive oder gar von dir geliebte Frau ist. Wir werden in unserer Erziehung auf Diplomatie getrimmt. Als kleines Kind lassen wir noch aller raus, so wie wir es gerade denken. Ein beträchtlicher Teil unserer Erziehung wird darauf verwandt, diese Direktheit mit einem diplomatischen Filter sozial verträglich zu machen. Es wird uns gelernt manche Dinge nicht zu sagen oder so zu sagen, dass uns keiner ernsthaft böse ist. Und solange uns niemand in Rage bringt und damit diese Kontrollinstanz ausschaltet, verrichtet dieser Filter zuverlässig seinen Dienst. Und während dieser kindlichen Konditionierung bekommen wir auch eingetrichtert, wie ein Mann (Bub) eine Frau (Mädchen) zu behandeln hat. Wir sollen Frauen respektvoll, zuvorkommend, höflich, freundlich und mit Komplimenten überschüttend behandeln. Dann kommt noch dazu, dass man böse

Wörter gar nicht sagen soll. Wenn jetzt eine Frau vor dir steht und du sie im sexuellen Kontext „Fotze" nennen willst, dann musst du vorher eine ganze Menge dieser Grenzen überschreiten. Es hilft auch nichts, diese Grenzen zu umgehen, denn gerade diese bösen Wörter in einer unverwandten Direktheit zu sagen, macht den Kick beim Dirty Talk aus. Würdest du ein „Ich möchte, dass du dich an deiner Mumu streichelst" verlauten lassen, würde dies bestenfalls zu einem Lachanfall führen. „Wichs deine Fotze!" erfüllt hier schon eher den Zweck.

Mache klare, alternativlose Ansagen. Verwende kein „möchte", kein „vielleicht" und kein „oder" am Satzende. Dein Befehl muss als solcher unverwechselbar erkennbar sein. Würze diesen mit Reizwörtern. Ich benutze mit Vorliebe die dreckigsten Wörter, die unsere Sprache zu bieten hat. Am besten sind immer noch die, die Pubertierende mit Spraydosen an irgendwelche Wände sprühen. Diese beabsichtigen damit zu provozieren und darum stehen auch die Wörter mit dem größten Provokationspotential auf den Wänden. Es sind Wörter wie Nutte, Hure, Fotze, Fut, Fickloch und Titten die du verwenden solltest. Diese Wörter lösen in unseren sozial konditionierten Gehirnen den größten Reiz des Verbotenen aus und genau dieser Reiz ist ein elementarer Bestandteil von Dirty Talk. Wenn dir deine Frau etwas zarter besaitet zu sein scheint oder wenn ihr mit Dirty Talk noch am Anfang steht, dann erfüllen auch schwächere Wörter wie Schlampe, Muschi und Brüste ihren Zweck.

Absolut ungeeignet sind die Wörter, die du bei der Aufklärung gehört hast. „Ich steck dir meinen Penis in die Vagina" könnte deine Liebesnacht schnell in einen Fernsehabend verwandeln. Das einzige „Aufklärungswort", das für Frauen reizvoll ist, ist Sperma. Dazu mehr im Abschnitt Befruchtung.

Abschwächen oder verstärken kannst du die Reizwörter in dem du ihnen entsprechende Attribute voranstellst. „Du dreckige Hure" macht den Reiz intensiver, während „Du kleine Hure" ihn ein wenig abschwächt. Zugleich abschwächend und leichter akzeptierbar wird die Aussage durch ein besitzanzeigendes Pronomen. „Meine kleine Hure" grenzt die „Beschimpfung" ab, indem sie es nur für dich ist und nicht gezwungen ist, sich als ganze Person damit zu identifizieren. Zusätzliche Bedeutung bekommt der Satz durch die Implikation, dass sie das nur bei dir sein kann. Denn wenn die Hure dir gehört, kann sie es bei einem anderen Mann nicht sein. Dadurch, dass du Besitz ergreifst würzt du das Ganze noch mit einer Brise Dominanz. „Ich schieb dir jetzt den Schwanz in meine Fotze" vermittelt unverblümt, dass sie dir gehört und dafür da ist, dir Freude zu bereiten. Und nachdem sie dir gehört, darfst du damit auch alles tun, was dir in den Sinn kommt.

Schrecke auch nicht davor zurück einen persönlichen Bezug unterzubringen. Eine meiner Gespielinnen wurde in Tschechien geboren und eine Zeit lang kam sie fast alleine durch das Wort „Tschechenhure" zum Orgasmus. Dadurch habe ich gleich zwei Tabus gebrochen. Zusätzlich zur Hure wurde sie auch noch von ihrem Dasein als Migrantin berührt.

Übrigens funktionieren diese Reizwörter nur in der Muttersprache oder einer Sprache die sie in der Kindheit gelernt hat. Nennst du eine deutschsprachige Frau Bitch oder Slut, so hat das nicht annähernd den Effekt, als wenn du sie Schlampe oder Hure nennst. Diese fremdsprachigen Wörter wurden von ihren Eltern nicht als verboten deklariert und lösen in ihrem Hirn nichts aus – der kleine Tabubruch fehlt dabei. Wenn du also mit einer Frau zusammen bist, die deine Sprache erst als Erwachsene gelernt hat, so solltest du dich mit den Schimpfwörtern ihrer Muttersprache vertraut machen.

Wie überall in unserer Kommunikation macht der Ton die Musik. Du kannst „Du versaute Schlampe" so sagen, dass es eine Beleidigung ist und du kannst es mit dem richtigen Tonfall zu einer Liebeserklärung machen und hier sind wir an dem Punkt, an dem auch der Drill Instructor noch etwas lernen muss. Du kannst dich selbstverständlich nicht ins Schlafzimmer stellen und deiner Frau Anweisungen entgegenbrüllen, als würdest du Rekruten durch die Grundausbildung schleifen wollen. Die

Kunst ist es, es bestimmt aber doch zärtlich klingen zu lassen – außer natürlich sie steht auf herrischen Ton, von dem würde ich aber nicht ungefragt ausgehen. Ja und hier kommt wieder die gute alte Leidenschaft ins Spiel, wenn du sie verspürst, dann brauchst du nicht lange darüber nachdenken, in welchem Tonfall du mit ihr sprechen musst. Wenn du noch nicht so viel Erfahrung damit hast, den richtigen Ton beim Sex zu treffen, dann solltest du dich Anfangs auf die weniger kraftvollen Wörter beschränken. Sie erzielen zwar nicht so einen starken Effekt, es ist aber auch nicht so schlimm, wenn es schief geht.

Wenn es dir schwer fällt, etwas laut auszusprechen, dann geht es in der Regel einfacher, wenn du es ihr ins Ohr flüsterst, als würdest du ihr ein Geheimnis verraten. Wenn du überhaupt Probleme hast, deine Frau mit Schimpfwörtern zu bedenken, dann schnapp dir das nächste Bild von ihr und versuche dich mit etwas Trockentraining. Wie bei Dirty Talk überhaupt gilt, dass Übung den Meister macht. Lerne deine anerzogenen Grenzen zu überwinden. Wenn du diese ohne Mühe überschreiten kannst, dann ist es auch leichter den richtigen Ton zu finden. Also: üben, üben, üben und nochmals üben.

Dirty Talk im VorVorspiel

Die Besonderheit von Dirty Talk außerhalb des eigentlichen Sexualaktes ist, dass sie dabei nicht unbedingt sexuell erregt ist. Du solltest also einen Gang zurückschalten bei der Wortwahl. Verwende also Wörter die einen geringeren Reiz auslösen. In deinen Aussagen solltest du aber trotzdem alle relativierenden Wörter vermeiden. Somit wiederum kein „möchte“ und „vielleicht“. Du musst das was du sagen willst ein wenig vorsichtiger in der Wortwahl aber nicht weniger bestimmt ausdrücken.

Dirty Talk beim VorVorspiel ließe sich auch besser mit Sex Talk benennen. Es geht mehr um das was du mit ihr anstellen würdest, wenn sie hier wäre oder was du bei eurem nächsten Treffen mit ihr machen willst.

SMS / Whatsapp

Wendest du Dirty Talk bei schriftlicher Kommunikation an, so gibt es zu bedenken, dass das Mittel des Tonfalls als Instrument zur Abschwächung nicht zur Verfügung steht. Du kannst also einer „Beleidigung" nicht den Touch einer Liebeserklärung geben. Vor allem wenn du die Phrase noch nie im persönlichen Kontakt angewendet hast, kann es schwierig für sie sein, diese Aussage nicht persönlich zu nehmen und sie in sexuelle Erregung zu verwandeln.

Ich verwende fast nur Phrasen und Worte, die ich auch schon während des Liebesspiels verwendet habe. So hat sie sofort einen Anknüpfungspunkt und kann es als sexuelle Anspielung interpretieren. Auch ist es wichtig, nicht mit der Tür ins Haus zu fallen. Du kannst dir zumeist nicht sicher sein, in welcher Alltagssituation sie sich gerade befindet und noch wichtiger, in welcher Gemütslage sie gerade ist. Wenn du es sich gemütlich hochschaukeln lässt, kann es sehr eindeutig und sehr schmutzig werden. Ich habe auch schon Frauen alleine über Kurznachrichten unterworfen, aber halt erst nachdem ich mir sicher war, dass sie gerade in der richtigen Stimmung ist.

Emoticons und die drei Punkte am Ende des Satzes würde ich persönlich so weit wie möglich vermeiden, weil sie deine Aussage relativieren und sie auch nur wirklich dort verwenden, wo du dies beabsichtigst.

Befruchtung

Viel haben wir schon über männliche Urinstinkte erfahren. Doch was ist der mächtigste Urinstinkt, den Frauen in sich haben? Ihre biologische Existenz ist darauf ausgerichtet, geschwängert zu werden und Kinder zu gebären. Somit ist das innerste Verlangen der Frau sich von einem von ihr gewählten und geliebten Mann befruchten zu lassen. Diesem genetisch verankerten Verlangen kannst du beim Dirty Talk Rechnung tragen und die damit verbundene sexuelle Erregung in deiner Frau auslösen.

Bei One Night Stands und losen Beziehungen solltest du das allerdings unterlassen. Bist du mit einer Frau im Bett, die nicht beabsichtigt ihr Leben mit dir zu verbringen und dich nicht ernsthaft liebt, dann wird dieser Urinstinkt wahrscheinlich von der „Furcht" ein Kind von dir zu bekommen überlagert. In dieser Situation wirst du das Gegenteil erreichen. Auch darauf verzichten solltest du, wenn ihr ein Kondom benutzt, denn wenn du dein Sperma nicht tatsächlich in ihr verströmst, dann verliert die Vorstellung von Befruchtung ihren Realitätsbezug.

Wenn du mit deiner Frau tatsächlich beabsichtigst ein Kind zu zeugen, dann solltest du dies auch ohne Wenn und Aber in den Mittelpunkt stellen. Diese einmalige Gelegenheit dem Sex diese aus dem ernsthaften Hintergrund entspringende Intensität zu verleihen, darfst du auf keinen Fall ungenützt verstreichen lassen.

Aber selbst wenn ihr verhütet, löst die Vorstellung, dass du deinen Samen in ihrem Inneren ergießt, einen starken sexuellen Reiz aufgrund des weiblichen Fortpflanzungsinstinktes aus. Während du in ihr bist und sie fickst, kannst du dies durch Phrasen wie „Ich werde dich vollspritzen", „Ich werde dich besamen", „Dein Zweck ist es meine Kinder zu gebären", „Ich werde mein Sperma in dir verspritzen", „Ich fülle dir deine Fotze mit meinem Samen an", „Ich werde dich jetzt schwängern" usw. usf.

Kleines Mädchen

Eine weitere Möglichkeit das Hierachiegefälle deutlich zu machen und somit dominant zu handeln, ist das Anspielen auf sie als Mädchen. Damit erinnerst du sie an ein Gefühl aus vergangenen Tagen in denen sie die Geborgenheit und Unbeschwertheit der Verantwortungslosigkeit wieder empfinden kann. Folgt sie dir in dieses Gefühl, übernimmst du die Rolle ihres Vaters, welcher für die meisten Frauen der erste geliebte Mann in ihrem Leben ist. Erstaunlicherweise können viele Frauen dieses, trotz diesen offensichtlichen Bezugs, in sexuelle Erregtheit ummünzen. Möglicherweise erleichtert die Geborgenheit nur das sich fallen lassen und führt auf Umwegen zu mehr Geilheit. Bezeichne sie als dein kleines Mädchen. Du kannst sie auch ein wenig tadeln, um sie in die gewünschte Defensive zu bringen. Wirf ihr vor, dass sie unartig ist und sich wie eine Schlampe aufführt, dass sie dauernd mit ihrer Mumu spielt (ja in diesem Zusammenhang darf es auch ruhig etwas kindlich werden).

19. Das Vorspiel

Ich gebe es zu, ich hab so mein liebes Problem mit dem Wort Vorspiel, denn es sind diese Begriffe und ihre Belegung in unseren Köpfen, die unsere Sexualität limitieren. Ich finde die Trennung in Vorspiel und eigentlichen Sex als nicht zielführend. Spricht man von Vorspiel, so hat der Zuhörer sofort gewisse Praktiken im Kopf. Küssen, streicheln, wichsen, lecken und blasen werden hauptsächlich dem Vorspiel zugeschrieben.

Diese Konzentration auf physische Praktiken ist hauptverantwortlich für die Limitierung des „heiß machens" der Frau auf dieselben. Die Männer denken, sie müssen eine Frau beim Vorspiel küssen und streicheln und wichsen und lecken und ihr genügend Zeit geben, damit sie sexuell erregt wird. Somit ist der Mythos Vorspiel, der eigentlich als die Hauptstrategie gegen feminine Orgasmusprobleme propagiert wird, hauptverantwortlich, dass die Frauen nicht zum Orgasmus kommen. Die Männer vergessen dabei, vor allem die Gefühle der Frau auf Sex einzustellen. In den Köpfen der Männer ist die weibliche Erregungskurve, die impliziert, dass es bei Frauen länger dauert bis sie zum Orgasmus kommen und ein längeres Vorspiel erforderlich ist. Wenn ich eine Frau nur etwas kenne und sie in der richtigen Grundstimmung ist, dann bekomme ich sie in 2 Minuten zum Orgasmus, ich kann sie aber auch 2 Stunden hinhalten, bevor es richtig losgeht. In diesen beiden Extremen steckt so viel Unterschiedlichkeit, die sich nicht in einen Begriff pressen lässt. Zudem sind auch die Praktiken selbst limitiert, wenn ein Paar bewusst ein Vorspiel betreibt. Dabei kann doch auch der Fick selbst als Vorspiel dienen, wenn er richtig ausgeführt wird.

Viel treffender für den Begriff Vorspiel wäre eine Umschreibung wie etwa ‚In Stimmung bringen'. Und wie bereits mehrfach erwähnt sollte dieses in Stimmung bringen sich bei der Frau vor allem darauf konzentrieren sie mittels psychischer Stimulation geil zu machen. Und dies kann 1 Sekunde dauern oder auch künstlich auf Stunden verlängert werden. Ein geflüstertes Wort kann mehr bewirken als eine Stunde lang lecken. Darum noch einmal (und versprochen es ist das letzte Mal): Physische (körperliche) Stimulation ist nur der Auslöser für den Orgasmus auf Basis der Geilheit die durch psychische Stimulation erzeugt wurde.

Daher werde ich den Begriff Vorspiel aus männlicher Sicht nun umdefinieren:

Das Vorspiel ist die Phase beim Sex in der du deine Dominanz, Leidenschaft, Empathie und Attraktivität beweist und sie in eine Stimmung versetzt, in der sie sich fallen lassen und sich ihren sexuellen Empfindungen hingeben kann.

Oder vereinfacht ausgedrückt:

Beim Vorspiel bringst du sie dazu, Frau zu sein.

Und das war es auch schon, was ich zum verqueren Mythos Vorspiel beitragen möchten. Vergessen sie den Begriff Vorspiel, er ist schlicht und einfach unnötig, wenn du ein richtiger Mann bist und als solcher handelst.

20. Oft probiert, selten erreicht: Der weibliche Orgasmus

Ich kann nicht genug davon bekommen, dabei zuzusehen. Mit geschlossenen oder mit offenen Augen, sich in meinen Rücken krallend, sich aufbäumend, sich zusammenkrümmend, wild um sich spritzend, laut schreiend oder nur wimmernd, ganz gleich wie, es ist ein phantastisches Schauspiel! Ich liebe dieses Schauspiel! Und ich liebe das Gefühl des Stolzes darüber, dieses Beben hervorgerufen zu haben. Für mich gibt es nichts Geileres, nicht Ursprünglicheres und Intimeres als mit einer Frau zusammen ihren Orgasmus zu erleben. Und für mich gibt es nichts Selbstverständlicheres. Leider ist das für die wenigsten Männer so.

Je nach Studie kommen nur zwischen 35 und 50% der Frauen bei einer sexuellen Begegnung mit einem Mann zu einem Orgasmus. Und wie viele von diesen Frauen erleben den Höhepunkt nur dadurch, dass sich ein Mann als Vibrator betätigt und sie sich den gleichen Sexphantasien hingibt, die sie auch bei der Selbstbefriedigung bemüht? Diese Zahl finden wir natürlich in keiner Statistik. Ich behaupte, es sind ganz wenige Frauen, die schon mal einen Orgasmus erlebt haben, der von einem richtigen Mann hervorgerufen wurde, einen Orgasmus der davon hervorgerufen wurde, dass sie den Sex mit dem Mann geil fand und nicht die Story in ihrem Kopf. Ein durch und durch trauriges Bild für eine Gesellschaft die sich so viel einbildet auf ihre zivilisatorischen Leistungen und Fortschrittlichkeit.

Und so gehen wir beim weiblichen Höhepunkt selbst, wie bei der gesamten menschlichen Sexualität, viel zu technisch vor, wir klassifizieren ihn in klitoralen und vaginalen und vielleicht auch noch den Vollkörperorgasmus. Die Wissenschaft konzentriert sich eben auf all das, was messbar ist, was irgendwie erfassbar ist. Und wenn Umfragen zur Wissensbildung herangezogen werden, dann spiegeln diese auch nur das derzeitige traurige Bild wieder. Und so werden Theorien, mit welcher Stimulation die Frau am besten zum Orgasmus zu bringen seien, gebildet und die öffentliche Wahrnehmung konzentriert sich auf diese Theorien. Und das verleitet Frauen auch immer mehr dazu, zu kopflastig mit ihrem Orgasmus umzugehen. „Ich kann nur einen klitoralen Orgasmus haben“ bekommt man da zu hören und sie kaufen sich Vibratoren, Liebeskugeln und G-Punkt Stimulatoren und was sonst noch so aus chinesischen Fabriken rausfällt. Sie hecheln schon genau wie wir Männer dem Orgasmus an sich und den verschiedenen Orgasmusarten hinterher. Sie denken, das neue Spielzeug würde die nötige Stimulation bieten können um damit zum Orgasmus zu kommen. Sie haben selbst nicht begriffen, wie ihre Sexualität funktioniert (darum ist es meist auch sinnlos Frauen nach ihren sexuellen Vorlieben zu fragen). Sie sollten sich mehr darauf konzentrieren, was sie geil macht und nicht wie sie am besten auf ihrem Kitzler herumrubbeln und in ihrer Vagina herumstochern. Sie vernachlässigen ihre eigene Leidenschaft und ihr „Frau sein“, sie lassen sich nicht fallen, weil sie viel zu viel damit beschäftigt sind, einen Orgasmus (und dann auch noch den mit der richtigen Klassifizierung) zu bekommen.

Darum konzentriere ich mich bei Frauen die ich noch nicht kenne darauf, sie nicht zum Denken kommen zu lassen. Sie sind schon zum Orgasmus gekommen, bevor sie überhaupt wissen wie ihnen geschieht. Ich überrumple sie, ich lasse sie ihre inneren Glaubenssätze (ich kann keinen Orgasmus haben, ich kann dabei nicht kommen, ich kann ohne dies und jenes nicht kommen) vergessen, weil sie viel zu beschäftigt sind, um über irgendetwas nachzudenken. Sie müssen fühlen nicht denken. Sie können sich nicht geil denken, sie können sich das Frau sein nicht erdenken, sie müssen es fühlen – so wie ich es im Moment der Wahrheit im Kapitel ‚Die ersten Schritte‘ beschrieben habe.

Und noch ein wichtiger Punkt ermöglicht diesen Frauen zu kommen: Durch meine Dominanz gebe ich ihr das Gefühl genommen zu werden, hergenommen zu werden, benutzt zu werden, mir ausgeliefert zu sein.

Ich nehme ihr damit die moralische Verantwortung für ihre Handlungen, denn sie führt nur dass aus, was ich ihr befehle und ist das „Opfer". Sie kann sämtliche von Moralvorstellungen und Erziehung erzeugten Schuldgefühle auf mich abwälzen. Was aber fast noch wichtiger ist: Dadurch, dass ich sie benutze, meine Lust an ihr stille, fällt jeglicher Druck einen Orgasmus haben zu müssen von ihr ab. Ich handle vorgeblich völlig egoistisch, um mir einen Orgasmus an und in ihr zu verschaffen – ich erwarte keinen Orgasmus von ihr. Ich gebe ihr sogar das Gefühl, das es mich einen Dreck interessiert, ob sie kommt oder nicht. Mitunter verbiete ich es ihr sogar: „Wehe du kommst jetzt, ich bin noch lange nicht fertig mit dir und dafür brauche ich eine geile nasse Fotze und keine befriedigte Schlampe". Wenn ich etwas tue um sie dem Orgasmus näher zu bringen, dann spiele ich Rotkäppchen und böser Wolf mit ihr: Warum machst du mir eine nasse Fotze? Damit ich dich besser ficken kann! Und genauso sage ich ihr das.

Wenn ich von einer Frau weiß, dass sie selbst denkt, sie käme nur schwer zum Orgasmus, dann wende ich noch einen anderen Trick an, um ihre den Druck zu nehmen. Ich versuche sie so schnell wie möglich zum Orgasmus zu bringen. Wenn sie gedanklich erst beim Vorspiel ist, macht sie sich selbst noch keinen Druck, jetzt einen Orgasmus haben zu müssen und ohne diesen Druck geht es dann plötzlich doch. Auch wenn dies meist noch keine sehr intensiven Orgasmen sein werden, so habe ich sie doch binnen Minuten von ihren Glaubenssätzen befreit und die Schleusen geöffnet, damit sie sich mir frei von diesen, ganz hingeben kann. Ich habe ihr bewiesen, dass sie es kann und dass ich es kann und nun kann sie die ganze innerliche Diskussion vergessen und zu fühlen beginnen.

Nie werde ich das Gesicht von Alena vergessen, die mir vorher lang und breit erklärt hatte, sie könne beim Sex mit einem Mann nicht zum Orgasmus kommen und ob ich sie trotz dieser „Behinderung" nehmen würde. Und sie fragte mich auch, ob es mich nicht stören würde, wenn sie, nachdem ich gekommen bin, es sich selbst machen würde um sich präventiv den Druck zu nehmen, mir einen Höhepunkt vorspielen zu müssen. Nie werde ich ihr Gesicht vergessen, als sie nach 2 Minuten mit dem Rock und Höschen um die Knie, nicht einmal richtig ausgezogen, stehend gekommen war und mich, nicht mehr alleine stehen könnend und auf mich gestützt, voll Unglauben und Verwirrung anstarrte. Voll Unglauben und Verwirrung darüber, dass das so einfach geht und voll Unglauben und Verwirrung darüber, dass wenn es schon so einfach geht, es trotzdem sonst noch keiner geschafft hat.

Hören wir auf den weiblichen Orgasmus so zu mystifizieren. Er ist nicht schwierig zu erreichen, nein ganz im Gegenteil, ich tue mir mit meinem eigenen viel härter. Es gibt diese Männer wie mich, die jede Frau zum Orgasmus bringen, wenn die Chemie stimmt.

Natürlich hatte ich auch schon orgasmuslosen Sex mit Frauen. Das lag aber immer daran, dass ich in Wahrheit an dieser Frau nicht interessiert war (und sie wahrscheinlich auch nicht an mir) und für diese Frau keine Leidenschaft empfinden konnte und auch nicht die Motivation aufbrachte, sie mit Empathie zu dominieren. Diese Frau hat mich dann einfach nicht angemacht und sie hat das natürlich gespürt und konnte dann bei meinem halbherzigen Gelecke, Gerubbel und Gefingere eben nicht geil werden und schon gar nicht zum Orgasmus kommen. Eine Frau hat ein solches Erlebnis mit mir sogar in ihrem autobiografischen Roman ‚So viel mehr' unter dem Pseudonym Sedine Passiana verewigt. Diese konnte sogar auf Befehl kommen, ohne jegliche körperliche Stimulation, nur mir hatte sie sich verweigert, weil ich nicht ernsthaft an ihr als Frau interessiert war. Sogar ich, mit all meinen Tricks der physischen Stimulation (und ich kann sie wirklich alle!), kann bei einer Frau die so orgasmisch ist, dass sie innerhalb von Sekunden auf Befehl einen rein durch psychische Stimulation hervorgerufenen Orgasmus erleben kann, keinen Höhepunkt hervorrufen, wenn ich mich nicht auf sie einlasse.

Und es ist sogar möglich eine Frau mittels Hypnose ohne jegliche physische Stimulation kommen zu lassen. Sogar mittels hypnotischem Trigger in jeder beliebigen Alltagssituation und gegen ihren Willen kann er ausgelöst werden, wenn im Unterbewusstsein die richtigen (erinnerten) Signale ankommen.

Ja, vielleicht habe ich eine besondere Gabe nur orgasmische Frauen zu treffen und die, die behaupten es wäre bislang nicht so gewesen, lügen mich alle an. Bei der Anzahl an Frauen mit denen ich in den letzten 25 Jahren geschlafen habe, halte ich das aber für ausgeschlossen. Und selbst wenn das so wäre, dann bleibt immer noch meine eigene Frau, die erst mit einem einzigen anderen Mann einen Orgasmus erlebt hat und sie hat es mit einigen probiert, das kann ich dir versprechen. Und das waren allesamt keine unerfahrenen Männer, denn die meisten waren aus der Swingerszene und sollten durch ihre vielfältigen Sexualkontakte eigentlich wissen wie es geht. Meine Frau ist nicht schwer zum Orgasmus zu bringen, richtig gemacht kommt sie innerhalb von ein paar Minuten ohne Vorspiel.

Nein, nein und nochmals nein, der weibliche Orgasmus ist nicht schwer zu erreichen. Wenn man einmal gelernt hat, eine Frau mit den richtigen evolutionären Signalen zu erregen, dann genügen ein, zwei gute Griffe für ein paar Sekunden richtig ausgeführt und die Süße schreit sich die Seele aus dem Leib.

Und hören wir auch auf, aus unserem männlichen Rechtfertigungsverlangen heraus, den Frauen die Schuld für ihre Orgasmusunfähigkeit in die Schuhe zu schieben. Wie ich schon sagte, es ist wie beim Tanzen. Es liegt an dem der führt ob der Tanz gut ist oder nicht und wenn keiner führt, dann liegt es eben an dem, der es verabsäumt zu führen. Es liegt an uns Männern und daran, dass wir aufgehört haben solche zu sein.

Und so liste ich jetzt auch keine Orgasmusarten auf, denn jeder einzelne ist einzigartig. Der eine findet eben mehr im Bereich der Klitoris statt, der andere mehr im Bereich der Vagina, der nächste ist eine Mischung oder in seiner Örtlichkeit nicht bestimmbar – es spielt alles keine richtige Rolle. Diese Diskussion lenkt vom eigentlichen Thema ab, nämlich wie alle diese Orgasmen wirklich entstehen: Das gleiche was sie geil macht (Dominanz, Leidenschaft, Empathie und Attraktivität), ist auch die Ursache für ihren Orgasmus. Die körperliche Stimulation spielt dabei nur die Rolle des Auslösers, es ist nur das, was den Vulkan letztendlich zum Ausbruch bringt. Und dadurch ist es auch möglich, Frauen innerhalb von Minuten zum Orgasmus zu bringen.

Wenn du eine Frau zum Orgasmus bringen willst, dann lerne dominant zu sein und leidenschaftlich und einfühlsam und erst dann wenn du das wieder - denn es ist dir angeboren - beherrscht, musst du dir Sorgen um die folgenden Kapitel machen, in denen es um die verschiedenen Arten physischer Stimulation geht. Denn wenn du die psychische (mentale) Stimulation wirklich beherrscht, dann musst du dir Mühe geben ihren Orgasmus zu verhindern, auch wenn du dich noch so ungeschickt anstellen solltest.

21. Klitorale Stimulation

Begriffen, dass es die Klitoris gibt, sollten ja mittlerweile wirklich alle haben. Die meisten Interessierten haben auch schon begriffen was man damit tun sollte und was nicht. Nach neuesten Untersuchungen soll das mit der Klitoris verbundene Nervengeflecht viel weitreichender sein als bisher angenommen. Es wird vermutet, dass die Nerven die den umstrittenen G-Punkt und den noch umstritteneren A-Punkt empfindlich machen, zum Nervengeflecht der Klitoris gehören.

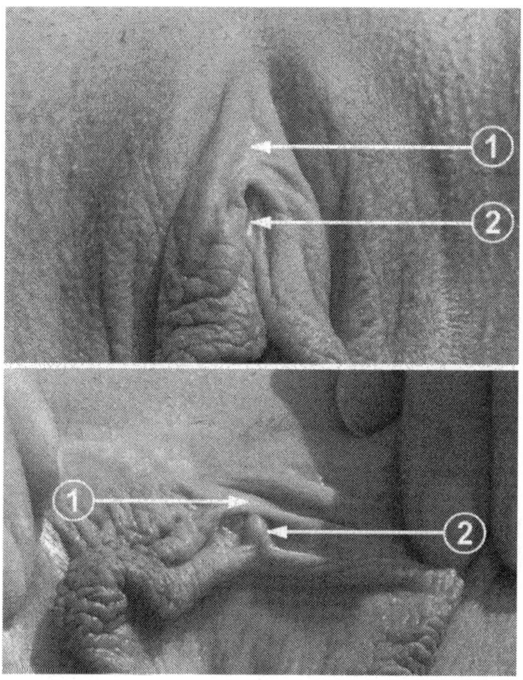

Abbildung 1

Frauen haben ein sehr unterschiedliches Empfindungsvermögen auf ihrer Klitoris. Die einen halten eine Berührung ohne sexuelle Erregtheit gar nicht aus, andere brauchen kräftigen Druck um überhaupt etwas zu spüren. Wenn du eine Frau noch nicht kennst, dann ist es wie immer am besten, sich aus der Richtung der Zärtlichkeit anzunähern. Dann ist wieder die gute alte Empathie gefragt. Allgemeingültige Tipps gibt es dabei nur wenige. Die einen wollen eine kreisende Bewegung, die anderen wollen nur gestreichelt werden und ich kenne auch eine, bei der man darauf leicht klopfen sollte. Probiere einiges aus und lese ihre Zeichen.

Oder nachdem du ein dominanter Mann bist und die Kunst des Dirty Talks beherrscht, kannst du es dir ja zeigen lassen. Ein nettes, höfliches „Wichs deine Fotze!" sollte als Bitte genügen. Die Stimulation per Hand/Finger der Klitoris ist eines der wenigen Praktiken, bei denen du von der Frau wirklich was lernen kannst, denn sie hat höchstwahrscheinlich schon einen Menge Übung damit. Und nachdem du sie so freundlich gebeten hast, wird sie sicher so nett sein und es dir zeigen. Willst du andere Techniken anwenden, dann bietet das Internet dazu eine Vielzahl an Anleitungsfilmchen und es gibt auch noch eine Menge anderer Sexualratgeber, die sich ausführlich damit beschäftigen.

Als Grundregeln kann meiner Erfahrung nach folgendes gelten:

- Stimuliere die Klitoris nicht direkt, sondern schiebe die Klitorisvorhaut über die Klitoris, lege den Finger auf die Vorhaut und reibe die Klitoris somit indirekt.
- Befeuchte deinen Finger entweder, wenn sie schon feucht ist, mit ihrem eigenen Saft oder deinem Speichel. Dadurch wird die Reibung als angenehmer empfunden und es entsteht nicht so schnelle eine Reizung der Haut.

Wenn sie schon sehr erregt ist, du Gleitgel oder genügend andere Feuchtigkeit verwendest und sehr behutsam bist, kannst du die Klitoris auch direkt berühren, indem du die Vorhaut zurückziehst. Sei dabei aber sehr, sehr vorsichtig, die Intensität der Berührung kann zu viel für sie sein. Wenn sie richtig geil ist, dann kann sie dies wahrscheinlich in Erregung ummünzen es kann aber auch sehr unangenehm für sie sein.

Wenn du sie mittels klitoraler Stimulation zum Orgasmus gebracht hast, dann vertragen die meisten Frauen keine weitere Berührung auf ihrer Klitoris. Nicht indirekt durch die Vorhaut und schon gar nicht direkt. Wenn du willst, dass der Sex noch nicht vorbei ist und sie das verträgt, dann kannst du deinen Finger mit leichtem Druck aber ohne Bewegung auf der Klitorisvorhaut belassen. Bei manchen Frauen kannst du nach einer gewissen Zeit wieder weiter machen, bei den meisten ist es dann aber vorbei und der Sex kann erst nach einer kleinen Atempause weitergeben. Bei Frauen, die du nicht kennst, ist es daher ratsam, sie während des Vorspiels nicht über die Klitoris zum Orgasmus zu bringen.

Ein bisschen Cheating gefällig? Schon mal über ein vertikales Klitorisvorhautpiercing bei deiner Frau nachgedacht? Durch dieses kann die Stimulation der Klitoris sehr erleichtert werden. Gerade Frauen, die sich beim Ficken schwer tun, einen Orgasmus zu bekommen profitieren davon, weil sie durch das Piercing bei jedem Stoß auch an ihrer Klitoris stimuliert werden. Wenn du mit einer Frau schon länger zusammen bist und sich schon gewisse Praktiken bei der Stimulation der Klitoris als wirksam erwiesen haben, dann wirst du möglicherweise umlernen müssen. Auch beim Lecken wirst du dann wahrscheinlich eine neue Technik entwickeln müssen, weil da einfach ein Ding mehr da ist, auf das du Rücksicht nehmen musst. In Summe kann ich es trotzdem nur empfehlen, die meisten Frauen mit einem solchen Piercing haben mir über eine gesteigerte Orgasmusfähigkeit berichtet. Zudem sieht es geil aus und da Frauen auf Schmuck stehen, sind die meisten einem Klitzersteinchen auf ihrer Fotze nicht abgeneigt. Meine Frau konnte sich anfangs gar nicht daran satt sehen und findet auch heute noch Gefallen daran. Bei jedem Toilettengang wird sie an das sexuelle Wesen in ihr erinnert. Ein weiterer positiver Effekt ist das dumpfe Gefühl, dass da etwas ist und

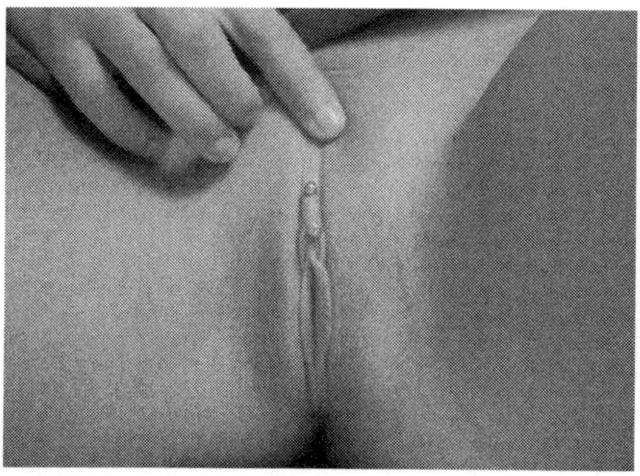

Abbildung 2

immer eine kleine Stimulation hervorruft. Am Anfang wird sie diese Stimulation möglicherweise um den Verstand bringen und dich kaum noch aus dem Bett lassen. Mit der Zeit gewöhnt sie sich aber daran und dieser Effekt verblasst. Sie wird durch das vertikale Vorhautpiercing nicht zur dauergeilen Bestie, aber sie ist leichter in eine solche zu verwandeln. Das Stechen selbst ist relativ komplikationsfrei und nach 2 Wochen verheilt. Bei der Wahl des Piercers solltest du aber auf Erfahrung achten, denn nur wenn es richtig sitzt, kann es die beschriebene Wirkung entfalten. Es muss auch unbedingt ein vertikales Klitorisvorhautpiercing sein, die anderen Arten sind eher optischer Aufputz. Wenn dich der Gedanke reizt und du mit ihr darüber reden möchtest, ihr so ein Piercing stechen zu lassen – eh schon wissen – mache sie vorher geil.

22. Cunnilingus

Eine weitere wirksame Form des Vibratorspielens ist der Cunnilungus oder das Lecken einer Frau. Was du auf jeden Fall sofort vergessen solltest ist alles was du je in einem Porno in diesem Zusammenhang gesehen hast. Die dabei vorgeführte Technik dient, wie bereits erwähnt, einzig und allein dem Zweck, diesen Vorgang mit der Kamera einfangen zu können. Geil ist das für die Frau nicht.

Was du auch auf alle Fälle vermeiden solltest, ist, deine Frau dabei anzusehen. Wenn du zwischen ihren Beinen kauerst und mit hochgezogenen Augenbrauen zu ihr hochschaust, dann bietest du eher den Anblick eines treuergebenen Hündchens als den eines richtigen Mannes. Diese Unterwürfigkeit ist auch der Grund warum Frauen diesen Anblick nicht ertragen können. Schließ daher dabei deine Augen um ihr diesen Anblick und diese Empfindung zu ersparen. Die meisten Frauen sehen zwar ohnehin nicht zu dabei, aber sicher ist sicher.

Die Vagina einer Frau bietet zwar eine Menge Stellen an, die du mit deiner Zunge, deinen Lippen und deinen Zähnen erforschen kannst, doch bis auf eine einzige, eignen sich diese allerhöchstens für Zärtlichkeiten. Willst du Wirkung erzielen, so führt um die Klitoris kein Weg vorbei.

Irreführend ist der Name, den wir üblicherweise für den Cunnilingus verwenden: Lecken. Gut gemacht hat das Lecken mit lecken wenig zu tun. Züngeln würde es bei weitem besser treffen. Ich empfehle dabei die Klitoris mit den Lippen zu umschließen und diese leicht (!) anzusaugen. Dieses Ansaugen variierst du dann in der Intensität, indem du den Kitzler immer wieder ein wenige mehr in deinen Mund saugst und dann wieder rausgleiten lässt. Während du dies machst, züngelst du mit deiner Zungenspitze die Klitoris. Je schneller, desto besser. Je nach Frau entweder direkt oder indirekt mit der Vorhaut zwischen deiner Zunge und ihrem Kitzler. Auch von der Frau abhängig ist der Druck, den du dabei anwenden solltest. Orientieren kannst du dich dabei an der Empfindlichkeit die du bei der Stimulation per Finger festgestellt / gezeigt bekommen hast. Die richtigen Profis stoßen dabei einen tiefen, sonoren Brummlaut aus. Zum einen signalisiert dieser, dass du das gerne machst und dies gibt ihr Sicherheit. Zum anderen bringst du dadurch ihre Klitoris in Schwingung. Du spielst dann nicht nur den Vibrator, du bist einer. Es gibt aber daneben noch einige andere gute Techniken und auch hier verweise ich auf das Internet und seine Aufklärungsfilmchen.

Nicht zu verachten ist die Variante in der du neben ihrem Kopf kniest und von Oben kommst, deine Nase sich also in ihrer Vaginalöffnung befindet. Dies erspart ihre jedweden unterwürfigen Blick deinerseits und deine Nase in ihrer Vagina gibt ihr ein leichtes Gefühl des Ausgefülltseins (Für irgendetwas muss meine große Nase ja auch gut sein). Dieses Gefühl kannst du ihr natürlich ebenfalls mit einem oder zwei Fingern in ihr bereiten.

Beachten musst du beim Lecken, dass dies prinzipiell einen unterwürfigen Charakter hat. Im Englischen gibt es den Begriff für Oralverkehr von „Going down on someone“ also an jemanden runter zu gehen und unten ist immer das Gegenteil von dominant. Legst du gerade Wert darauf, dominant zu erscheinen, dann kannst du dies vermeiden, indem du es in der bekannten 69 Stellung machst, in der Variante in der du oben bist. Wenn dies vorwiegend den Zweck hat, sie zu erregen, dann ist die Gefahr dabei, dass sie sich dazu verpflichtet fühlt, auch dich geil zu machen, indem sie deinen Schwanz bläst. Dieses Blasen kann für sie zu einer zu großen Ablenkung werden um dein Lecken in Geilheit umsetzen zu können. Sie soll vom Denken abgehalten werden und dies beinhaltet auch, nicht darüber nachdenken zu müssen, wie sie dir jetzt Gutes tun kann. Wenn ich sie geil machen will und fühle, dass sie mehr damit beschäftigt ist, mir Lust zu bereiten, dann stecke ich ihr meinen Schwanz so tief in Mund, dass sie eigentlich nichts mehr machen kann. Wenn sie trotzdem noch nicht aufgibt, dann nehme ich meinen Schwanz raus und setze mich einfach so auf ihr Gesicht. Spätestens dann bekommt sie das Gefühl des Unten seins und des Genommen Werdens vermittelt und kann mit dem Denken aufhören und dem Fühlen beginnen.

23. Squirting

Die weibliche Ejakulation (neudeutsch Squirting) wird von der Wissenschaft noch nicht völlig anerkannt. Sie unterlag einer medizinischen und gesellschaftlichen Tabuisierung und ist erst mit dem Internet so richtig (wieder?) bekannt geworden, zumindest für die, die sie nicht schon erlebt haben. Auch heute wird von einigen Wissenschaftlern sogar noch die Existenz in Frage gestellt. Ich kann dir jedenfalls aus meinen umfangreichen Feldstudien berichten, dass es sie gibt und dass jede Frau dazu fähig ist. Frühe Studien gingen von einem Anteil von etwa 5% von Frauen, die beim Orgasmus zur Ejakulation fähig sind, aus. Neuere Studien kommen zu einem Anteil von bis zu 50%. Diese Zahl kann ich nicht ganz glauben, denn nur wenige meiner Gespielinnen hatte die Ejakulation vor mir schon erlebt. Repräsentativ ist das natürlich nicht und so gehen wir einfach mal von einer steigenden Anzahl von Frauen aus, die dazu fähig ist.

Die Flüssigkeit die dabei ausgestoßen wird, kann mitunter deutlich nach Urin riechen, und dann wieder unterscheidet sich der Geruch davon relativ deutlich. Die Flüssigkeit ist ganz leicht milchig. Die Menge, die da ausgespritzt wird, kann so groß sein, dass ihr beide vollkommen nass seid und das Bett dazu. Da kann schon richtig was rauskommen und dann auch noch mehrfach. Ein Handtuch ist da selten ausreichend, ein Badetuch sollte es schon sein, wenn du deine Bettwäsche nicht wechseln willst. Ich achte bei meinen Sexabenteuern in Hotelbetten immer darauf möglichst nur eine Bettseite nass zu machen, weil schlafen in so einem Bett richtig unangenehm ist (wenn ich je auf eine Putzfrau treffe, die Voodoo beherrscht, bin ich geliefert). Ein aktuelle Studie im „Journal of Sexual Medicine" von Samual Salama aus dem französischen Le Chesney legt nahe, dass es sich beim Suirten um nichts anderes als die unfreiwillige Abgabe von Urin vermischt mit einem Drüsensekret handelt. Es wurden hierbei zwar nur sieben Frauen untersucht, aber dies deckt sich auch mit meiner Erfahrung und den

Erzählungen von erfahrenen Frauen, die sich darüber schon Gedanken gemacht haben. Das hörst du wahrscheinlich jetzt nicht gerne, ist aber wohl die Erklärung für dieses Phänomen.

Die Frau muss fähig sein zu spritzen. Dazu fähig sein symbolisiert für mich den Umstand, dass Squirting vor allem etwas ist, dass sie selbst erlernen muss. Meist geschieht dies durch einen Mann, der schon andere Frauen dazu gebracht hat und weiß wie es geht. Er spielt quasi den Prinz der sie aus diesem Dornröschenschlaf wachküsst. Ist sie erstmal wachgeküsst und hat ausreichend Routine damit, ist es auch für andere Männer leichter sie zum Spritzen zu bringen. Frauen die schon oft ejakuliert haben, können dies oft auch ohne jegliche Stimulation in ihrer Vagina, bei unerfahrenen geht es ohne, meiner Erfahrung nach, nicht.

Ein weiterer Aspekt: Viele gehen davon aus, dass die Ejakulation immer mit einem Orgasmus einhergeht. Das bestreite ich, denn bei vielen Frauen wende ich sie schon beim Vorspiel an und die kommen dabei nicht zum Orgasmus. Es ist eine körperliche Reaktion die zwar nur während sexueller Erregung auftritt und auch sehr oft in Kombination mit einem Orgasmus passiert, aber nicht muss. Es hat aber, wenn es zusammen passiert, einen verstärkenden Effekt auf die Intensität des Orgasmus. Dies dürfte zum einen mit den Muskelkontraktionen die durch die Ejakulation hervorgerufen werden zusammenhängen und zum anderem mit dem psychologischen Effekt für die Frau, dass sie ihren Orgasmus sehen und fühlen kann.

Da die dabei ausgestoßene Flüssigkeit zumindest zu einem Teil aus Urin besteht (und die Frauen sich zumindest unbewusst darüber im Klaren sind), unterdrücken viele Frauen die Ejakulation. Auch das Gefühl, welches sich vorher aufbaut, ähnelt dem Harndrang relativ stark und viele Frauen verhindern die Ejakulation, um sich nicht „anzumachen". Jede Frau die ejakulieren kann, kann dies auch mit Leichtigkeit verhindern. Wenn meine Frau gerade das Bett neu bezogen hat und gerade kein Handtuch zur Hand ist, dann kann ich anstellen was ich will, sie wird nicht ejakulieren, um die Bettwäsche nicht schon wieder wechseln zu müssen. Um eine Frau dazu zu bringen zu ejakulieren, musst du vor allem dafür sorgen, dass sie sich fallen lassen kann. Nicht nur praktische Gründe, wie das Bett nicht beschmutzen zu wollen, führen zur unbewussten oder aktiven Blockade durch die Frau, auch wenn die Frau beim Sex sich nicht völlig entspannen kann, wird sie nicht ejakulieren. Iris zum Beispiel hatte dieses bei mir erstmals erlebt und da dieses neue Gefühl für sie so fantastisch war, habe ich sie auch bei allen unseren Sextreffen ejakulieren lassen. Habe ich aber zusammen mit ihr und meiner Frau einen Dreier gemacht, hat sie nicht ejakuliert, weil sie in dieser Situation nicht entspannt genug dafür war. Auch sie hat nur in Hotelbetten ejakuliert, waren wir bei ihr zu Hause, hat sie es unterdrückt, um ihre teure Bettwäsche nicht zu beschmutzen.

Iris ist auch in anderer Hinsicht ein gutes Beispiel. Sie war vorher als überzeugter und lebensfroher Single mit vielen Männern im Bett gelandet, doch bis Mitte 30 war kein Mann fähig, sie zum Spritzen zu bringen. Sie hatte zwar schon davon gehört, sie hatte es sogar bei anderen Frauen schon miterlebt und auch schon öfter versucht es selbst herbeizuführen. Als ich daherkam und sie mit ein paar Handgriffen zum Abspritzen gebracht hatte, war sie von Sinnen. Sie konnte gar nicht glauben, was da alles aus ihrem Körper herauskommen kann. Noch nach dem Sex hat sie das Bett überall auf Feuchtigkeit überprüft und nach dem sie festgestellt hatte, dass das ganze Bett nass war, nur mehr „Das gibt's nicht, das gibt's nicht“ stammeln können. Sie war sichtlich stolz auf ihren Orgasmus, den sie zum ersten Mal ausströmen und sehen konnte. Auch als ich meine Frau zum ersten Mal abspritzen ließ, schwebte sie tagelang auf Wolke Sieben vor Stolz darüber, was sie drauf hat. Es ist für die meisten Frauen was Besonderes abzuspritzen und ihren Orgasmus sichtbar machen zu können. Eine Frau, die dies noch nie erlebt hat, ist das schönste Geschenk für einen Liebhaber, der es vermag es in ihr hervorzurufen. Wenn du der erste Mann bist, der eine Frau zum Squirten bringt, dann wird sie dich niemals vergessen. Es ist sogar wahrscheinlich, dass alle Liebhaber die diese Frau noch haben wird, an dir gemessen werden. Es verschafft dir einen besonderen Status in ihrer Wahrnehmung.

Nun wie schaffst du es, dass eine Frau dein Bett nass macht? Es ist wie beim Orgasmus auch, du musst sie in die richtige Stimmung bringen. Du musst sie mit deinen Eigenschaften als richtiger Mann dazu bringen, sich fallen zu lassen und sich in ihr Dasein als Frau zu ergeben. Denn nur wenn jeglicher Leistungsdruck und alle Anspannung aus ihr gewichen sind, dann ist sie fähig es passieren zu lassen. In Zusammenhang mit dem Squirting bedeutet dies auch, dass du vorher dafür sorgst, dass ein größeres Handtuch bereit liegt. Frauen haben eine nicht zu unterschätzende Hemmung ihr eigenes Bett (= ihr Nest) zu beschmutzen. Der Nachteil dieses Handtuchs ist, dass du damit zu verstehen gibst, dass du von ihr erwartest zu ejakulieren. Dies erzeugt Leistungsdruck und der ist beim Sex nie gut. Ideal dafür sind Hotelbetten am Tag der Abreise oder eine andere Umgebung wo es keine Rolle für die Frau spielt, wenn sie alles unter Wasser setzt. Zusätzlich solltest du dafür sorgen, dass sie vor dem Sex auf die Toilette geht, damit sie die Sicherheit hat, dass das, was sich da gerade in ihr aufstaut, kein Urin ist. Die physische Stimulation mit der du das erreichst, hängt maßgeblich damit zusammen, ob die Frau das Gefühl schon kennt. Bei Frauen mit Routine (und vielleicht auch ein Quäntchen „Talent“) ist gar keine spezifische Technik unbedingt erforderlich. Bei Frauen die noch nicht oder zumindest noch nicht bei dir gespritzt haben, habe ich die besten Erfahrungen mit der „Bullhorn“ Technik gemacht. Diese habe ich nach der Handstellung die du dabei einnimmst benannt. Bei dieser biegst du ausgehend von einer ausgestreckten, flachen Hand Mittel- und Ringfinger nach innen und lässt Zeigefinger und den kleinen Finger ausgestreckt – also so wie du deine Hand bei einem Rockkonzert in die Höhe strecken würdest. Ring- und Mittelfinger führst du dann mit etwas Speichel befeuchtet (ich gehe davon aus, dass sie schon geil und feucht ist, ansonsten brauchst du es gar nicht versuchen) in ihre Vaginalöffnung ein. Zeigefinger und der kleine Finger kommen neben oder auf den äußeren Schamlippen zum Liegen und zeigen nach unten in Richtung ihres Anus. Ring- und Mittelfinger krümmst du jetzt nach oben, bis du einen Widerstand spürst. Du solltest dort am Beginn ihres Lochs eine geriffelte Fläche erspüren (der „magische" G-Punkt, an dem du jetzt nicht zu rubbeln beginnst). Diese Handhaltung behältst du jetzt starr bei und beginnst deinen gesamten Arm auf und ab zu bewegen – auf keinen Fall rein und raus – zuerst nach oben bis du mit deiner Handfläche an ihrem Schambein anstehst und dann nach unten in Richtung ihres Anus. Dies machst du nun so schnell es dir möglich ist und so kräftig es dir möglich ist. Du musst es so kräftig machen, dass du schon Angst bekommst, du würdest ihr wehtun. Diese Angst ist unnötig. Diese Region ist relativ unempfindlich und die Frau verspürt dabei keinen Schmerz. Du musst diese Hemmung überwinden, denn zärtlich ausgeführt führt es bei einer Frau, die noch nie gespritzt hat, nicht zum gewünschten Ergebnis. Normalerweise tritt die Ejakulation, wenn sie es zulässt, nach 10 bis 20 Sekunden ein und dauert dann in etwa 10 Sekunden. Und recht viel länger kannst du diese Technik auch nicht ausführen, denn sie ist sehr anstrengend.

Als erfahrener Liebhaber bist du zwar konzentriert bei dieser Technik, aber so schwer ist es dann auch wieder nicht, seinen Arm auf und ab zu bewegen und so kann der Rest von dir bei ihr sein. Ich knie meist neben ihr, mit dem Kopf zu ihrem Gesicht gewandt und beobachte was in ihr vorgeht um rechtzeitig abbrechen zu können, falls sie doch Schmerzen haben sollte. Die andere Hand lege ich auf den Solar Plexus und bedeute ihr damit, dass ich da bin, dass ich bei ihr bin. Diese kleinen Gesten machen bei Frauen unheimlich viel aus und wenn wir uns in ihre Lage versetzen, werden wir erkennen, dass diese Gesten gar nicht so klein sind.

Stell dir folgende Situation vor: Der Mann kniet neben der Frau, sein Kopf, sein Blick und seine ganze Konzentration ist auf ihren Unterleib gereichtet. Mit einer Hand versucht er mit der beschriebenen Technik die Frau zum Spritzen zu bringen, mit der anderen Hand stützt er sich neben ihr auf dem Bett ab. Was wird die Frau sehen und auch empfinden? Da ist ein Mann mit **meiner Fotze** beschäftigt und versucht **sie** zum Spritzen zu bringen.

Als Kontrast stellen wir uns vor: Der Mann kniet neben der Frau, sein Kopf, sein Blick und (scheinbar) seine ganze Konzentration ist auf ihr Gesicht und auf ihre Augen gerichtet. Mit der einen Hand auf einer nicht erogenen Zone, stellt er Verbundenheit her und mit der anderen Hand versucht er nebenbei mit der beschriebenen Technik, die Frau zum Spritzen zu bringen. Was wird die Frau hier sehen und empfinden? Da ist ein Mann mit **mir** beschäftigt und versucht **mich** zum Spritzen zu bringen.

Auch wenn du beim Dirty Talk eigentlich genau das sagst, nämlich dass sie eine Fotze ist, ist es äußerst wichtig für sie, nicht auf diese reduziert zu werden. Sie will als ganze Person wahrgenommen und begehrt werden. Wenn du nun schon das Gegenteil sagst - weil du damit das kleine Tabu in ihrem Kopf brechen willst - dann darfst du nicht auch noch so handeln, denn dann wird dieses Tabu Realität und die Realität zum Tabu.

Wenn es beim ersten Versuch nicht funktioniert, lege eine Pause und versuche sie mit etwas anderem geil zu machen. Danach kannst du es nochmals versuchen. Mitunter sind mehrere Versuche notwendig, bis sie damit umgehen kann und es das erste Mal klappt. Am Beginn des Squirtings, wenn die erste Flüssigkeit austritt, aber auch ihre Scheidenflüssigkeit durch die kräftige Stimulation zunimmt, beginnt es deutlich hörbar zu „schmatzen“. Dieses Schmatzen ist ein wichtiger Faktor der zum Erfolg der Methode beiträgt, denn nun kann sie hören, dass da etwas kommt und dies ist häufig der Auslöser, dass sie vollkommen loslässt und die Ejakulationsflüssigkeit förmlich herausspritzt. Da das Ejakulat auf deine Handfläche spritzt (denn es kommt aus ihrer Harnöffnung) und du deine Hand gerade heftig auf und ab bewegst, verteilst du die Flüssigkeit über ihren ganzen Körper und spätestens dann weiß sie, dass sie gerade abspritzt.

Du darfst ihr jetzt auf keinen Fall das Gefühl geben, diese Flüssigkeit die nun auch auf deinem Körper überall verteilt sein wird, würde eklig sein (auch wenn es relativ deutlich nach Urin riechen sollte), denn dann hat sie sicher zum letzten Mal bei dir abgespritzt.

Ja und jetzt heißt es den Augenblick zu genießen. Deine Frau wird vollkommen überwältigt von diesem neuen Gefühl sein. Für sie ist das ein bedeutendes Erstes Mal, welches sie nie vergessen wird.

Darüber hinaus gibt es noch mindestens ein Dutzend Techniken, mit der du eine Frau zum Spritzen bringen kannst. Da ich aber nur Techniken hier beschreibe, mit denen ich bei mehreren Frauen zum Erfolg gekommen bin, verzichte ich auf weitere Ausführungen, da ich anderen Techniken diesen Erfolg nicht bescheinigen kann. Anleitungsvideos zu anderen Techniken findest du im Internet, falls du Bedarf verspüren solltest.

24. Multiple Orgasmen

Ein ähnlicher Mythos wie das Squirting ist der multiple Orgasmus der Frau. Der Unterschied ist, dass nicht jede Frau dazu fähig ist.

Auch hier muss ich wieder die gleichen Argumente bringen (denn es gilt für alle Techniken): Wenn du einer Frau multiple Orgasmen schenken willst, dann musst du sie vorher mit deiner Dominanz, Leidenschaft und Empathie in die richtige Stimmung bringen = unheimlich geil machen.

Im Grunde gilt exakt das Gleiche wie für den Single-Orgasmus. Der einzige Unterschied ist, dass du nachdem sie gekommen ist, nicht aufhörst mit dem Sex.

Für die meisten Frauen ist nach einem Orgasmus, der maßgeblich über Stimulation der Klitoris hervorgerufen wurde, Schluss. Der Kitzler ist dann geraume Zeit so empfindlich, dass sie keine Stimulation erträgt und sie lässt die Geilheit, die sie gerade noch verspürt hat, abklingen. Bei manchen Frauen hilft es, den Finger, wie schon im Kapitel Klitorale Stimulation beschrieben, auf ihrem Kitzler mit leichtem Druck liegen zu lassen. Du bedeutest ihr damit, dass es noch nicht vorbei ist und die leichte Stimulation die dieser ruhende Finger aufgrund der erhöhten Empfindlichkeit vermittelt, hilft ihr dabei die Geilheit aufrecht zu erhalten (wenn auch auf einem niedrigeren Niveau).

Leichter geht es meiner Erfahrung nach, bei Orgasmen die mittels vaginaler Stimulation (wie beim Squirting) erreicht werden, weil du danach fast augenblicklich weitermachen kannst, ohne groß auf Überempfindlichkeiten Rücksicht nehmen zu müssen.

Hilfreich ist ebenfalls, ihr zu sagen, dass sie nach ihrem Höhepunkt noch geil bleiben soll. Am besten tust du dies schon vor dem Orgasmus (natürlich nur wenn du zuverlässig davon ausgehen kannst, die Frau auch zum Orgasmus zu bringen, denn ansonsten baust du nur unnötig

Druck auf). Und wie zuvor schon beschrieben, hüllst du die Message in das Mäntelchen des Eigennutzes: „Wenn ich dich jetzt kommen lasse, dann ist es noch lange nicht vorbei. Ich an deiner Stelle würde geil bleiben, denn ich werde dich so oder so noch ordentlich durchficken und wenn du noch geil bist, macht mir das bedeutend mehr Spaß". Damit nimmst du ihr den Druck nachher noch einen Orgasmus haben zu müssen, vermittelst aber unmissverständlich, dass es noch nicht vorbei ist.

Die Gefahr bei multiorgasmischen Frauen ist, dass sie sich bei ihren Höhepunkten immer ein klein wenig zurückhalten, weil sie noch nicht ihr ganzes Pulver verschießen wollen. Hast du diesen Eindruck, dann umgehst du dies, indem du den finalen Orgasmus durch eine andere Art der Stimulation hervorrufst als die vorhergehenden und sie mit der Zeit darauf konditionierst. Als dominanter Mann hast du selbstverständlich immer die Möglichkeit dies auf weniger subtile Art und Weise mitzuteilen. Sag ihr einfach, dass das ihr letzter Orgasmus sein wird. Natürlich auch das wieder mit dem Unterton, das für dich die Welt nicht untergeht, wenn sie jetzt keinen mehr hat. Kein Druck – eh schon wissen.

Ich persönlich betrachte auch die vorhergehenden Orgasmen eher als zum Vorspiel gehörend und konzentriere mich auf den letzten Orgasmus, der der intensivste sein sollte – denn dieser wird in Erinnerung bleiben. Ihr diesen zu bereiten, solange sie noch genug Energie hat, erfordert eine gehörige Portion Empathie. Mir ist es nicht erst einmal passiert, mit Morddrohungen konfrontiert zu werden, wenn ich es wagen würde, sie noch einmal zu berühren. Ich war mit ihr eigentlich noch nicht fertig, sie war es aber schon.

In Summe ist der multiple Orgasmus aber selten wirklich planbar. Es ist etwas das passiert oder auch nicht und je besser der Sex ist, desto eher wird es passieren. Dabei immer vorausgesetzt, dass die Frau überhaupt dazu fähig ist. Viele Frauen können es nicht und andere wollen es nicht, weil sie einen großen Orgasmus haben wollen und dann lieber kuschelnd in der Glückseligkeit der Nachwirkungen schwelgen, als weiterzumachen.

25. Einfach lieb ficken

Ficken ist so viel mehr als nur seinen Hintern richtig vor und zurück bewegen zu können. Ficken kann sehr zärtlich sein, doch wenn es wirklich gut sein soll, dann darf es sich nicht darauf beschränken. Ein Fick ist etwas Aggressives, Urzeitliches, etwas Animalisches. Hier muss es raus, das Tier im Mann. In jemanden mit einem Teil von sich selbst einzudringen, ist vielleicht die dominanteste und die intimste Handlung überhaupt. Die Handlung die am meisten das Innere der Frau berührt. Darum ist es wahrscheinlich auch so verletzend vergewaltigt zu werden, weil gegen den Willen etwas in einem war. Es hat etwas gegen den eigenen Willen die eigene Person berührt. Und wenn dieses, die eigene Person berührende gewünscht ist, dann wird es im Umkehrschluss zur intimsten, am meisten die Seele berührenden Handlung zu dem der Geliebte fähig ist.

Ja, Ficken ist etwas Animalisches und alles was du bisher gelernt hast, verstärkt dieses Gefühl. Sei dominant, sei leidenschaftlich und empathisch genug um zu erkennen, ob ihr die aktuelle Stellung Spaß macht oder es gerade unbequem ist. Sieh ihr in die Augen (die Augen, es bedeutet nichts ohne die Augen!) so oft wie möglich. Sieh ihren Körper an, schau dir an wen du fickst. Wenn du den Anblick nicht ertragen kannst, dann fickst du die falsche. Streichle ihre Wange, zwirble ihre Brustwarzen, hau ihr auf den Arsch, zieh sie an den Haaren, stöhne, fixiere ihre Hände um ihr Wehrlosigkeit zu vermitteln, greif ihr an den Hals und schnüre ihr die Luft ab, wenn sie darauf steht. Hauche ihr ins Ohr, was sie dir bedeutet und vergiss die schmutzigen Wörter nicht – die kannst du auch ausschreien. Sag ihr wie geil sie aussieht, wenn sie gefickt wird, wie schön es ist, sie zu besitzen, sie zu nehmen, sie zu besamen. Sag ihr, dass sie dich um den Verstand bringt. Das alles vermittelt Leidenschaft und Dominanz und das ist es von dem sie wirklich gefickt werden will, nicht von deinem Schwanz. Sie will von dir als richtigem, sich nach ihr verzehrendem Mann gefickt werden und der

Schwanz ist nur der Teil von dir der in ihr ist, dein Werkzeug um es zu vollbringen. Und sie will begehrt werden und genommen werden und besamt werden. Das ist ihr biologischer Zweck und für diesen Zweck ist sie mit den richtigen körperlichen Eigenschaften aber vor allem den richtigen Gefühlen ausgestattet. So fühlt es sich an, Frau zu sein und sie weiß das tief in ihrem Innersten, unter den gleichen Schichten Zivilisationsmüll ist es vergraben und beim Ficken kommt es wieder zu Tage. Das ist ihr wichtigster Urtrieb, sich einem richtigen, dominanten Mann hinzugeben und besamt zu werden und diesen Urtrieb gilt es zu befrieden, wenn du eine Frau richtig ficken willst, wenn du sie zur Frau machen willst.

Beim Ficken gilt wieder das Gleiche wie beim Lecken. Vergiss alles was du bei Pornos je gesehen hast, dieses Schaugeficke hat mit einem guten Fick nichts zu tun. Es dient wiederum nur der Präsentation des Vorgangs für die Kamera und diese Kamera kann das was zwischen einem sich liebenden Paar wirklich abspielt nicht erfassen. Zudem wird diese ewige Rein-Raus nur deswegen praktiziert, weil es am effektvollsten ist und am besten vermittelt, dass eine Frau gefickt wird. Es geht hier nicht darum, dass die Frau etwas davon hat. Die physische Stimulation mag für den Mann zwar optimal sein und wenn es dir nichts ausmacht, eine unberührte Sexpuppe zu ficken, kannst du das gerne imitieren.

Dieses Rein-Raus vermittelt der Frau zwar wirklich sehr gut, dass sie gefickt wird und dies ist für die meisten ein wichtiger psychischer Effekt. Eine Frau, die gerne Frau ist, liebt das Gefühl gefickt zu werden, nur leider bedeutet dieses Rein-Raus meist keine ausreichende physische Stimulation um eine Frau zum Orgasmus zu bringen. Wenn sie vorher schon sehr geil war und mit viel und gutem Dirty Talk oder wenn sie besonders orgasmisch ist, dann vielleicht, aber in Summe reicht dies nur bei den wenigsten Frauen. Es ist für Frauen um Dimensionen schwieriger beim Verkehr an sich zum Orgasmus zu kommen, als wenn sie es sich selber macht. Ich habe festgestellt, dass ich beim ersten Sex mit einer Frau kaum in der Lage bin, sie während des Ficks an sich zum Orgasmus zu bringen. Die meisten Frauen waren zu passiv und viele die es nicht waren, waren mit mir klarerweise noch nicht eingespielt. Beim Ficken brauchst du ihre Mithilfe wenn das mit dem Höhepunkt funktionieren soll. Das ist ein Fehler den vor allem eine junge Frau gerne macht: Sie legt sich hin und spreizt die Beine, lässt dich eindringen und sich ficken. Sie glaubt (möglicherweise durch die Pornos), dass es jetzt alleine deine Aufgabe wäre, ihr Lust zu bereiten und ihr Job wäre nur, hinzuhalten. Wenn sie sich selbst nicht richtig bewegt, dann wird das nichts, denn dafür reicht die Stimulation nur selten aus. Sie muss lernen, sich richtig zu bewegen. Und genau das ist der Punkt, warum das Rein-Raus in den meisten Fällen nicht ausreicht, sie hat dann nicht ausreichend Möglichkeit, um sich selbst zu stimulieren.

Wenn wir schon bei der Technik an sich sind, dann beschreibe ich erstmal, wie ich dieses Problem in der Missionarsstellung löse. Ich ficke sie zwar mit Rein-Raus, verlängere aber die Phase in der ich ganz in ihr bin und biete ihr so die Möglichkeit ihre Klitoris an meinem Schambein zu reiben. Immer wenn mir diese Stimulation zu wenig wird oder ich ihr das Gefühl geben will, richtig gefickt zu werden, dann schiebe ich ein paar schnelle Stöße ein. Wenn mir die Stimulation zu viel wird und ich zu nahe an den Orgasmus komme, dann bleibe ich einfach völlig in ihr und versuche mit kreisenden Beckenbewegungen über mein Schambein ihre Klitoris zu reizen. Während dem kann ich mich etwas abkühlen und mich mehr auf die Intimität zwischen uns und den Dirty Talk konzentrieren. Diese Technik eignet sich hervorragend um über Stunden ficken zu können. Sie ist nicht anstrengend, weil die Pausen immer lange genug sind, um sich erholen zu können. Und du kannst deinen Orgasmus damit sehr leicht hinauszögern. Aber nicht nur dein eigenes Kommen kannst du damit verhindern, durch ein paar schnelle Stöße kannst du sie eher herunterholen, wenn sie nicht gerade schon zu knapp davor ist. Wenn sie fast schon im Begriff ist zu kommen, dann hilft nur mehr völliger Stillstand in ihr. Mit dieser Methode habe ich einige Frauen schon stundenlang kurz vor dem Orgasmus gehalten und da sie dabei immer am Rande des Höhepunktes ist, wird ihr das trotz fehlendem

Stellungswechsel auch nicht langweilig – im Gegenteil. Abwechslung besorge ich ihr zusätzlich mittels Dirty Talk, Küssen und Stimulation der Brustwarzen. Dies ist auch die beste Methode um gemeinsam zum Orgasmus zu kommen. Da du sowohl deine als auch ihre Erregung unter Kontrolle hast, kannst du sie auf das gleiche Niveau und mit etwas Können zum gemeinsamen Orgasmus bringen. Bei mir funktioniert es am leichtesten, wenn ich mich kurz davor bringe und ihr dann ins Ohr hauche, dass ich sie jetzt vollspritzen, sie besamen, sie schwängern werde, ihr noch ein wenig Stimulation anbiete und dann wenn sie vom Höhepunkt übermannt wird, noch selbst schnell diesen einen kleinen Schritt gehe. Hast du schon einmal mit deiner Frau gemeinsam einen Höhepunkt erlebt während ihr euch in die Augen gesehen habt? Eine atemberaubende Erfahrung, mehr Verbundenheit als in diesem Augenblick kannst du mit einer Frau nicht verspüren.

Stellungen sind prinzipiell überschätzt, wie immer konzentrieren wir uns auf das offensichtliche. Aus dem Kamasutra könnte man einiges lernen, doch wir sehen nur die vielen Stellungen aus einem Kapitel aus einem von sieben Büchern und denken, dass wir damit zum besseren Liebhaber werden. Es bringt nichts alle Stellungen zu beherrschen. Im Grunde kommst du als guter Liebhaber mit 3-4 und ein paar Varianten die sich aus der Situation ergeben hervorragend zu Recht. Meine persönliche Lieblingsstellung ist sowieso die gute, alte Missionarsstellung. Sie ist neben der Reiterstellung die einzige, in der du ihren Kitzler wirklich gut ohne Hände stimulieren kannst und sie ist die beste Stellung um Intimität aufzubauen. Du kannst alles machen: Sie küssen, ihre Brüste liebkosen, ihr in die Augen sehen, du kannst ihre Hände fixieren und ihr schmutzige Dinge ins Ohr flüstern.

Nein, viel wichtiger für einen guten Fick als alle Stellungen zu beherrschen ist, dass du ihr hilfst zu lernen, wie sie sich richtig bewegen muss, um einen ausreichenden Reiz auf ihrer Klitoris fühlen. Wie lernst du ihr nun, sich richtig zu bewegen? Erstmals indem du ihr sagst, sie soll sich in deinem Rhythmus bewegen und versuchen ihren Kitzler an dir zu reiben. Am besten funktioniert es, wenn sie sich gegengleich zu dir bewegt. Wenn du dein Becken nach vorne (zu ihr hin) und dann, wenn du ganz in ihr bist, nach oben bewegst, dann ist ihre Aufgabe ihr Becken zuerst nach oben (vom Bett weg) zu bewegen, während du ihr näher kommst. Wenn ihr euch dann berührt, dann bewegt sie, gegengleich zu dir, ihr Becken nach unten um ihre Klitoris möglichst intensiv an dir reiben zu können. Dieser Bewegungsablauf ist schwer zu beschreiben und leider noch schwerer bildlich darzustellen. Wichtig ist vor allem, dass sie sich überhaupt einmal bewegt, sie wird mit der Zeit schon herausfinden, was ihr dabei wirklich gut tut. Du musst ihr Gelegenheiten geben, dass sie dies ausreichend erforschen kann, indem du die Phase, in der du ganz in ihr bist, verlängerst. Du kannst sie zusätzlich unterstützen, indem du eine Hand unter ihren Hintern führst und sie damit gegen dich presst, um die Reibung zu intensivieren. Du kannst mit deiner Hand in dieser Position ihr auch den Rhythmus vorgeben.

Die fortgeschrittene Frau reibt nicht nur ihren Kitzler sondern arbeitet auch mit ihrer Vaginalmuskulatur aktiv mit. Sie kann so das „ausgefüllt sein“ stärker fühlen und mitunter auch den G-Punkt stimulieren. Im richtigen Rhythmus kann sie zum Beispiel sogenannte Kegelübungen, durch Anspannung ihrer Beckenbodenmuskulatur ausführen. Dies hat gleich mehrere positive Effekte: Sie kann dich besser spüren, für dich fühlt sie sich enger an und nebenbei arbeitet sie auch noch an ihrer Orgasmusfähigkeit indem sie eine wichtige Muskulatur dafür trainiert. Sag ihr, sie soll auch ihr „Inneres“ bewegen und versuchen, mit dir in Einklang zu kommen. Sie soll experimentieren und das, was sich am besten anfühlt beibehalten. Meine persönliche Erfahrung ist, dass viele Frauen die squirten können, auch ihre Vaginalmuskulatur besser beherrschen und von allein die Kontraktionen ausführen, die ihnen hilft beim Fick geil zu werden.

Frauen die noch keinen Fick-Orgasmus hatten und keine Erfahrung mit den nötigen Bewegungen haben, erlangen diesen am leichtesten in der Reiterstellung, also mit ihr oben. Sie ist gezwungen sich zu bewegen und wenn du auf deine eigene Lust für einen Moment vergisst und sie aufforderst auf das Raus-Rein zu verzichten (was den meisten Frauen sowieso zu anstrengend ist, um es längere Zeit machen zu können) kann sie sich ganz ihren Experimenten hingeben. Sie kann entspannt auf dir sitzen, hat die Kontrolle und kann den Rhythmus bestimmen. Meine eigene Frau und auch viele meiner Geliebten hatten so ihren ersten Fick-Orgasmus. Wen sie die richtigen „Moves“ einmal in der Reiterstellung kann, dann kann sie diese auch relativ leicht auf die Missionarsstellung übertragen.

Ficken als rein mechanischer Vorgang, muss also vor allem die Frau beherrschen, wenn es für sie gut sein soll. Und nur wenn es für sie gut ist und du als dominanter Mann handelst, dann wird es erst richtig geil, dann wird es zu einem guten Fick.

26. Schwanzvergleich

Wie bei allem, was sich messen und vergleichen lässt, woraus sich ein Wettkampf erzeugen lässt, erliegen wir Männer dieser Versuchung. Wir messen unsere Schwänze und vergleichen sie mit den einschlägigen Statistiken um festzustellen wie wir in diesem Wettkampf liegen. Wir schielen in der Dusche und am Pissoir verstohlen nach links und rechts. Am schlimmsten ist es in der Swingerszene, wo sogar erigierte Penisse verglichen werden können. Nur was wäre ein Wettkampf ohne Zuschauerinteresse, denn für die Zuschauer wird er doch inszeniert und durch sie wird er erst interessant. Die Zuschauer bei diesem Wettkampf sind natürlich die Frauen.

Spielt die Schwanzgröße eine Rolle?

Spielt also die Größe des Schwanzes für Frauen eine Rolle? Entgegen der politisch korrekten Beruhigungspropaganda und als selbst nicht gerade riesenhaft Bestückter, muss ich leider feststellen: Ja.

Kein ja, aber und kein für die meisten Frauen nicht, ein schlichtes, nacktes und unwiderrufliches Ja. Wenn auch nicht aus eigener Erfahrung (leider), so kenne ich sehr wohl die Reaktion von Frauen auf einen großen Penis. Der optische Reiz eines großen Schwanzes ist für Frauen, und hier vor allem für die, die gerne und oft Sex haben, sehr erregend. Er vermittelt Dominanz und zusammen mit einem schönen Körper ist er für viele Frauen fast unwiderstehlich, weil es so männlich, so dominant aussieht. Auch das Gefühl des gefickt Werdens ist naturgemäß bei einem großen Schwanz um vieles intensiver. Und die Frauen genießen es ebenfalls, einen großen Schwanz im Mund zu haben, es vermittelt, wie beim Fick, das „ausgefüllt sein" einfach besser. Beim Analverkehr darf er dann schon ruhig ein wenig kleiner ausfallen aber unter dem Strich bleibt: Fast alle heterosexuellen und bisexuellen Frauen finden einen großen Schwanz geil. Punkt.

Hast du einen Riesenschwanz?

Wie stehst du nun in diesem Wettkampf? Alles was unter 18 cm Länge liegt und nicht mind. 15cm Umfang hat, wird von den meisten Frauen nicht als großer, sondern als durchschnittlicher Schwanz bewertet werden. Vorsicht! Das ist eine willkürliche, völlig anmaßende, rein auf Gesprächen mit ein paar Frauen basierende Festlegung meinerseits – es steht dir frei die Zahlen nach deinem Gutdünken zu ändern und wenn das nichts nutzt, kannst du ihn mittels paralaxem Fehler beim Abmessen auch gerne ein, zwei Zentimeter länger und mittels schräg wickeln des Maßbandes ein, zwei Zentimeter dicker machen. Du kannst auch versuchen deinen Penis länger und dicker zu machen in dem du irgendwelche Wundermaschinen kaufst oder Geheimtipps befolgst, die in irgendwelchen Kulturen vom Vater dem Sohn anvertraut werden und ihm einen Riesenschwanz verschaffen sollen. Vor täglichem, stundenlangem Training solltest du aber nicht zurückschrecken. Mehrere Internetforen mit hunderten von Teilnehmern beschäftigen sich alleine im deutschsprachigen Raum damit. In diesen werden minutiös die Ergebnisse der Bemühungen seinen Schwanz größer zu machen aufgelistet und Tipps ausgetauscht. Diesen Männern kann ich nur den Rat geben, ihre Energie in andere Fähigkeiten zu stecken, die sind viel einfacher zu entwickeln und auch bei weitem effektiver, wenn es darum geht Frauen Freude zu bereiten.

Wenn du mal ein bisschen cheaten willst, dann kauf dir einen Bathmate. Das ist eine spezielle Erektionspumpe die mit Wasserunterdruck funktioniert. Innerhalb von 15-20 Minuten kannst du deinem Schwanz damit temporär 1,5-2cm mehr Länge und Umfang verpassen. Deine Frau wird den Anblick lieben und das Gefühl in ihr noch mehr. Für dich bedeutet es leider keinen Lustgewinn (außer natürlich die leuchtenden Augen deiner Frau), da er dabei unempfindlicher wird. Dies wiederum kann aber hilfreich sein, wenn du dazu neigst, zu früh zu kommen. Ob die versprochenen, dauerhaften Erfolge bei regelmäßiger Anwendung des Bathmate zu erreichen sind, kann ich nicht beurteilen, weil ich ihn eher selten anwende. Wenn, dann macht es mir und meiner Frau aber durchaus Spaß. Ein nettes kleines Sexspielzeug.

Kein Riesenschwanz?

Frauen stehen also auf große Schwänze, ist das für einen Mann mit einem Durchschnittsschwanz wie mich ein Grund, in tiefe Trauer zu verfallen? Wenn ich nicht die anderen Qualitäten eines guten Liebhabers hätte, ja, denn dann hätte ich wohl sexuell gar nichts zu bieten. Aber nehmen wir als Beispiel Alice. Sie ist eine von denen die vor der ersten sexuellen Begegnung mit mir keinen Orgasmus mit einem Mann hatte. Sie hat einen Mann mit dem sie seit über 20 Jahren zusammen ist. Wie ich aus einem persönlichen Schwanzvergleich weiß, ist dessen Schwanz um einiges länger und dicker als meiner. Dann hatte sie dazu über die Jahre viele Seitensprünge mit anderen Männern und ist nun seit einigen Jahren in der Swingersezene aktiv. Sie bekennt offen, dass sie große Schwänze richtig geil findet und sie sagt auch offen „bei einem kleinen Schwanz spüre ich nichts". Sie hatte also vor mir schon mindestens 20 Männer mit einem großen Schwanz. Hat sie einer dieser Männer zum Orgasmus bringen können und dazu, den Sex mit ihm auch wirklich zu genießen? Leider kein einziger, bis ich daherkam und mit meinem Durchschnittsschwanz ihr gezeigt habe, wie das mit Mann und Frau wirklich funktioniert. Zu wem geht sie also, wenn sie wirklich guten Sex habe will? Zu ihrem großschwänzigen Mann? Zu den anderen großschwänzigen Liebhabern? Nein, sie kommt zu mir. Mit dem großen Schwanz ist es wie mit dem Sixpack. Er ist ein nettes Addon und wenn du ein Sixpack mit einem schönen Körper und einen großen Prügel dein Eigen nennst, dann ist diese Kombination vielleicht auch schon mehr als nur ein Addon, dann ist es schon fast unwiderstehlich. Wird eine Frau deswegen Orgasmen und guten Sex mit so einem Mann haben? Deswegen auf keinen Fall, wenn er kein guter Liebhaber ist, dann wird der Abend genauso ohne weibliche Lust von statten gehen.

Riesenschwanz = gut?

Das Problem von den meisten Jungs mit Riesenschwanz: Sie stellen sich vor den Spiegel, betrachten ihren Prügel und denken sich „Wow, was bin ich nur für ein guter Liebhaber!". So handeln sie dann auch im Bett. Sie denken, es würde reichen das Ding selbstverliebt zu zeigen, sich huldigen zu lassen und es dann in ihr zu versenken. Da ich wie gesagt in der Swingerszene aktiv bin, kann ich diesen Vorgang ständig beobachten, denn in dieser sind viele davon unterwegs. Wo sonst könnte man für seinen Prügel öffentliche Wertschätzung erfahren. Auch sind in der Swingerszene nur ganz wenige bis keine Männer mit kleinen Schwänzen zu sehen, weil diese den Vergleich nicht lange aushalten, ohne Komplexe zu bekommen. Meine Frau steht auf Riesenschwänze, aber alle bis auf einen waren schlicht „Aua!", als sie sie gefickt haben.

Soll ich dir etwas verraten? Ich liebe Männer mit großen Schwänzen. Ich liebe ihren selbstgefälligen, geringschätzigen Blick auf meinen Schwanz. Und am meisten liebe ich sie, wenn sie miterleben, wie sich ihre Frauen, mit meinem „kleinen" Schwanz in ihr, die Seele aus dem Leib schreien. Ich liebe es, wenn sich der große steife Riese in ein schlaffes, zu nichts mehr zu gebrauchendes Würmchen verwandelt, weil er gerade begriffen hat, was „Schwanzvergleich" wirklich bedeutet.

Wir machen bei der Schwanzgröße den gleichen Fehler wie überall anders, wir urteilen nach dem Offensichtlichen. Ein guter Liebhaber zu sein, bedeutet so viel mehr als nur einen großen Prügel zu haben und gerade wegen diesem auf den Schwanz basierenden Selbstvertrauen bis hin zur Arroganz, sind die wenigsten Riesenschwänze auch gute Liebhaber. Sie glauben es schon alleine dadurch zu sein und finden es überflüssig, noch etwas dazuzulernen. Dabei wäre es gerade für sie umso wichtiger eine Frau richtig geil machen zu können, denn nur wenn eine Frau von Sinnen ist, dann kann sie ein Riesending auch genießen – ansonsten ist er wie mir meine Frau und andere immer wieder berichtet haben, einfach „Aua!". Meine Frau war lange der Ansicht, keinen großen Schwanz zu vertragen, bis sie auf Martin traf, der nicht nur einen hatte, sondern auch mit ihm umgehen konnte. Bei ihm konnte sie es erstmals richtig genießen von einem gefickt zu werden. Da war es dann plötzlich nicht mehr „Aua!" sondern „Fuck, ist das gut!". Noch dazu hatte er einen perfekten Körper. Er war nicht nur Adonis mit Riesenschwanz, sondern auch ein guter Liebhaber, einer von den wenigen die's wirklich drauf haben. Solche Männer stechen aus der Masse aller Männer noch viel mehr heraus, als eine wunderschöne Frau – denn davon gibt es bedeutend mehr. Und was glaubst du, wie viele Frauen dieser riesenhaft bestückte, charmante Liebhaber-Adonis schon hatte? Ich glaube er kann sie selbst nicht mehr zählen. Diese Männer werden von den Frauen verehrt und umworben und fast jede macht für sie ihre Beine breit. Ein wunderbares Leben denkst du? Phasenweise sicher, aber was glaubst du wird diese grenzenlose Verehrung der Frauenwelt für die Beziehungsfähigkeit bedeuten? Wird ein solcher Mann noch eine Frau treffen können, die ihm dauerhaft wirklich etwas bedeutet? Für jemanden der alle haben kann, kann eine nur sehr schwer etwas Besonderes sein. Natürlich wird er eine Menge Frauen treffen, die ihn lieben und natürlich wird auch er einige davon wirklich lieben. Nur, was denkst du, wird ein solcher Mann tun, wenn es in einer Beziehung mal wirklich schwierig ist? Wird er ehrlich um diese Beziehung kämpfen oder wird er den leichteren Weg gehen und zur nächsten ihn verehrenden Blume weiterfliegen? Sicher öfter als ihm guttut. Die meisten Frauen werden den Riesenschwanz-Liebhaber-Adonis daher schlicht für ihre Lust benutzen und sich aus Angst vor diesem Umstand nicht näher auf ihn Einlassen

Zusätzlich dazu hat er aufgrund seines Äußeren und seiner Liebhaber-Qualitäten viele Frauen, die aus einer sozialen Schicht kommen die seiner nicht entspricht. Auch wenn er im Bett noch so gut ist, wird er sich in ihrem sozialen Umfeld deplatziert vorkommen, weil seine unzureichenden Umgangsformen und seine ungenügende Bildung ihm ein Gefühl der Unterlegenheit geben werden. Eine solche Beziehung steht nicht nur beim Sex unter Strom und wird nicht dauerhaft halten. Dies und seine mangelhafte Beziehungsfähigkeit ist auch der Grund, warum ich mir keinen Moment Sorgen mache, wenn ich meine Frau mit so einem Mann zusammen kommen lasse. Auch wenn er mir als Liebhaber ebenbürtig ist, attraktiver ist als ich und einen „Traumschwanz" hat, wird er nie einen ernsthaften Partner für meine Frau abgeben können.

Resümee

Ein großer Schwanz ist für die meisten Frauen daher eher Fluch als Segen. Entweder bildet sich der Mann einen Partnerwert ein, der sich dann nur in einem netten Anblick und „Aua!" bemerkbar macht oder es katapultiert den Partnerwert in solche Höhen, dass sie den Mann nicht dauerhaft an sich binden kann.

Und so ist auch für die Inhaber ein Riesenschwanz mehr Fluch als Segen sein. Wenn er kein guter Liebhaber ist und es nicht schafft eine Frau vor dem Fick richtig geil zu machen, dann wird er seinen Schwanz selten ganz in einer Frau versenken können und das unsagbar befriedigende Gefühl, voll und ganz in einer Frau zu sein, vermissen müssen. Denn damit er dies tun kann, muss er durch ihren Muttermund und das ertragen die wenigsten Frauen ohne völlig von Sinnen zu sein. Da er aber nicht ganz in sie eindringen kann, kann sie auch nicht die Klitoris an seinem Schambein reiben und stirbt um eine wichtige Möglichkeit sich zum Orgasmus zu bringen. Es mag zwar einige Techniken geben mit diesem Riesenschwanz speziell den G-Punkt zu stimulieren, dazu kann ich allerdings als Nichtinhaber keine Erfahrungen einbringen.

Einen großen Schwanz zu haben, malen wir Männer uns jedenfalls bedeutend erstrebenswerter aus, als es tatsächlich ist. Was ist nun mit den Männern, die zwar keinen langen, dafür aber einen dicken Schwanz haben? Ja, die sind von der Natur wahrhaft gesegnet, dass ist das Einzige, auf das ich wirklich neidisch bin. Ihr Schwanz bietet einen schönen, dominanten Anblick und er tut fast allen Frauen auch wirklich gut, ohne Wenn und Aber. Doch auch dieser muss andere liebhaberische Qualitäten besitzen, wenn er Frauen wirklich um den

Verstand bringen will, denn vergessen wir nicht, geil wird eine Frau nicht durch physische Stimulation.

Also wie gesagt, ein großer Schwanz ist für die Frau ein nettes Addon, das ihr zusätzliche Lust bereiten kann, aber nicht muss. Nicht mehr und nicht weniger. Es ist weder ein Grund, um sich allzu viel darauf einzubilden, noch ein Grund, um sich allzu viele Gedanken darüber zu machen. Und so sollten alle Männer daran arbeiten, ein besserer Liebhaber zu werden, die einen um die Schwanzgröße bedeutungslos zu machen und die anderen um ihr überhaupt erst zu einer positiven Bedeutung zu verhelfen.

27. Sex in einer Langzeitbeziehung

Die wahre Kunst eines Liebhabers ist nicht, den ersten Sex mit einer Frau spannend und erfüllend zu gestalten, auch nicht den zweiten, dritten, zehnten oder auch hundertsten. Die wahre Kunst ist, Liebesakt Nr. 2143 zu einem Erlebnis zu machen. Und die wahre, wahre Kunst ist, überhaupt zu Nr. 2143 zu kommen. In einer Langzeitbeziehung ein über Jahrzehnte spannendes und aktives Sexualleben zu führen, ist eine Herausforderung, an der die meisten Paare scheitern. Das tragische dabei ist, dass mit der einschlafenden Intimität, die Liebe des Paares zueinander ebenfalls einschläft. Das sind dann die, die behaupten die Liebe würde sich mit der Zeit verändern und die Leidenschaft würde abnehmen und zu einer besonderen Art von Vertrautheit werden. Und wenn man nicht mehr miteinander fickt, dann stimmt dies auch sicher. Man kann keine leidenschaftliche Liebesbeziehung führen und gleichzeitig kein erfüllendes und aktives Sexualleben haben. Glücklicherweise kann man aber auch kein erfüllendes und aktives Sexualleben haben und keine leidenschaftliche Liebe mehr verspüren.

Die Voraussetzungen

Die meisten Paare scheitern aber schon an der Voraussetzung für ein dauerhaft aufregendes Sexualleben: guten Sex. Viele waren nie wirklich in der Lage diesen zu haben. Sex hatte in ihrer Beziehung nie die Bedeutung, den er haben kann, wenn er richtig gemacht wird. Und wenn er nicht richtig gemacht ist, dann macht er keinen Spaß und wenn etwas keinen Spaß macht, dann macht man es irgendwann gar nicht mehr oder nur selten.

Und wenn Sex in einer Beziehung keine große Bedeutung hat, dann hat auch eine Voraussetzung für guten Sex weniger Bedeutung: sexuelle Attraktivität. Ich finde meine Frau nach 20 Jahren Beziehung ja nicht deswegen sexy, weil sie seit 20 Jahren meine Frau ist, sondern einfach, weil sie immer noch sexy ist. Weil sie immer noch schöne Beine, schöne Brüste, einen geilen Hintern und einen flachen Bauch hat und ich das sexuell attraktiv finde. Würde sie jetzt 30Kg mehr haben als vor 20 Jahren, dann würde ich sie auch um 30Kg weniger sexy finden oder vielleicht auch gar nicht mehr. Und wenn ich meine Frau nicht mehr sexy finden würde, dann hätte ich auch weniger Lust auf Sex mit ihr. Ich bin ein Mann und reagiere wie alle Männer auf weibliche, optische Schlüsselreize. Ich stehe nun mal auf schlanke weibliche Körper. Ich behaupte auch gar nicht, dass meine Ideale für einen schönen weiblichen Körper für alle Männer gelten, aber sicher für viele. Wenn ich den Hintern meiner Frau betrachte, dann bekomme ich auch nach 20 Jahren noch Lust auf Sex. Nicht weil es der Hintern meiner Frau ist, die ich auch für ihre liebenswürdigen Charaktereigenschaften verehre, sondern weil es schlicht und einfach noch immer ein geiler Arsch ist. Die Gesellschaft mit ihrer überromantisierten Vorstellung von Beziehung trichtert uns ein, wir wären oberflächlich, wenn wir eine Frau für ihren Körper und nicht für ihre inneren Werte lieben würden. Vielleicht sind wir das auch, aber wir sind halt so und so zu tun als wäre dies nicht so, ändert nichts daran. Ich liebe meine Frau und ein Teil dieser Liebe basiert auf der Tatsache, dass sie einen geilen Arsch hat und hätte sie ihn nicht mehr, dann wäre dieser Teil meiner Liebe zu ihr nicht mehr vorhanden. Ich wäre auch höchstwahrscheinlich noch mit ihr zusammen wenn sie ihn nicht mehr hätte, weil sie viele andere liebenswerte Eigenschaften hat, aber ich hätte nicht mehr so viel und so innigen Sex mit ihr, allein schon weil ich beim Anblick ihres Hintern nicht jedes Mal sofort an Sex denken würde.

Vieles wird von Political Correctness überlagert. Es ist zum Beispiel verboten zu sagen, dass dick zu sein unattraktiv ist. Für eine überwiegende Anzahl von Frauen und Männern ist aber nun mal dick = unattraktiv. Dies mag traurig sein für die, die es sind, ändert aber leider nichts an den Tatsachen. Viel zu oft wird nach der Maxime ‚Weil nicht sein kann, was nicht sein darf‘ gehandelt und dabei die simple Wahrheit übersehen. Ich habe noch nie mit einer dicken Frau geschlafen, weil **ich** es abtörnend finde. Es ist auch nicht so dass ich dicke Frauen nicht lustig oder sympathisch finden kann und ich urteile auch nicht über sie, aber ich finde sie per se sexuell nicht anziehend. Dies trifft selbstverständlich nicht auf jeden Mann zu, aber ich wage die Behauptung, dass es vielen so geht. Wäre meine Frau dick geworden dann würde ich (sicher jemand anderer, aber **ich** halt nicht mehr) sie auch sexuell nicht mehr attraktiv finden und mit ihr auch viel seltener und mit weniger Engagement Sex haben. Ich hätte mich dann wahrscheinlich auch nicht zu einem guten Liebhaber für sie entwickelt, weil mir die Motivation, einer zu werden, gefehlt hätte. Wahrscheinlich würde ich jetzt eine guter Autobastler oder ein weltmeisterlicher Modellflieger sein. So ist eine der wichtigsten Grundvoraussetzungen für ein dauerhaft aktives und erfülltes Sexualleben, dass beide ihre sexuelle Attraktivität nicht verlieren. Alles andere ist politisch korrekte Beruhigungspropaganda. Hören wir also auf, es uns schön zu reden, nur weil die Wahrheit weh tut (und diese Message jetzt auch an alle Frauen): **Wenn du für deinen Partner nicht mehr sexy bist, wirst du nicht mehr gefickt. Und wenn du nicht mehr gefickt wirst, dann wirst du auch nicht mehr so geliebt wie am Anfang der Beziehung.**

Wenn die sexuelle Attraktivität bei beiden von euch noch vorhanden ist und ihr trotzdem wenig Sex habt, dann ist er entweder nicht gut (was du ja gerade im Begriff bist zu ändern) oder es liegt an einer der folgenden Ursachen.

Macho, Macho

Ein Kardinalsfehler den viele Männer in Beziehungen machen, ist, eine Frau zu heiraten, sie wie eine Dienstmagd zu behandeln und dann darüber zu klagen, keine Hure im Schlafzimmer zu haben. Wie schon mehrfach erwähnt kann eine moderne berufstätige Frau (und eventuell auch noch Mutter) nicht den gesamten Haushalt und alles andere schaukeln und dann im Bett noch für dich die begierige Schlampe geben.

Weißt du, was bei mir zu Hause der Unterschied zwischen dem Muttertag und allen anderen Sonntagen im Jahr ist? Am Muttertag helfen mir die Kinder beim Frühstück machen und Mittagsessen kochen. Im Bett bin ich zwar der Ober-Macho, im Alltag aber nicht. Ich bin zwar sicher alles andere als ihr Dienstbote, aber ich trage meinen Teil zum Funktionieren unseres Haushalts bei.

Da musst du dich halt entscheiden, ob es dir wichtiger ist, beim Fernsehen die Füße hoch zu legen und ein Bier serviert zu bekommen oder guten Sex zu haben. Wenn dir Zweites wichtiger ist, dann sollte dir auch kein Zacken aus der Krone brechen, wenn du dich mal hinter den Herd stellst, mal die Wäsche aufhängst oder dem Geschirrspüler eine Füllung verpasst. Die ganz gewieften Alltagssofties machen das gemeinsam mit ihrer Frau und verbinden dies mit einem netten Gespräch oder einer albernen Blödelei. Und die obergewieften binden dabei sogar ein bisschen Dirty Talk ein. Ob denn leicht der Kochlöffel letztens so dreckig geworden ist, dass man ihn in Geschirrspüler stecken muss oder ob man damit gar anderes anstellen kann, als kleine ungezogene Mädchen zu erziehen, könnte man da mit einem anzüglichen Ton fragen. Oder, ob die Waschmaschine mit dem letztens so nassen Höschen wirklich bei 60° fertig geworden ist. Oder, ob man die Gurke jetzt den Gästen eh noch in den Salat schneiden kann, nachdem sie... (Und wer jetzt bei der nächsten Esseneinladung bei mir den Gurkensalat verweigert, outet sich als Leser dieses Buches – nein natürlich schneide ich die nicht in den Salat...)

Es gilt einen Mittelweg zu finden. Wenn du dich im Alltag anbiederst und den Diener spielst, dann wird sie dich nicht von einer Sekunde auf die andere als richtigen Mann akzeptieren können. Du kannst aus einer prinzipiell dominanten Rolle heraus trotzdem mithelfen, den Alltag so auf die Reihe zu bekommen, dass auch noch Energie und Zeit für euch als Paar bleibt.

Es sollten also nicht nur die Emanzen kapieren, dass eine Frau völlig gleichberechtigt im Alltag sein kann und sich trotzdem ihrem Mann im Bett unterwerfen kann. Auch die Machos sollten begreifen, dass man im Bett den dominanten Mann geben kann und in der Küche seiner Frau mal unter die Arme greifen kann. Zwischen den beiden Gegenpolen Macho und Emanze gibt es eine Menge intelligenter und moderner Lebenseinstellungen, die allesamt zu mehr Spaß im Bett und schöneren Beziehungen führen als diese beiden Extreme.

Und so kann ich allen Möchtegern-Machos einen persönlichen Rat für ein erfülltes Sexleben und eine erfüllte Beziehung geben: **Sei weniger Macho im Alltag und mehr im Bett**

Abwechslung, Abwechslung, Abwechslung

Zuviel von einem Guten wird zu einem Schlechten. Alles wird mit der Zeit langweilig, vor allem wenn es zur Routine wird. Wenn du jeden Sonntagabend nach dem Tatort um 21:58 im Schlafzimmer mit deiner Frau zur Sache kommst und dann vielleicht noch jedes Mal das gleiche Programm durchziehst, dann findest du zwar möglicherweise heraus, welcher der Tatortkommissare eine aphrodisierende Wirkung auf deine Frau ausübt, solltest dich aber auch nicht wundern, wenn sie mit deinem Schwanz im Mund einschläft. Wenn deine Frau dann noch zu denen gehört, die beim Schlafen mit den Zähnen knirschen, dann kann das böse ausgehen...

Unberechenbarkeit ist dein Freund, wenn du dein Sexualleben spannend halten möchtest. Routine ist in jeder Richtung schlecht. Sex immer am gleichen Ort oder immer zur gleichen Zeit oder immer in der gleichen Stellung oder immer im gleichen Ablauf wird eben schnell langweilig. Bringe Varianten in allen möglichen Bereichen ein.

Macht es mal an einem ungewöhnlichen Ort. Mal auf der Rückbank eures Autos, mal in einem Hotel, vielleicht sogar an einem öffentlichen Ort, wenn ihr beide damit umgehen könnt. Oder, treibt es in der Disco auf der Toilette wie bei einem schmutzigen One-Night-Stand. Geht mal in den nächsten Swingerclub, wenn es auch nur zum Schauen ist (denn zu viel mehr sind die meisten sowieso nicht zu gebrauchen).

Auch wenn die Missionarsstellung ideal ist, um die Frau dabei zum Orgasmus zu bringen, so gibt es auch eine Menge andere Stellungen, die ich jetzt nicht aufzählen muss, die sollten mittlerweile wirklich jedem bekannt sein.

Sex in der Früh hat selbst für Morgenmuffel eine besondere Qualität. Sogar Sex mitten in der Nacht, wenn einer der beiden aufwacht und den anderen langsam aus dem Schlaf in die Geilheit gleiten lässt, kann wie Sex aus einer anderen Welt sein. Sex hat man, wenn man Lust drauf hat und nicht zu einer bestimmten Zeit an einem bestimmten Ort. Für den dominanten Mann, der seine Frau klug führt, heißt das, dass er Sex hat wann er will.

Beim Orgasmus kann man ebenfalls Abwechslung generieren, sowohl in der Art wie er zustande kommt, als auch darin ob er überhaupt zu Stande kommt. Du musst es nicht immer darauf anlegen, dass sie auch kommt. Oder, du lässt dir einfach mal einen bis zum Orgasmus blasen und drehst dich dann genüsslich zur Seite um zu schlafen. Fick sie einfach mal nur, um deine Lust zu befriedigen, dadurch wird es für sie nicht selbstverständlich, zum Orgasmus gebracht zu werden. Wenn sie dann schon so weit ist und trotzdem kommt, umso besser. Oder, du verzichtest mal darauf und konzentrierst dich mal nur auf sie. Diese Varianten sind neben der Abwechslung die sie generieren auch gut für deinen dominanten Status in eurer Sexualbeziehung, denn sie kann nicht darauf vertrauen, dass du ihre Wünsche erfüllst, egal ob sie voll bei der Sache ist oder nicht. Wenn du sie für Engagement mit einem Orgasmus belohnst und bei Teilnahmslosigkeit leer ausgehen lässt, bekommt sie vermittelt, dass sie sich auch anstrengen muss, damit sie was abbekommt.

Wenn ihr auch die härteren Sex-Varianten aus BDSM miteinbezieht bieten sich weitere Variationsmöglichkeiten. Mal eine Session mit Bondage, dann eine mit reinem DS, dann wieder was mit Lustschmerz und dann mal wieder ganz ohne BDSM Elemente und normalem Sex.

Kauf mal ein neues Sexspielzeug, mach ihr Dessous zum Geschenk, die sie dann anziehen soll. Zieht euch einen Porno rein, während ihr es macht. Lass sie mal den dominanten Part übernehmen. Lerne Hypnose und experimentiert damit im sexuellen Bereich. Nehmt euch mal beim Sex mit einer Kamera auf. Und, und, und…

Eine ausgezeichnete Möglichkeit um die sexuelle Spannung in eurer Beziehung zu erhalten und Abwechslung zu schaffen sind auch die Methoden aus dem Kapitel „Das Vorspiel vor dem Vorspiel“. Damit kannst du sie teilweise über Wochen und Monate beschäftigen, ohne dass es langweilig wird. Denk dir eigene Varianten aus, die zu euch passen und auf dem basieren, was du geil findest.

Je offener ihr gegenüber Neuem seid, desto mehr Möglichkeiten habt ihr auch, Abwechslung zu schaffen. Es gibt unendlich viele Variationsmöglichkeiten, sodass man, wenn man es drauf anlegt, ein ganzes Jahr, jeden Tag anderen Sex haben kann, ohne eine einzige Wiederholung. Lass deine Phantasie spielen oder mach es dir einfach und frage sie nach ihren aktuellen Sexphantasien und verwirkliche diese, wenn das möglich scheint.

Die Fremde, die jede Nacht in deinem Bette schläft

Eine weiter hervorragende Möglichkeit um das Sexualleben spannend zu gestalten sind die bereits erwähnten Rollenspiele. Aber es muss nicht immer „Der Fremde“ oder „Blind Date“ aus dem Kapitel „Die ersten Schritte“ sein, daneben gibt es eine Unzahl von Rollenspielen, die Spaß und Abwechslung bieten können. Neben den (wenn auch etwas phantasielosen) Klassikern „Krankenschwester und Patient“, „Häftling und Gefängniswärter“, „Dienstmädchen und Hausherr“, „Professor und Schülerin“, „Sekretärin und Chef“, „Handwerker und Hausfrau“, „Nonne und Priester“ (die allesamt bis auf das letzte, noch in den Geschlechterrollen vertauscht werden können) gibt es eine Unzahl an Rollenspielen in die man sich hineinversetzen kann.

Lass sie einmal die unerfahrene Jungfrau sein, die an einen erfahrenen, zwielichtigen Mann geraten ist, der sie entjungfert oder gib du mal den unerfahrenen Jüngling, der von einer reiferen Frau verführt wird. Spiel den Pornoregisseur, der beim Casting eine potentielle Darstellerin auf Tauglichkeit testet. Lass sie als Callgirl zu dir kommen. Sei der Taxifahrer der in den Wald abbiegt. Die Liste ist endlos, wenn ihr auch das noch einbezieht, was euch beiden einfällt.

Sei mal wirklich ein Fremder. Fessle sie und verbinde ihr die Augen im Schlafzimmer, dann öffne hörbar die Wohnungstür. Zeichne vorher ein Gespräch mit einem Freund auf und spiel dieses für sie hörbar nach dem Schließen der Wohnungstür ab, damit sie glaubt, jemand anderer wäre da (Wenn du keinen solchen Freund hast, der dir dabei hilft, verzerre deine eigene Stimme am Computer). Betrete, während die Konversation aus dem Lausprecher kommt, wieder das Schlafzimmer (vielleicht noch ein paar Bemerkungen über die hübsche Frau die da gerade gefesselt ist) und beginne mit ihr zu ficken. Irgendwann wird sie wahrscheinlich merken, dass das nur Theater war – spätestens, wenn sie dich riecht oder sie dich an deiner Art zu ficken erkennt - aber bis dahin ist sie so gekickt, dass sie garantiert nicht mit deinem Schwanz im Mund einschlafen wird.

Für die, die es etwas härter mögen, fängt der Spaß erst richtig an, denn da kann alles realisiert werden, was ansonsten nur Phantasie bleiben müsste. Jedes einzelne Tabu kann im Rollenspiel gebrochen werden. Vergewaltige sie im Spiel. Kauf sie auf einem Sklavenmarkt. Kauft euch einen Strapon und seid Mann und Frau in vertauschten Rollen oder lass sie eine Transsexuelle sein, wenn dir das mehr behagt. Stell sie als Strichnutte an die nächste Straßenecke und fahr mit dem Auto vorbei, um sie zu kaufen. Habt Sex als Vater und Tochter oder Mutter und Sohn. Lass sie ein Hündchen sein. Entführe sie und sperre sie in den Kerker, um dich von Zeit zu Zeit an ihr zu vergehen. Im Spiel ist nichts verboten, was euch beiden Spaß macht.

Lasst eurer Phantasie freien Lauf und seid was immer ihr wollt, den die wahren Abenteuer sind im Kopf.

Alltägliche Intimität

Vergiss aber nicht, es ist nicht nur der Sex an sich, der für sexuelle Leidenschaft in einer Beziehung sorgt. Mindestens genauso wichtig ist die Intimität, die im Alltag zwischen euch herrscht. Man kann sich nicht den ganzen Tag wie Luft behandeln und am Abend aufregende Liebesakte vollführen. Die Spannung muss schon vorher bestehen, sie muss sich schon vorher (oder besser gesagt ständig) aufbauen. Bei einem sich innig liebenden Paar, geht dies meist durch das Bedürfnis, sich nahe zu sein, von Alleine, doch in einer lange Beziehung verliert sich dieses Bedürfnis in den Wirren des Lebens, wenn man es nicht kultiviert und bewusst am Leben erhält.

Ein guter Liebhaber ist fähig Nähe aufzubauen und fast noch wichtiger, ist auch imstande sie zuzulassen. Für einen dominanten Mann ist es noch wichtiger als für den Softie, denn er zeigt sich im Bett oft von seiner rauen und klarerweise von seiner bestimmenden Seite. Dieses Bild kann schnell als zu kalt, verschlossen, unnahbar und gefühlslos erscheinen. Vor allem wenn Intimität nur beim Sex mit Machtgefälle herrscht und nicht im Alltag vorkommt, dann kriegt diese Intimität schnell den schalen Geschmack des sexuellen Instruments. Eines Werkzeugs, das nur der Sexualität dienen soll und keinen emotionalen Hintergrund hat. Somit wäre sie auch beim Sex als unauthentisch enttarnt und nichts mehr wert.

Wenn mich jemand fragen würde, was der Hauptgrund dafür ist, dass ich meine Frau nach 20 Jahren noch liebe wie am ersten Tag, dann würde ich ohne zu überlegen antworten: Die Nächte sind es. Nein nicht die Liebesnächte. Die Nächte, in denen wir nur ein Viertel unseres Bettes nutzen. Die Nächte in denen sie mir ihren Hintern entgegenreckt um mich zu spüren. Die Nächte, in denen sie mir ihre weichen Brüste in meinen Rücken drückt. Die Nächte, in denen sie ihre Arme um mich schlingt, in denen sie mir ihre Wärme schenkt, in denen sie mir ihre weiche Haut spüren lässt und zwar so viel wie möglich, in denen sie mir im Schlafe folgt, wenn ich mich auf die andere Seite drehe. Die Nächte in denen wir uns gegenseitig Geborgenheit schenken, in denen ich mit ihrem wunderbaren Geruch in der Nase einschlafe. Und diese Nächte sind jede Nacht. Wahre Liebe ist nicht, es zu brauchen mit jemanden zu schlafen (sexuell), sondern es zu brauchen mit jemanden einzuschlafen. Nicht umsonst schleicht sich der One-Night-Stand nach dem Sex aus der Wohnung, bevor es zu intim wird. Nur die Frau, die beim Aufwachen trotz deines sauren Atems noch verliebt in deine Augen blickt und dich beim Frühstück noch erträgt, liebt dich wirklich. Diesen Zustand aufrecht zu erhalten ist die wahre Kunst und das Geheimnis hinter Liebesakt Nr. 2143.

Frauen lieben Zärtlichkeiten, die nicht explizit darauf abzielen, sie für den Sex vorzubereiten. Wenn du sie immer nur küsst, um sie ins Bett zu kriegen, wird sie diese Küsse nicht mehr als Liebesbezeugung begreifen, sondern als instrumentalisierte Zärtlichkeit. Sie soll bei einem Kuss nicht denken „Ah, er will ficken", sondern „Er liebt mich, ich würde jetzt gerne mit ihm ficken".

Mach sie einfach mal heiß, ohne dann mit ihr zu schlafen. Streichle sie, kuschle sie, küsse sie ohne sexuellen Hintergedanken. Sex ist nicht die direkte, zwangsläufige Folge von Intimität, dies kann er auf Dauer nur indirekt sein.

Eifersucht

Nicht nur von Innen kann in einer Beziehung Leidenschaft entstehen, nein sie kann durchaus von außen in sie hineingetragen werden. Eifersucht wird generell als negative Kraft verdammt. Dabei kann sie so viel Positives in uns bewirken, solange sie konstruktive Formen beibehält. Alles was selbstverständlich wird, verliert seinen Wert, weil es ja sowieso da ist und wir uns daran gewöhnt haben. Wenn ihr über Jahre ein Paar seid, dann wird es selbstredend selbstverständlich, dass ihr eines seid. Irgendwann seid ihr möglicherweise nur mehr ein Paar, weil ihr schon immer eines ward. Der für andere offensichtliche Wert, den der Partner hat, ist uns nicht mehr gegenwärtig. Darum erscheinen uns die Frauen der anderen mitunter attraktiver als die eigene. Wenn dies eintritt, können uns auch nur mehr diese anderen daran erinnern, was dieser offensichtliche Wert ist. Da reicht es meist nicht, dass wir es erzählt bekommen, wir müssen es fühlen können. Und fühlen können wir dies nur, indem wir Eifersucht verspüren.

Mit konstruktiver Eifersucht meine ich natürlich nicht die zerstörerische Kraft, die sie entwickelt, wenn wir ihr machtlos gegenüberstehen. Nein, spätestens wenn es anfängt, dass Handys auf Nachrichten kontrolliert werden oder ein Partner gar dem anderen mit dem Auto hinterherfährt, dann verlässt die Eifersucht jeglichen nützlichen Pfad und es wird nur mehr die Hilflosigkeit des eifersüchtigen Partners dokumentiert.

Magst du es, wenn andere Männer mit deiner Frau flirten oder fängt dein Unbehagen gar schon an, wenn andere Männer deine Frau nur anzüglich ansehen? Nein? Wunderbar, dass ist die Eifersucht, die eine Beziehung braucht. Es ist wie im Sandkasten. Die in der Ecke liegende rote Schaufel die keiner haben will, macht auch dir keinen Spaß, selbst, wenn man damit genauso gut graben kann. Nein, es muss die gelbe sein, die, die alle haben wollen – die ist super und ein Loch hat nur einen Wert, wenn es mit dieser gelben Schaufel gegraben wird. Eine Frau, die keiner haben will, willst du doch in Wahrheit auch nicht haben, oder? Und jedes Mal, wenn einer mit deiner Frau flirtet, dann wird deine Frau zu dieser gelben Schaufel. Nachdem du aber der Mann bist, der mit dieser gelben Schaufel graben darf, sagt dies doch mindestens genau so viel über deinen Wert aus, als über den deiner Frau. Nimm dieses Kompliment an (und wenn du ein guter Liebhaber bist, dann kannst du das mit dem Lächeln des Siegers auf den Lippen) und fühle was es in dir bewirkt. Du wirst gerade daran erinnert, wen du liebst und warum das so ist.

Du musst dabei nicht so weit gehen, wie ich in meiner Beziehung. Ich lasse andere Männer mit meiner gelben Schaufel sogar graben. Spätestens wenn diese dann merken, dass das Loch graben gar nicht so einfach ist, kriege ich sie von selbst wieder zurück. Und nachdem meine gelbe Schaufel auch noch Beine und einen Kopf zum Denken hat, kommt sie sogar von selbst wieder, weil ich einfach die besten Löcher grabe. Aber dazu später mehr im folgenden Kapitel.

Wird deine Frau eifersüchtig, wenn du mit einer anderen sprichst? Ist es dir verboten, einer attraktiven Frau hinterherzusehen? Lass dir das nicht verbieten, du bist gerade im Dienste der Liebe, die deine Frau zu dir verspürt, unterwegs. Übertreibe es nicht, aber ein kleiner Wink mit dem Zaunpfahl hat noch niemandem geschadet und außerdem bist du ein richtiger Mann.

28. Swingen, Sex außerhalb der Partnerschaft

Eine weitere offensichtliche Möglichkeit um für Abwechslung im Schlafzimmer und eine gehörige Portion Eifersucht zu sorgen ist, Sex mit dritten zu haben. Wenig überraschend ist dies allein schon durch die Eifersucht die dabei entsteht, ein Spiel mit dem Feuer. Feuer kann wärmen aber am Feuer kann man sich auch schnell verbrennen, wenn man ihm zu nahe kommt. Die Entscheidung seine Beziehung sexuell für andere zu öffnen ist ein Schritt, der gut durchdacht sein muss. Er kann eine Ehe zu dem machen, zu dem sie idealisiert wird: Ein lebenslange innige Liebesbeziehung. Er kann aber auch der direkte Weg in die Trennung sein.

Monogamie

Monogamie ist mir sowieso unerklärlich. Vielleicht liegt es an meinem Lebensstil, aber ich kann nicht nachvollziehen, wie es je ein Heiliger schaffen soll, bis an sein Lebensende nur mit einem einzigen Menschen Sex zu haben. Und manche noch dazu mit dem Partner, mit dem sie den ersten Sex ihres Lebens hatten. Möglicherweise nehme ich Sex so viel wichtiger als andere Männer, aber wenn ich mir das Leuchten in ihren Augen ansehe, wenn ich von meinen Erlebnissen erzähle, kann ich das nicht so recht glauben.

Monogamie entspricht nicht unserer Natur. Alles deutet darauf hin. Das Verlangen, das wir nach anderen verspüren, obwohl wir in einer Beziehung sind. Die Tatsache, dass sich sexuelle Kontakte außerhalb unserer Hauptbeziehung (ob wir die nun Seitensprünge, Swingen oder Polyamorie nennen) evolutionär positiv auf unsere Fortpflanzungswahrscheinlichkeit auswirken. Die Tatsache, dass es Spermien gibt, die nur dafür da sind, die Spermien eines anderen Mannes zu verlangsamen oder sie unschädlich zu machen. Dann sind da noch die Umfragen in denen bis zu 50% zugaben, während der Ehe einen Seitensprung gehabt zu haben. Wie viele von den restlichen Menschen nur deswegen treu waren, weil sich keine verlockende Gelegenheit geboten hat, ist dabei nicht berücksichtigt. Seien wir uns mal völlig ehrlich. Sieh dich mal bei der nächsten Menschenansammlung objektiv um. Für viele ist es sicher alleine schon deswegen leicht treu zu bleiben, weil da sicher niemand wäre, der mit ihnen Sex haben möchte. Ja, es gibt sie sicherlich, die charakterstarken ewig treuen, Zeitgenossen, aber sie sind eher die Ausnahme als die Regel. Monogamie kann jedenfalls nicht ohne weiteres, als zu unserem angeborenen Wesen gehörige Eigenschaft gezählt werden. Vieles deutet darauf hin, dass Monogamie eine zivilisatorische Entwicklung des Menschen ist. Genanalysen zeigen, dass Monogamie beim Menschen erst mit der Entwicklung des Ackerbaus und mit der damit einhergehenden Sesshaftwerdung des Menschen entwickelt wurde. Ab da war es möglich, Besitztümer anzuhäufen und Status (Stichwort Adelstitel) zu erringen und diese mussten jemand vererbt werden. Und um sicher zu gehen, dass diese beim eigenen Nachwuchs ankommen, musste weitestgehend sichergestellt werden, dass die Kinder der Frau auch wirklich die eigenen sind. Die Ehe setzte sich durch, Treue als oberstes Ideal wurde propagiert und Ehebruch unter Strafe gestellt. Ich will auch gar nicht behaupten die Ehe wäre eine schlechte Erfindung, sie ist nur für viele in ihrer ursprünglichen Bedeutung nicht mehr zeitgemäß. Das Hauptargument ist spätestens seit der Erfindung zuverlässiger Verhütungsmittel kein zwingendes mehr. Es ist heutzutage möglich, sicher zu sein, dass die Kinder die eigenen sind und gleichzeitig auf sexuelle Exklusivität zu verzichten.

Swingen

Nicht wenige tragen dieser geänderte Realität Rechnung und frönen einem ausschweifendem Swingerleben. Früher waren dies vor allem ältere Paare, die wieder Schwung in ihr Sexualleben bringen wollten. In den letzten Jahren hat sich dies aber durch das Internet und seine Kontaktforen drastisch geändert, immer mehr jüngere Paare drängen schon in diese Lebensform. Wahrscheinlich trägt auch der frühere und einfachere Zugang zu Pornos seinen Teil dazu bei. Junge Paare sind aufgeschlossener, haben das sexuelle „Standardprogramm" schneller durch und richten sich in ihren Gelüsten früher nach außen. Als meine Frau und ich vor 17 Jahren erste zaghafte Versuche in dieser Richtung unternommen haben, waren wir mit Anfang 20 absolute Exoten und es war nur sporadisch möglich, überhaupt ein Paar zu finden, mit dem wir uns Sex hätten vorstellen können. Mittlerweile gibt es Swingerparties mit über hundert attraktiven Paaren bei der die Majorität unter 30 ist. Wodurch auch immer, es werden mehr, die sexuelle Freizügigkeit in ihre Beziehung integrieren. Obwohl es nie eine Beziehungsform für jedermann sein wird, verliert Swingen immer mehr den Touch des Anrüchigen und kommt schön langsam aber sicher im Mainstream an.

Die meisten, die keine Erfahrung mit dem Swingen haben, haben bei diesem Begriff sofort eines im Kopf: In Unterwäsche durch einen Swingerclub laufende Menschen und Menschenknäuel, wo es jeder mit jedem macht. Die Reality Dokus diverser Privatsender haben ihren Eindruck hinterlassen. Unbestritten gibt es diese Clubs und in diesen laufen auch wirklich Menschen in Unterwäsche durch die Gegend (und dies ist auch wirklich so unsexy, wie es im Fernsehen rüber kommt), nur die Menschenknäuel, in denen es jeder mit jedem macht, sind eher fern der Realität und der Sensationsgeilheit dieser Fernsehformate geschuldet. Diese Swingerclubs gibt es auch heute noch zu Hauf, doch die wahre „Szene" spielt sich mittlerweile im Internet ab. Auf profilgestützten Kontaktforen präsentieren sich Paare und Singles (hier aber vor allem Männer – Stichwort Partnerwahlkriterien) mit ihren sexuellen Vorlieben und suchen nach einem Pendant um Sex zu mehrt zu haben. Je nachdem, wie wählerisch man ist, ist dabei schnell jemand gefunden oder man braucht eine Menge Geduld.

Sex zu dritt (hier vor allem mit Männern – denn Frauen die zu einem 3er bereit sind, wirst du im Internet kaum finden und sind auch ansonsten nur sehr sporadisch in der Szene unterwegs – die lernst du eher in einer Bar beim Fortgehen kennen oder sie ist schon eine bislang platonische Freundin deiner Frau), zu viert (mit oder ohne Partnertausch) im privaten Schlafzimmer, Gangbangs (mehrere Männer, zumeist eine Frau), sogar reverse Gangbangs (mehrere Frauen, ein Mann – zugegeben eine Rarität), kleine Privatparties mit 3 – 5 Paaren, große für jeden zugänglich Parties in Swingerclubs oder anderen Locations mit mehreren hundert Leuten, Parties die sich über mehrere Tage hinziehen in vollkommen durch Swinger besetzten Wellnesshotels oder zum vorgeblichen Skifahren, Swingerurlaub in eigenen karibischen Ressorts, FKK Urlaub mit sexuellem Hintergrund, Parties mit Altersbeschränkung bis hin zu Geheimevents auf denen sich passionierte Swinger aus aller Welt treffen und zu denen man nur eingeladen wird, wenn man jemanden kennt und optischen Mindeststandards entspricht – dies alles kann man mittlerweile in der Swingerszene erleben. Beim Spiel mit dem Feuer kann man also eine Menge Spaß und geile Erlebnisse haben, wenn man damit umgehen kann.

Das Spiel mit dem Feuer

Oberflächlich betrachtet scheint Swingen etwas zu sein, dass vor allem für die Frau schwierig mit ihren Tabus und anerzogenen Werten vereinbar ist. In der Tat sind es auch zumeist die Männer, die diesen Schritt initiieren und ihre Frau dazu überreden es einmal zu versuchen. Wenn die Frau aber einmal überredet ist, es versucht hat und auf den Geschmack gekommen ist, dann sind es überraschenderweise die Männer, die dabei die größeren psychischen Schwierigkeiten haben. Was von außen ausschweifend und mit der Vorstellung eines Pornos im Kopf unkompliziert erscheint, ist für den Mann oft schwer zu verkraften.

Wenn du dich mit dem Gedanken spielst, mal Sex mit anderen zu haben, dann solltest du diesen Schritt wirklich sehr genau überdenken, denn es ist nicht nur ein Spiel mit dem Feuer, weil dabei jemand eifersüchtig wird. Es kann deine Frau, dich und euch als Paar in ihren Grundfesten erschüttern.

Zuzusehen wie eine Frau gefickt wird, ist die eine Sache. Zuzusehen wie die eigene Frau gefickt wird, ist etwas ganz Anderes. Zuzusehen wie die eigene Frau gefickt wird und dabei Spaß hat, geht bei vielen schon an die Grenze des Erträglichen. Zuzusehen wie die eigene Frau gefickt wird und dabei mehr Spaß hat, als zu Hause im eigenen Bett, geht bei fast allen über diese Grenze.

Bedenken solltest du dabei noch zusätzlich, dass wenn ihr schon in einer langjährigen Beziehung lebt und deine Frau treu war, sie schon allein durch den Umstand, es mal mit einem anderen Mann zu machen, geflasht sein wird, da braucht dieser gar kein berauschender Liebhaber zu sein. Wie Frauen abgehen können, die seit 15 Jahren mit dem gleichen Mann Sex hatten und erstmals wieder fremde Haut spüren und dann noch auf einen begabten Liebhaber treffen, glaubt man erst, wenn man es erlebt hat.

Darum solltet ihr (und vor allem Du) ein paar Grundvoraussetzungen besitzen, damit Swingen auch wirklich Spaß machen kann:

Ausgeglichener Partnerwert

Wenn ein Partner in deiner Beziehung einen geringeren Partnerwert hat, dann kannst du dies möglicherweise innerhalb dieser kompensieren und sie trotzdem harmonisch gestalten. Geht ihr aber als solch ein Paar auf den freien „Swingermarkt", werdet ihr diesen Unterschied sehr schnell zu spüren bekommen. Die anderen Paare interessiert es einen Dreck, warum etwas entstanden ist und wie es kompensiert wird, für die zählt nur, was im Augenblick ist. Erschwerend kommt hinzu, dass einige Faktoren für den Partnerwert in der Swingerwelt keine oder nur eine untergeordnete Bedeutung besitzen. Die Frau des anderen Swingerpärchens interessiert dein sozialer Status zum Beispiel nur insofern, als dass damit gewöhnlich entsprechende gepflegte Umgangsformen einhergehen. Davon, dass du 10.000 € im Monat verdienst hat sie nichts und dieser Umstand wird dich für sie, im Gegensatz zum Empfinden deiner eigenen Frau, nicht wesentlich attraktiver machen. Ebenso interessiert es den Mann des anderen Paares nicht, dass die Schwangerschaftstreifen bei dem Kind entstanden sind, dass du so sehr liebst (und du diese daher vielleicht sogar gerne hast) – für ihn sind sie schlicht und einfach unattraktiv.

Der Partnerwert den ihr füreinander habt, kann völlig ausgeglichen und ihr daher eigentlich völlig eifersuchtsfrei sein, aber für andere Paare kann sich das von außen völlig anders darstellen. Nehmen wir als Beispiel ein Paar: Sie 30, Sekretärin, schlank mit schönen Proportionen und einem schönen Gesicht. Er 45, Übergewicht, gut verdienender leitender Angestellter, durchaus attraktives männliches Gesicht mit schwindendem Haaransatz. Wenn du nun die Faktoren, die in der Swingerwelt keine Bedeutung haben, aus der Gleichung nimmst, dann bleiben eine 30 Jährige schöne Frau und ein 45 Jähriger übergewichtiger Mann mit attraktivem Gesicht und schütterem Haupthaar. Wer wird in dieser Parallelgesellschaft der Star sein und den höheren Partnerwert besitzen? Diesen Umstand wird der Mann bei jeder einzelnen Begegnung mit anderen zu spüren bekommen. Wenn er jetzt nicht zu 100% in sich selbst ruht (und vielleicht sogar dann), wird dies in Eifersucht und Selbstzweifel enden. Auf jeden Fall wird dies die Beziehung eher destabilisieren als beleben und solche Paare trifft man daher meist nicht allzu lange in Swingerkreisen an. Viele davon, weil sie dann kein Paar mehr sind. Umgehen könnte dies so ein Paar dadurch, ein Paar in einer ähnlichen Konstellation zu finden. Doch welche Motivation sollte die 30 Jährige schöne Frau haben, mit dem anderen 45 Jährigen übergewichtigen Mann zu schlafen? Für sie hat dessen sozialer Status ebenfalls keine Wichtigkeit. Spaß sieht anders aus.

Einen Weg den nicht wenige Paare gehen, ist, dass der Partner mit einem geringeren Partnerwert dieses Schauspiel erträgt, um seinen Partner nicht zu verlieren. Weil er ihm die Möglichkeit bietet, sich, ohne die Beziehung beenden zu müssen, auszuleben, verlässt ihn der Partner nicht. Wie erstrebenswert dies ist und mit wieviel Leid das Ertragen dieses Schauspiels verbunden ist, muss ich wohl nicht explizit ausführen.

Swingen wird vor allem unter Paaren betrieben, die sich attraktiv finden. Sympathie hat selbstredend auch seine Bedeutung, doch wenn euch in dieser oberflächlichen Welt niemand attraktiv findet, wird nie jemand erfahren wie sympathisch ihr seid. Dabei reicht es eben auch, wenn nur einer von euch nicht als attraktiv empfunden wird. Wenn ihr beide von eurer Umwelt nicht als gleich sexuell attraktiv empfunden werdet, dann lasst die Finger vom Swingen.

Liebhaberwettkampf

In der Welt der freien Liebe, gibt es nicht nur andere Frauen sondern auch andere Männer. Was machen Männer, wenn sie aufeinander treffen und es um Frauen geht? Richtig, sie machen einen Wettkampf daraus. Einen Wettkampf der Liebhaber. Einen Wettkampf in dem es Gewinner und Verlierer gibt. Wenn du dich auf diese Welt einlassen willst, dann solltest du vorher sicherstellen, dass du nicht der Verlierer bist. Nicht, weil es schön ist zu gewinnen, sondern weil der Verlierer der ist, der in der Ecke des Bettes hängt, keinen mehr hochkriegt und mit offenem Mund und unter psychischen Schmerzen mitansieht, wie es seine Frau gerade ordentlich besorgt bekommt und ihren ersten Squirting-Orgasmus in den Armen eines anderen Mannes erlebt. Glaube mir, das willst du nicht erleben und du willst auch nicht, dass deine Frau dich so erlebt. Wenn du für diesen Wettkampf nicht gerüstet bist und dabei an einen Mann wie mich gerätst (und davon gibt es in der Swingerwelt einige – vor allem die, die in dieser schon länger aktiv sind), dann kann für dich und deine Beziehung eine dunkle Zeit beginnen. Unterschätze dies niemals!

Ich verdamme diese Wettkämpfe nicht, sie sind auch nur in Ausnahmefällen so brutal, wie ich sie gerade geschildert habe. Du kannst eine Menge dabei lernen. Andere wirksame Arten der Stimulation kannst du dir dabei abschauen und nicht wenige meiner Erkenntnisse auf dem Weg zum guten Liebhaber sind aus den, aus solchen Wettkämpfen gezogenen, Lehren entstanden.

Eines aber gilt: Swinge mit deiner Frau nur, wenn ihr schon fortgeschritten in eurem Liebesspiel seid und du dich schon als guter Liebhaber etabliert hast. Wenn deine Frau nach einem solchen Sex-Abenteuer nicht zu dem Schluss kommt, dass es am besten immer noch in deinen Armen ist, dann kann dies zwar einen Ansporn für dich bedeuten, besser zu werden, schaffst du dies nicht, so hast du an Partnerwert in deiner Beziehung verloren.

Schwanzvergleich

Im Kapitel „Schwanzvergleich“ habe ich es schon angesprochen, beim Swingen gibt es die Möglichkeit erigierte Schwänze zu vergleichen. Kann man sich unter der Dusche noch (tlw. berechtigt) einreden, dass der eigene Schwanz bei der Erektion überproportional an Größe gewinnt, so ist es damit in diesem Umfeld vorbei. Der Schwanzvergleich gewinnt in diesem Zusammenhang an „Härte“ – es gibt keine Ausreden mehr.

Wie ebenfalls schon beschrieben, ist die anzutreffende durchschnittliche Schwanzgröße in der Swingerszene nicht die gleiche wie außerhalb dieser Parallelwelt. Zumindest Männer, die wegen der ihrer Ansicht nach zu geringen Schwanzgröße Komplexe haben, werden sich in dieser nie einfinden oder sie nach kurzer Zeit wieder verlassen. Dazu kommen noch die, die in dieser Welt erst Komplexe bekommen und ebenfalls das Weite suchen. Es sind einfach mehr Männer mit einem Riesenschwanz unterwegs, weil sie hier Bestätigung dafür bekommen und weniger mit einem kleinen weil sie das Gegenteil davon erleben.

Zudem ist die Swingerszene wie schon erwähnt oberflächlich und du wirst dort auch überproportional viele Frauen antreffen, die eben doch einen gesteigerten Wert auf einen dicken und langen Schwanz legen. Vergiss nicht, diese sind sexuell sehr aktive und teilwiese sehr erfahrene Frauen und viele davon wissen damit eben etwas anzufangen.

Wenn du dir also noch zu viele Gedanken über die Größe und Dicke deines Schwanzes machen solltest und so wie ich nicht gerade riesenhaft bestückt bist, solltest du mit dem Swingen auf jeden Fall noch warten. Solange warten, bis du gesichert damit umgehen kannst, dass deine Frau auf Männer treffen wird, die einen größeren Schwanz haben.

Resümee

Ich habe jetzt viele Punkte angesprochen, die gegen ein Swingerleben sprechen. Was spricht eigentlich dafür? Der Spaß beim Sex mit anderen an sich, die Konstellationen, die sich nur mit anderen realisieren lassen. Freundschaften in einer Tiefe, die so nur mit Sex möglich sind. Menschen zu treffen, mit denen man völlig unbeschwert über die eigene Sexualität sprechen kann. Das Gefühl des Verbotenen und für mich vor allem der Tag danach.

Der Tag danach ist das, was eure Beziehung wirklich beleben kann. Denn an diesem Tag werdet ihr euch lieben, wie schon lange nicht mehr. Ihr werdet euch gegenseitig wiedererobern, zurückreißen aus den Armen der anderen, wieder für euch gewinnen. Ihr werdet durch die temporäre Trennung zu eine weniger trennbaren Einheit.

Mit eigenen Augen zu sehen, wie attraktiv die eigene Frau für andere Männer ist, bringt die Liebe zur ihr auf Rekordhöhen. Und bei ihr kann es den gleichen Effekt haben. Zu sehen, wie eine andere Frau in deinen Armen vergeht, eventuell noch verstärkt um die Erkenntnis, dass die anderen Männer es sexuell nicht drauf haben (was einem guten Liebhaber quasi ständig passiert) wird deine Frau mehr an dich binden, als irgendetwas sonst. Keine Worte, keine Geschenke, keine monogame Liebesnacht und keine anderen Dienste, die du ihr erbringst, können deiner Frau so deutlich vor Augen führen, dass du das Beste bist, was ihr in ihrem Leben passiert ist. Swingen ist nicht ohne Risiko, doch wenn dies das Resultat ist, dann ist es dieses Risiko allemal wert. Wenn Swingen richtig praktiziert wird, dann kann es eine kontrollierte Eifersucht erzeugen, die eine Beziehung für immer jung hält. Wenn swingen richtig praktiziert wird, bewahrt es beide Partner zudem davor, das Gefühl zu haben, sexuell etwas zu verpassen und dieses noch vor dem Schwinden der Attraktivität außerhalb der Beziehung erleben zu müssen. Es gibt eine Menge zu gewinnen, aber wie immer wenn es eine Menge zu gewinnen gibt, ...

Offene Beziehung

Die Offene Beziehung ist die Steigerungsform des Swingens. Während beim Swingen in aller Regel das ungeschriebene Gesetzt gilt, dass ein Paar alles gemeinsam macht, so dürfen in einer offenen Beziehung die beiden auch ohne die Gegenwart des anderen sexuelle Abenteuer erleben. Bisweilen dürfen dabei sogar Gefühle eine Rolle spielen. Zu dieser speziellen Ausprägung möchte ich allerdings nichts beitragen, damit habe ich keine Erfahrung.

Es klingt wie das Paradies. Eine liebende Frau zu haben, eine idyllische Familie mit Kindern und trotzdem das Glück und die Bestätigung suchen zu dürfen, die es nur in andere Armen zu finden gibt. Es klingt nicht nur wie das Paradies, es ist es und ich bin mehr als dankbar dafür, es erleben zu dürfen.

Mal vorausgesetzt eine Frau zu haben, die damit umgehen kann, ist das gar nicht so einfach. Eine Frau zu finden, die mit der Gewissheit im Hinterkopf, dass es nie darüber hinausgehen wird, eine sexuelle Beziehung mit dir eingeht, ist alles andere als einfach. Die ersten sexuellen Freundinnen zu bekommen, war für mich ein sehr steiniger Weg. Mittlerweile ist es zum Selbstläufer geworden, weil meine Handy Nr. herumgereicht wird, aber viele gescheiterte Versuche sind dieser Situation vorausgegangen.

Ich habe mich aus Interesse auf zwei renommierten Partnersuchplattformen angemeldet. Bei einem als vorgeblicher sich ernsthaft auf der Partnersuche befindlicher Single, bei der anderen als sich in einer offenen Beziehung befindlicher Ehemann. Bei beiden habe ich die gleichen Bilder und soweit möglich die gleichen Texte eingestellt. Bei einer Plattform hätte ich unzählige Dates haben können, bei der anderen hatte ich keine einzige Anschrift und meine Nachrichten blieben allesamt unerhört. Dies obwohl ich nur Anfragen aus der zweiten Plattform ernsthaft weiterverfolgt hätte und mir daher wahrscheinlich unbewusst sogar mehr Mühe gegeben habe.

Wenn du also ohne Lüge in so eine Partnersuche gehst, wirst du einiges zu bieten haben müssen. Ich wage die Behauptung, dass nur die sehr attraktiven Männer und die sensationell guten Liebhaber (und da auch nur die, die diesen Ruf in der Frauenwelt schon genießen) überhaupt in die Verlegenheit kommen werden, sich mit den Problemstellungen einer offenen Beziehung auseinandersetzen zu müssen.

Ein Ausweg wäre natürlich der potentiellen Sexpartnerin gegenüber mit versteckten Karten zu spielen oder sogar ein doppelt verstecktes Spiel zu spielen und deine Frau zu betrügen. Mein Weg ist dies nicht, weil ich mir dabei selbst nicht mehr im Spiegel ins Gesicht sehen könnte. Es würde mein Leben eher schwieriger als schöner machen. Aber es muss jeder selbst seine Handlungen mit seinem Gewissen vereinbaren können. Fair ist es auf keinen Fall.

Ich will nicht zu viel ins Detail gehen bei diesem Thema. Fest steht jedenfalls, wenn es funktioniert und du eine Frau hast, die damit umgehen kann (oder es sogar wie meine geil findet, wenn ich von einer anderen Frau komme), dann ist es das Paradies. Dies ist es zum Teil eben dadurch, weil es nicht für jeden erreichbar ist. Muss es aber auch nicht sein, um ein guter Liebhaber zu werden und den richtigen Mann in dir wiederzuentdecken.

29. Fortgeschrittene Dominanz

Sie kniet vor mir, ich sehe ihr in die Augen und lege ihr ihr Halsband an und sie weiß, dass sie jetzt UNTEN sein darf. Ich streiche über die Wange des kleinen Mädchens. Und genauso sieht sie mich an, mit dem nach Zuneigung und Geborgenheit suchendem Blick eines kleinen Mädchens. Sie muss jetzt niemand mehr sein, keine Karrierefrau, keine Mutter und auch keine sonstige Rolle, sie muss nur die Meine sein. Und sie hat auch nur diesen einzigen Zweck: Meine zu sein. Sie hat den Zweck, meine Wünsche zu erfüllen, die eigentlich die ihren sind. Und diese ihre Wünsche kann sie sich nur erfüllen, weil ich ihr die Last abnehme, dafür verantwortlich zu sein, weil ich ihr die Last abnehme die Grenze zu überschreiten, weil ich ihr den kleinen Schubs hin zu ihren Wünschen gebe und dies als meinen Befehl tarne. Und um sich selbst das Gefühl zu geben, es wären nicht ihre eigenen Wünsche, wird sie sich gegen diese Befehle wehren. Um auch wirklich nicht dafür verantwortlich sein zu müssen und vielleicht auch ein wenig weil sie es genießt gezwungen zu werden, wird sie Widerstand leisten. Sie wird dies im Vertrauen auf meine Strenge tun dürfen, denn sie weiß sehr wohl, dass ich ihr das Wehren gegen ihre eigenen Wünsche nicht durchgehen lasse. Und gerade weil ich ihr nicht die kleinste Kleinigkeit Ungehorsam durchgehen lasse, wird sie sich in ihrer Rolle verlieren können. Erst die Nichtexistenz eines Auswegs sorgt für die Fügung in den vorgegebenen Weg, in die Umdeutung von Zwang in Freiheit. Denn auf diesem von mir vorgegebenen Weg darf sie selbst frei sein. Oft liegt die Freiheit im Kopf an den Ketten, die uns angelegt werden. Denn das Sprengen von Ketten erlegt uns auch viele Lasten auf, scheinbar befreit es uns, doch in Wahrheit erlegt es uns zusätzlich die Last auf, entscheiden zu müssen was wir tun möchten, was wir tun dürfen und was wir tun sollen. Jeder kennt das vom Sprengen der Ketten seiner Kindheit in seiner Pubertät. Indem ich ihr die Ketten meiner Befehlsgewalt auferlege, nehme ich ihr diese Last und mache sie frei von Sorgen, frei von Verantwortung, frei von Pflichten, frei von Rechten und vor allem frei von Eigeninitiative und gebe ihr die Geborgenheit ihrer Kindheit zurück. Sie darf frei davon sein, sich überlegen zu müssen, was als nächstes getan werden soll. Frei von allen Abwägungen ob dieser nächste Schritt klug oder dumm oder notwendig oder dringend oder sonst was ist, denn ich bin es, der dies alles schon längst für sie getan hat. Und ich bin es, der sie an der Hand nimmt und ihr sagt wie dieser nächste Schritt gegangen und wo er hingesetzt werden muss. Sie darf frei von allen Schichten und Masken sein, die sie täglich auflegen muss, um im Leben zu funktionieren. Frei von allen Gefühlen die nicht vom Hier und Jetzt hervorgerufen werden. Und die Gefühle des Augenblicks dürfen alles sein. Trauer und Freude und Liebe und Geborgenheit und Schmerz und alles was uns zum Mensch macht, alles was wir so gut und so tief in uns verbergen um uns zu schützen. Aber sie muss sich bei mir vor nichts schützen, denn sie weiß, dass ich das für sie tue und weil sie das weiß, kann sie sich vollständig fallen lassen. Vollständig in die Gelegenheit fallen lassen zu huldigen, zu empfinden, zu begehren, zu lieben, zu sein und vor allem Frau und wieder ein klein wenig Mädchen zu sein. All das wird sie auch sein. Und damit sie dies alles auch empfinden kann, werde ich ihren Kopf auf den Boden zwingen und meinen Fuß auf ihr Gesicht stellen. Denn da UNTEN liegt dies alles, auf dem Boden und in diesen paar Quadratzentimetern Sohle die sie dazu zwingen, sich selbst zu spüren. Die sie auf sich selbst reduzieren, auf sie als Frau, auf sie als Mensch, auf sie als kleinste Einheit. Und hier schließt sich der Kreis, denn hier zwischen dem Boden und meinem Fuß findet sie den ersehnten Traumprinz. Dann werde ich ihr den nächsten Schritt befehlen und sie meine Füße küssen lassen. Denn das ist es, was sie sich wünscht – nein nicht meine Füsse zu küssen, sie wünscht sich lieben zu dürfen und in dem sie sich selbst erniedrigt und ihre Lippen zur Huldigung ihres Geliebten auf meinen Füssen herabsenkt, erhöht sie ihren Respekt vor mir. Das ist es, was sie will, einen Mann respektieren zu dürfen, lieben zu dürfen und indem sie den kleinsten Teil von mir respektiert, anerkennt sie mich als ganze Person und sie erhöht damit nicht nur mich, sondern auch ihre eigenen Gefühle, ihre Liebe zu mir. Sie macht mich zum Traumprinz und ihre Liebe zu der Liebe zu einem

Traumprinzen. Nur wenn wir dem was wir lieben Bedeutung geben, hat auch die Liebe dazu Bedeutung. Und so kniet sie scheinbar gedemütigt vor mir und handelt doch völlig egoistisch, da sie nichts anderes tut, als ihren Gefühlen ein Ziel, einen Brennpunkt, einen gehuldigten, vergötterten Wert, einen Traumprinz zu geben. Den Traumprinz, den zu lieben sie schon als kleines Mädchen erträumt hat. Ein klein wenig anders, als sie sich das als Mädchen vorgestellt hat, aber was stört das schon die erwachsene Frau mit ihrer nassen Fotze.

Unterwerfung steigert die Intimität und den Respekt, denn wenn wir uns jemanden vollständig unterwerfen, sind wir gezwungen, Mensch zu sein und wir sind gezwungen diesen jemand zu respektieren. Und wir finden uns in der lange vermissten Geborgenheit früherer Tage wieder. Es mag für Außenstehende wie ein Schauspiel wirken (und ein solches muss es auch sein, damit wir die darin vorkommenden Handlungen mit unserer eigenen Person vereinbaren können), doch in Wahrheit lassen wir alle Masken fallen und stehen nackt – frei von Kleidung und frei von dem Schauspiel, dass wir der Umwelt vorspielen – vor unserem Geliebten. Unterwerfung zwingt uns zu fühlen und befreit uns vom Denken. Und es erhöht den, dem wir uns unterwerfen und somit die Gefühle zu ihm und damit erhöhen wir uns auch selbst. Darum geht es bei dem, was als Dominance & Submission (Dominanz und Unterwerfung) bezeichnet wird – also das DS aus BDSM und repräsentiert, wie unschwer zu erkennen ist, vor allem den psychischen Aspekt dieses Überbegriffs.

Wenn du die Grundlagen einmal beherrscht und die ersten Erfolge als Liebhaber erlebt hast, wird bald der Wunsch nach mehr auftauchen. Mehr Dominanz, mehr Unterwerfung und gesteigerte Intensität der Gefühle. Bei dir und wahrscheinlich auch bei ihr. Dabei sind die Fronten deutlicher abgesteckt. Sie ist beim Sex (in diesem Zusammenhang auch gerne Session genannt) die Sub (Sklavin, Dienerin oder Zofe – wie immer ihr das bezeichnen wollt) und du ihr Dom (Herr, Meister...). Das Machtgefälle wird offener kommuniziert und auch die Praktiken werden deutlicher. Dieses Machtgefälle wird über den in uns genetisch veranlagten Unterschied zwischen Mann und Frau hinaus künstliche gesteigert und zelebriert. Es beinhaltet Inszenierungen und Praktiken, die die Macht des Mannes und die Unterwerfung der Frau lustvoll erlebbar machen – gibt es natürlich auch in vertauschten Geschlechterrollen.

Dominanz durch Dirty Talk – Dom Talk

Nicht genug betont werden kann, welche Wichtigkeit Dirty Talk für DS hat. Während du beim „normalen" Sex (in BDSM-Kreisen Vanilla-Sex genannt) dich eventuell noch ohne durchschummeln kannst, wirst du dabei nicht darum herum kommen. Du wirst es auch nicht nur sporadisch und zwischendurch einsetzen müssen, wenn du deine Frau sexuell unterwerfen willst. Nein, du musst quasi ständig reden und du musst das in sehr eindeutiger Art und Weise tun.

Unerfahrene Männer konzentrieren sich beim Versuch dominant zu sein - wie bei allem was Männer tun - auf das Offensichtliche, auf das Technische: wie fessle ich sie, wie schlage ich sie, wie ficke ich sie, welche Spielzeuge muss ich wie einsetzen etc. Aber es hat nur wenig mit Technik zu tun - es ist ein Psychospielchen. Denn unterwerfen kannst du eine Frau nur mit dem was du sagst und nicht mit dem was du tust. Darauf solltest du dich auch als erstes konzentrieren, dass du lernst deine männliche Überlegenheit, deine Dominanz mit dem was du sagst und deiner Stimme zum Ausdruck bringen zu können.

Du musst ihr sagen was sie machen soll und wie sie es machen soll. Das was du sagst, leitet sie an, du musst ihr deine Ideen verkaufen, denn schließlich werden viele davon ihre Tabus verletzen. Es wird oft an ihre Grenzen gehen und sie Überwindung kosten. Nur wenn du sie überzeugen kannst, hat sie die Kraft, diese zu überschreiten.

Wie fange ich mit Dominance & Submission an?

Wenn sie sich beim Sex schon in ihrer Rolle der sexuell untergeordneten Frau eingerichtet hat und du dich in deiner als dominanter Mann, dann wird dieser Weg von alleine losgehen. Wenn etwas wirklich Spaß macht, dann will man auch mehr davon und in diesem Zusammenhang ist es dann eben mehr Dominanz und mehr Unterwerfung. Es ist die logische Konsequenz aus deinem begonnenen Weg, was aber nicht heißt, dass du ihn bewusst und auch nicht dass du ihn überhaupt beschreiten musst. Obwohl ich diesen Weg sehr empfehlen kann, ist er nicht jedermanns und jederfraus Sache.

Wenn du das beschleunigen willst, dann kannst du das mit deiner Frau vorher abklären, um die Fronten zu klären und Widerstände auszuräumen. Natürlich besprichst du das mit ihr im geilen Zustand – eh schon wissen. Ich würde dies mit keinem gängigen Begriff erklären wollen, denn bei einem solchen wird sie sofort ein gewisses Bild vor Augen haben, welches eurer Beziehung nicht entsprechen muss. Wenn du sie fragen würdest ob sie Lust hätte, mit dir etwas SM zu versuchen, dann besteht die Gefahr, dass sie das Bild von in Ketten hängenden gequälten weiblichen Opfern vor Augen hat und sie den Prozess blockiert (muss aber nicht sein – und es gibt genug Frauen, die gerade das geil finden werden – du kennst deine Frau sicher besser). Zudem haftet diesen Begriffen für Außenstehende oft etwas Anrüchiges, Schmutziges an. Aber es muss ja nicht alles kategorisiert werden und einen Namen haben. Es geht schlussendlich nur darum, was euch beide geil macht.

Wenn sie sich uneingeschränkt wohl fühlt mit der neuen Unterordnung beim Sex, dann kannst du ohne weiteres versuchen, den Weg zu diktieren und mittels Empathie zu erfühlen, wann du ihre Grenzen erreichst. Wichtig dabei ist vor allem, dass du es nicht gegen ihren Willen machst (ihr also mehr als einen kleinen Schubs gibst), denn damit kannst du den Weg als Ganzes blockieren. Du bist dabei kein Diktator sondern der Erfüller ihrer Wünsche.

Du kannst es sich einfach mal entwickeln lassen und schauen, wo euch die Geilheit hintreibt. Einige durchaus zu DS zu zählende Praktiken habe ich schon beim VorVorspiel erwähnt. Wenn du diese schon ausprobiert hast, dann hast du eigentlich schon DS praktiziert, ohne es beim Namen zu nennen.

Der Reiz des Ersten Mals

Kannst du dich noch erinnern, als dir eine Frau zum ersten Mal einen geblasen hat? Sicher kannst du das, denn es war das erste Mal. Und selbst wenn diese es ungeschickt angestellt hat, war es wahrscheinlich unglaublich intensiv, intensiver als jeder folgende Blow Job. Etwas zum Ersten Mal zu machen, ist immer spannender, beeindruckender, atemberaubender und bei Sex eben geiler. Bisweilen sogar sehr viel geiler. Wenn du mit deiner Frau bislang nur Vanilla-Sex hattest und ihr schon länger ein Paar seid, dann sind die Möglichkeiten, mal wieder etwas zum Ersten Mal zu machen, bald ausgeschöpft. Wenn ihr noch keine Erfahrung mit DS habt, dann kann euch jetzt eine äußerst spannende Zeit bevorstehen, denn ihr habt noch sehr viele Erste Male vor euch. Geht aber vorsichtig mit ihnen um, denn auch hier existieren sie nicht endlos.

Ihre Erziehung, ihre eingeimpften Moralvorstellungen (und vielleicht auch deine) werden dabei Hindernisse darstellen, die es zu überwinden gibt. Diese Tabus zu brechen kann den eigentlichen Reiz, diesen Weg zu gehen, ausmachen. Diese Ersten Male sind zumindest für mich die wahren Antriebsfedern bei DS. Stück für Stück ihre Tabus aufzuweichen und sie über die einstmaligen Grenzen zu schubsen bereitet mir seit 20 Jahren größtes Vergnügen. Natürlich musst du ihre Tabus beachten, aber wenn es einmal begonnen hat und sie Gefallen daran gefunden hat, dann wird sie selbst erkennen, dass es Spaß macht, die Hüllen fallen zu lassen und mal über den eigenen Schatten zu springen.

Erziehung der Sub

Erziehung klingt für eine erwachsene Frau vorerst mal hart und je nach Gusto kann es das auch durchaus sein, muss es aber nicht. Sie dient dazu, sich die Frau endgültig sexuell zu unterwerfen. Mittels Motivation, Demütigung, Bestrafung und Belohnung formst du sie nach deinen Wünschen. Sie soll das ausführen, was du von ihr verlangst und sie soll dies mit Ernsthaftigkeit und Disziplin tun. Wenn sie deinem Befehl nicht folgt, dann kannst du das nicht einfach hinnehmen, du musst sie mit Demütigung und Strafen wieder auf den „rechten Weg" führen ohne dabei psychische Gewalt anzuwenden.
Du stellst die Regeln nach deinem Gutdünken auf und nach dem, was du denkst (oder sie auch offen kommuniziert), dass sie geil finden wird. Wichtig ist in jedem Fall, dass es dich anmacht, denn wenn es das nicht tut, wirst du nicht die Konsequenz und Überzeugung vermitteln können, um es durchzusetzen. Du verlangst von ihr spezielle Unterwerfungsbekundungen die vor allem den Zweck haben, euch geil zu machen. Du befiehlst, sie gehorcht. Diese Regeln und Befehle können sich auf eine einzige Handlung beschränken, für eine ganze Session oder auch auf unbestimmte Zeit gültig sein. Die Vorgangsweise ist die gleiche wie bei der bisher beschriebenen Dominanz, nur das was sie ausführen muss, ist gewagter, ist eher außerhalb der Norm und hat dadurch und möglicherweise durch ein Erstes Mal seinen besonderen Reiz.

Ich fordere von meinen Subs unbedingten Gehorsam. Was ich persönlich gar nicht leiden kann, ist, wenn sie sich mittels absichtlichem Zuwiderhandeln Strafen „verdient" weil sie diese gerne hat. Wenn ich solches Verhalten erkenne, dann wird dies mit Strafen „belohnt", die ihr nicht so gefallen, die ihr wirklich Überwindung kosten – auch auf die Gefahr hin, ein Stück ihrer Geilheit einzubüßen. Für die Strafen und Demütigungen, die sie geil machen, finde ich schon einen Grund – nicht ganz korrekte Ausführung eines Befehls oder einfach weil sie eine Schlampe ist.

Das ist zum Beispiel eine Regel, die auf unbestimmte Zeit gültig ist und es ist eine, die ich bei jeder Sub aufstelle. Und in etwa mit obigen Worten erkläre ich ihr das auch. Auch wenn es hilft, muss sie für solche Erklärungen nicht immer geil sein. Aber zumindest eine Bedingung muss erfüllt sein, damit diese Erklärung auch Wirkung zeigt – sie muss sich in einer devoten Haltung befinden. Sie muss das Unten sein schon fühlen können um neue Regeln, die noch mehr Unten bedeuten, leichter und ohne Widerspruch akzeptieren zu können. Im konkreten Fall wird sie vor mir knien und zu mir hochsehen, während ich ihr das erkläre.

Du entwickelst über die Zeit ein gewisses Regelwerk, dass eure DS Beziehung prinzipiell definiert und auf unbestimmte Zeit gültig ist. Endlos geltende Regeln, haben den Vorteil, dass du sie nicht immer wieder neu durchsetzen musst. Das Regelwerk sollte nicht zu kompliziert sein, denn wenn sie nicht mehr weiß, was konkret von ihr erwartet wird, wird sie sich auch schwer dabei tun, das Erwartete zu erfüllen. Idealerweise hast du ein Erziehungsziel, auf das das Regelwerk ausgelegt ist. Du kannst es natürlich auch schriftlich festhalten, doch ich bevorzuge die rein mündliche Variante, weil ich dann flexibler bin und nicht an einen festgeschriebenen Vertrag gebunden bin. Außerdem klingt Vertrag nicht unbedingt nach Liebe. Ein solches Regelwerk kann umfassen:

- Erstens und wichtigste Regel: Sie ist die Sub und du ihr Dom und dementsprechend hat sie sich zu verhalten.
- Sie hat nur Sex mit dir, oder nur Sex mit denen, die du ihr erlaubt oder befohlen hast
- Wenn sie eine Regel missachtet, dann hat das Konsequenzen. Das Führen eines sogenannten Strafbuchs ist nach meinem Geschmack zu bürokratisch, aber für den der's mag, eine Option.
- Sie hat dich beim Sex mit einem bestimmten Namen anzusprechen

- Sie hat beim Sex bestimmte Kleidung oder Schmuckstücke zu tragen, die ihre Unterwerfung symbolisieren
- Sie hat täglich vor dem zu Bett gehen eine gewisse Handlung auszuführen (vor dem Bett knien, deinen Schwanz küssen) um an ihre Position erinnert zu werden.
- Sie muss dir sexuell ständig zur Verfügung stehen und darf sich nicht verweigern
- Sie darf dein Sperma nicht ausspucken

Die Liste der möglichen Forderungen ist unendlich. Lasse dich dabei vor allem dabei leiten, was dich anmacht. Beachte dabei aber immer ihre Grenzen. Scheiterst du mit einer Regel, so wird dies deiner Autorität und Dominanz erheblichen Schaden zufügen.

Du kannst mit deinen Forderungen und Befehlen ruhig unverschämt sein, wahrscheinlich musst du das sogar sein um einen Effekt zu erzielen. Du musst an ihren Tabus kratzen, damit es einen Reiz hat. Ein bisschen Herausforderung muss schon sein und für dich ist es nur spannend, wenn du den Ausgang nicht schon vorher kennst. Ihr nach ein paar Jahren Beziehung streng zu befehlen, sie soll dir einen blasen, wird wohl keinen mehr richtig kicken. Da muss schon etwas mehr kommen. Sie nach ein paar Jahren dazu zu zwingen, in devoter Haltung dir die Füße zu küssen, erfüllt da schon eher den Zweck.
Du musst ihr vermitteln wie gut sich Unten an**fühlen** kann. Wenn sie nur einen Hauch dessen verspürt, was in der Einleitung dieses Kapitels beschrieben ist, dann wird sie sich in Unten verlieben. Und sie wird sich in den (mehr oder wieder) verlieben, der ihr Unten geben kann.

Zeichen ihrer Unterwerfung

Es ist nicht genug, ihr ihre Rolle einmal zu erklären und auch nicht ihr diese einmal fühlen zu lassen. Diese Erklärungen und das Gefühl verlieren sich mit der Zeit, wie alles was nicht ständig aufgefrischt wird. Es ist aber nicht immer möglich, regelmäßig eine Session zu veranstalten um die Rollenverteilung aufrecht und interessant zu halten. Eure Beziehung funktioniert, wenn ihr DS einbezieht, nach deinen (euren) Vorstellungen und diese verlieren mit der Zeit an Kraft, wenn sie nicht ausgelebt werden. Wenn du aber ein Symbol setzen kannst, dass immer bei ihr ist, jeden Tag nur ein wenig Aufmerksamkeit von ihr erfährt, dann ist ein Teil dieser Auffrischung schon geschafft – denn es bleibt ihr im Bewusstsein.

Der Klassiker unter den Unterwerfungszeichen ist das einem Hundehalsband ähnliche Halsband. Bei mir ist dies auch immer tatsächlich ein Hundehalsband, weil es eine zusätzliche Symbolkraft dadurch erhält, dass sie sich das selbst in einem Zoofachgeschäft besorgen muss. Allerdings ist dieses Symbol nicht alltagstauglich, und somit auf die jeweilige Session beschränkt.

Es gilt ein Zeichen zu finden, dass sie entweder ständig bei sich, also am Körper hat oder eine kleine tägliche Routine, die sie (aber auch dich) an ihre Rolle erinnert.

Die einfachste Variante ist ein Schmuckstück. Entweder ein Ring der O oder eine Halskette die ein ähnliches Symbol als Anhänger hat. Dieses outet die sexuellen Vorlieben der Trägerin aber auch vor anderen (immer mehr werdenden) Kennern dieses Zeichens. Dies kann ein gewünschter Effekt sein, ich persönlich tue das meinen Subs aber nicht an.

Bei einer Sub mit der du dich in einer ernsthaften Beziehung/Ehe befindest, ist ein kleines, an der richtigen Stelle platziertes, Tattoo eine gute Option. Richtig platziert heißt vor allem vorne, denn am Rücken wird sie es nicht täglich wahrnehmen. Die Größe ist Geschmackssache. Ich bevorzuge es eher klein und dezent. Das gleiche gilt bei mir auch beim Symbol selbst. Meine Frau trägt ein verfälschtes chinesisches Schriftzeichen mit einem eindeutigen Inhalt, den nur wir beide (und trotz Verfälschung leider auch alle Chinesen und Japaner, wie ich feststellen musste) kennen. Es sieht aus wie ein Markenzeichen – mein Markenzeichen – und es hat den Vorteil, dass es meine Frau nicht outet, wenn sie es nicht will. Weil es sich im Intimbereich befindet, ist es auch nur für die Menschen sichtbar, denen sie sich nackt zeigt und sie ist damit vor ständigen Fragen, was es denn bedeutet, gefeit. Auch muss sie es sich nicht von der Haut brennen lassen, wenn unsere Beziehung doch nicht für die Ewigkeit gemacht sein sollte. Einem erwachsenen Menschen muss ich hoffentlich nicht erklären, dass ein Tattoo nur dann eine wirkliche Option ist, wenn sie es auch aus freien Stücken haben will.

Ähnliches wie für das Tattoo gilt für das im Kapitel „Klitorale Stimulation" beschrieben vertikale Klitorispiercing. Es hat den Vorteil leichter entfernbar zu sein und einen netten „Zusatznutzen" durch die wirkungsvolle Stimulation ihres Kitzlers.

Es gibt auch weniger permanente Zeichen, die eine Überlegung wert sind. Das beim VorVorspiel beschriebene Rasurverbot kann einen solchen Effekt temporär erzielen, wenn du dich nicht an Schamhaaren störst.

Bei allen Zeichen musst du natürlich die Bedeutung, die das Symbol hat, bei ihr zuvor herstellen, indem du ihr diese erklärst oder diese mittels einer speziellen Inszenierung verdeutlichst.

Tägliche Routinen setze ich ebenfalls sehr gerne als Unterwerfungssymbole ein. Ein täglicher Kuss auf den Schwanz, wenn sie zu dir ins Bett kommt oder morgens bevor sie aufsteht, hilft nicht nur ihr, sich zu erinnern. Natürlich kann das auch ein Fuss oder ein normaler Kuss sein.

Tease and Denial (Erregung und Verweigerung)

Eines der Eckpfeiler einer dominant/devoten Beziehung ist das Wecken von Erwartungen und das Verweigern der Erfüllung. Der Moment der Wahrheit aus dem Kapitel „Die ersten Schritte“ ist dir sicher noch in Erinnerung. Auch die Keuschhaltung im Kapitel „Das Vorspiel vor dem Vorspiel“ basiert auf diesem Prinzip und beide verdeutlichen die Wirkung von T&D. Es muss aber nicht zwingend in einer DS Beziehung angewendet werden, es funktioniert auch hervorragend bei Vanilla-Sex.

Im Eigentlichen ist bei T&D gemeint, seinen Partner kurz vor den Orgasmus zu bringen und ihm diesen dann zu verweigern. Durch das mehrfache Abbrechen, kann die Intensität des darauf folgenden Orgasmus massiv gesteigert werden. Wenn du es geschickt und öfter machst, kannst du sie damit förmlich um den Verstand bringen. Voraussetzung dafür ist, dass du entweder ihre Zeichen sehr gut lesen kannst und weißt wann du mit der Stimulation aufhören musst, um den Punkt, an dem es kein Zurück mehr gibt, nicht zu überschreiten. Die andere Möglichkeit ist, es ihr zu verbieten zum Orgasmus zu kommen und ihr zu befehlen, dass sie dir ein bestimmtes Zeichen geben muss, bevor sie diesen Punkt erreicht. Einen leicht größeren Charme hat die erste Variante, da sie sich dabei selbst nicht damit beschäftigen muss diesen Punkt nicht zu übersehen. Sie kann sich dabei besser fallen lassen. Beide Varianten haben das Risiko (etwas weniger die zweite), dass es zu einem unfertigen wenig befriedigenden Orgasmus kommt, wenn der Punkt überschritten wird und die Stimulation zu spät aussetzt um den Orgasmus noch zu verhindern, aber zu früh um den Orgasmus „voll“ zu machen. Aber wenn es funktioniert, ist es das Risiko allemal wert. Wie schon bei der Keuschhaltung erwähnt, muss das Spiel nicht auf eine Session beschränkt sein, sondern kann sich sogar über Wochen hinziehen.

Ich persönlich wende dieses Prinzip aber auch auf andere herbeigesehnte Ereignisse an, wenn ich den Effekt, den das Eintreten schlussendlich auslöst, steigern möchte. So kann dies auch ein simpler

Kuss sein, das Eindringen mit meinem Schwanz in sie sein oder nur der Wunsch, dass ich sie intim Berühre. Es lenkt die Aufmerksamkeit und die Sehnsucht auf das Ereignis, dem ich Bedeutung geben möchte. Zudem erweckt T&D das Gefühl des Ausgeliefert seins, der Machtlosigkeit, der Ohnmacht. Etwas so sehr zu ersehnen und dann verweigert zu bekommen verdeutlicht das Machtgefälle und lässt sie das Unten intensiv erleben.

Demütigung

Demut (althochdeutsch diomuoti = dienstwillig oder Gesinnung des Dienenden) bedeutet im religiösen Kontext die Haltung des Geschöpfes zum Schöpfer. Im Sexuellen bedeutet die Demut dem nicht ungleich die Verehrung des Herrn. Die gänzliche Unterordnung unter den Willen des Geliebten. Die Demütigung hat in diesem Zusammenhang den Zweck, sie in diesen Gemütszustand zu versetzen, ihr ihren Platz zu zeigen, die Unterordnung, die Unterwerfung aber auch die Verehrung deiner Person für sie innerhalb der Grenzen, die sie in Geilheit umsetzen kann, erfahrbar zu machen. Dies fängt bei relativ kleinen Gesten an und kann bis zu psychisch schwer zu verdauenden Demütigungen reichen. Viele davon sind auch als „Strafen" einsetzbar und dienen nicht hauptsächlich dem Zweck, sie geil zu machen, sondern Regelverletzungen zu ahnden – dienen quasi als die Rute im Fenster.

Beispiele dafür können sein (natürlich alles andere als vollständig):

Knien

Relativ harmlos, vermittelt aber dennoch ihre Unterordnung. Kann mit der Dauer der Ausführung aber durchaus anstrengend und schmerzhaft werden. Bevor du eine Frau knien lässt, solltest du Bescheid wissen, ob sie Knieprobleme hat.

Die Füße küssen

Der Klassiker. Es kann sie ziemliche Überwindung kosten, vor dir auf die Knie zu gehen und deine Füße zu küssen – weil es so eindeutig in der Symbolik ist – darum ist es auch ein Klassiker.

In der Ecke stehen

Wenn du als kleiner Junge schon einmal zu Strafe in der Ecke gestanden bist, dann kennst du wahrscheinlich den psychischen Effekt, den dies haben kann. Wenn du dir jetzt noch vorstellst, dies nackt oder vielleicht sogar mit ein paar eindeutigen Utensilien geschmückt tun zu müssen, dann kannst du sicher nachvollziehen, dass das sehr tief gehen kann. Nicht erst eine Frau ist mir dabei ziemlich feucht geworden, zwischen den Beinen und auf der Wange. Bei einer Frau sind dabei sogar Tropfen die Beine hinuntergelaufen. Sie war in diesem Moment ein von ihren Gefühlen überwältigtes, weinendes kleines Mädchen und trotzdem hat sie sich mit ihrem Unterleib mehr als je zuvor nach einem Mann gesehnt. Auch wenn es so harmlos zu sein scheint, ist dies mit Vorsicht zu genießen, wenn deine Sub eine schwierige Kindheit hatte. Wenn du es ein wenig anspruchsvoller gestalten willst, kannst du eine bestimmte Körperhaltung verlangen. Weit gespreizte Beine, ausgestreckte Arme und auf den Zehen stehen, kann den Schwierigkeitsgrad erhöhen.

Am Ohr ziehen

Einen ähnlichen Effekt erzielst du, wenn du sie am Ohr ziehst. Auch dies ist eine typische „kleine Mädchen" Demütigung. Lässt sich schneller umsetzen und beansprucht nicht so viel Zeit. Verwende ich auch ganz gerne um sie an eine bestimmte Stelle zu dirigieren – zum Beispiel in die nächstgelegene Ecke.

Ohrfeige

Die intensivste der Kleinmädchendemütigungen und auch die gefährlichste. Auf der einen Seiten physisch, da du bei einer falsch ausgeführten Ohrfeige eine Trommelfellriss verursachen kannst. Wenn du eine Ohrfeige austeilst, dann tust du dies mit äußerster Konzentration und nur auf die Wange, keinesfalls auf das Ohr. Auf der anderen Seite ist die Ohrfeige psychisch nicht ungefährlich. Wenn du den Werdegang der Frau nicht kennst und nicht weißt wie sie auf eine Ohrfeige reagieren wird, dann musst du es langsam angehen lassen. Teste es vorerst zärtlich und beobachte genau wie sie reagiert. Steigere nur langsam die Intensität. Jemanden zu ohrfeigen erhält seine Kraft nicht aus dem zugefügten Schmerz, sondern aus der Demütigung. Nicht umsonst erfüllt eine Ohrfeige den Strafbestand der tätlichen Beleidigung. Unerwidert ist es vielleicht die mächtigste Demütigung, die uns ein Mensch zufügen kann – vor allem wenn ein Mann einer Frau eine Ohrfeige gibt. So etwas macht man nicht. Aber gerade die Kombination aus Schmerz, Demütigung und Tabubruch macht sie so interessant. In nur einem Augenblick ist sie unten. In nur einem Augenblick sind alle Masken hinweggewischt. In nur einem Augenblick steht ein kleines hilfsbedürftiges Mädchen vor dir. Ich kann dir nur raten: Pass gut auf dieses Mädchen auf, denn du kannst jetzt viel verlieren aber auch viel gewinnen.

Übers Knie legen

Auch dies ist eine Kleinmädchendemütigung. Kann, muss aber nicht wirklich schmerzhaft sein, um Wirkung zu erzielen. Solange du nur den Hintern triffst, kann dabei nicht viel schief gehen.

Schmerzstrafen

Mittels Rohrstock, Paddels und Peitschen lassen sich natürlich Strafe und Demütigung vermitteln, allerdings zählt dies eher in den SM Bereich und wird in einem folgenden Buch behandelt werden.

Die Liste der möglichen Demütigungen ließe sich noch lange weiterführen. Alles, was sie aus der Rolle der gleichberechtigten Frau herausreißt und sie zum Mädchen oder zur Hure „degradiert" kann verwendet werden. Die verletzte Regel 100mal schreiben, zur Strafe eine bestimmte Arbeit ausführen, Fernsehverbot, Liegestütze, quasi alles was bei der Kindeserziehung eingesetzt wurde oder wird, ist dafür geeignet. Besonders wirkungsvoll sind die Methoden, die zur Zeit der Kindheit deiner Frau aktuell waren oder noch besser, sogar von ihren Eltern verwendet wurden, weil dann die erinnerten Gefühle dazu kommen und den Effekt verstärken.

Für Fortgeschrittene und für Beziehungen die nicht auf sexuelle Exklusivität („Treue“) basieren, können befohlene sexuelle Dienste bei oder vor Anderen eine Demütigung darstellen. Manche Sub musste schon mitansehen, wie ich es mit einer anderen getrieben habe, ohne mich mit ihr zu beschäftigen. Auch einem oder mehreren Männern deiner Wahl zu Diensten sein zu müssen, kickt manche Frauen, weil sie sich dabei tatsächlich als Hure fühlen dürfen (aber die moralische Verantwortung dafür nicht haben). Sich einer anderen Frau unterwerfen zu müssen verstärkt die Demütigung für eine Frau, die sich darüber bewusst ist, als Frau sexuell gesehen prinzipiell ein devotes Wesen zu haben. Sich also einer prinzipiell devoten Frau zu unterwerfen. All dies bedingt natürlich, die richtigen Leute zu kennen, was nicht immer einfach ist. Aber nicht nur deshalb sind diese Varianten nur für Fortgeschrittene geeignet. Du musst in deiner dominanten Rolle schon sehr sattelfest sein, um sie auch vor Zuschauern vertreten zu können.

Erziehungsziele

Auch wenn eigentlich der Weg das Ziel ist, so ist ein Weg gänzlich ohne Ziel oft keiner mehr, sondern nur mehr ein zielloses Umherirren.

Die einfachsten Ziele sind sexuelle Praktiken die deine Frau noch nicht beherrscht. Wenn sie etwa Analverkehr, Deep Throat, Spermaschlucken oder ähnliches noch nicht kann, so kannst du das beherrschen dieser Praktiken offiziell zum Ziel erklären. Squirting, multiple Orgasmen und Orgasmus beim Geschlechtsverkehr eigenen sich dafür allerdings nicht, denn das würde Druck aufbauen, der dem Erreichen der Vorgabe im Wege stehen würde.

Aber auch etwas, was sie schon beherrscht, kann in seiner perfektionierten Form als Ziel dienen. Warum nicht mal einen perfekten Blow Job genießen? Oder schlicht einen perfekten Zungenkuss?

Motivation

Positive Motivation bedarf es in der Regel eigentlich nicht, denn eine derart erfüllte Sexualität mit einem passionierten Wunscherfüller (also dir als dominanten Mann) sollte eigentlich Belohnung genug für alle Bemühungen sein.

Geschenke bei einer sich besonders engagierenden Sub oder einfach weil du sie liebst, sind natürlich alles andere als hinderlich. Unter dem Strich sollte sie aber deine Sub sein, weil sie es gerne ist und nicht weil sie mit Geschenken belohnt wird.

24/7

Bezeichnet eine Beziehungsform, in der das Machtgefälle uneingeschränkt gültig, also 24 Stunden am Tag und 7 Tage die Woche gültig ist. Ich persönlich halte dieses Modell als nicht unbedingt langfristig lebbar. Mich interessiert es auch nicht, die gesamten Sorgen eines Menschen, zu meinen dazu, auf mich zu nehmen. Auf Dauer wäre mir das zu anstrengend. Die Tatsache, dass ich immer stark sein müsste, und nicht auch einmal schwach sein dürfte, schreckt mich zusätzlich ab.

Aufpassen solltest du auf jeden Fall, sofern ihr nicht explizit 24/7 vereinbart habt, nicht zu viel von den sexuellen Regeln in den Alltag zu tragen. Wenn die Grenze zum Sex zu häufig überschritten wird, wird es ihr auch schwer fallen die Regeln einzuhalten, wenn sie ihre Unterordnung im Alltag nicht wünscht. Zudem ist die Rolle der Frau in Familie und Gesellschaft noch immer eher die der Dienenden. Als Mutter, Haushaltsführerin und Angestellte führt sie schon eine Menge Dienste aus. Diesem nun zusätzlich die ständige Pflicht, dir zu dienen, hinzuzufügen, ist für die meisten Frauen alles andere als reizvoll. Für männliche Subs kann es aufgrund des Rollenbruchs durchaus reizvoll sein, einer Frau ständig dienstwillig zu sein – für Frauen ist es aufgrund des fehlenden Rollenbruchs eher eine ungewünschte Zusatzbelastung.

Ich praktiziere mit meiner Frau gerne ein zeitlich begrenztes 24/7 – also eine gewisse vorher definierte Zeitspanne, in der das Machtgefälle auch im Alltag bestehen bleibt. Sie hat an solchen Tagen gänzlich nach meinen Regeln zu leben und mir zu dienen. In diesem Zeitraum schwingt verstärkt eine sexuelle Komponente mit. Sie trägt den ganzen Tag aufreizende Kleidung (oder auch gar nichts), bedient mich und erfährt zwischendurch immer wieder kleinere Demütigungen und sexuelle Belohnungen, ist aber von jeglicher Hausarbeit, abseits von kochen und Küche aufräumen befreit. Meist ist das ein Wochenende oder in Ausnahmefällen eine Woche. In dieser Zeit geben wir uns unserer Leidenschaft für DS intensiver hin und kehren danach wieder zu unserem eingelebten Beziehungsalltag zurück. Für uns ist es schlicht eine nette Abwechslung. Die Grenzen sind aber fließend, wie schon bei den Praktiken im VorVorspiel beschrieben, reichen sehr oft auch im normalen Beziehungsleben sexuelle Handlungen in unseren Alltag hinein, ohne diesen maßgeblich zu bestimmen. Unser Modell ist quasi ein Mittelweg zwischen 24/7 und einer herkömmlichen Beziehung und dieser ist daher auch leichter langfristig lebbar.

30. Just do it

Wissen ist etwas Wertvolles. Etwas zu wissen, weil man es beigebracht bekommen hat, macht uns gebildeter, etwas zu wissen, weil man es selbst erlebt hat macht uns weiser. Alles was ich für dich tun kann, ist mein Wissen, dass ich durch das, was mir beigebracht wurde und das, was ich selbst erlebt habe, an dich weiterzugeben. Vielleicht bist du jetzt ein klein wenig gebildeter, was den Umgang und den Sex mit Frauen betrifft. Weiser kannst du nur von alleine werden. Weiser, und somit tatsächlich ein besserer Liebhaber, kannst du nur durch eigenes Erleben werden.

Es sind immer die ersten Schritte, die die schwersten sind. Sobald sich einmal der erste Erfolg eingestellt hat, wird es oft zum Selbstläufer. Als Liebhaber wird es sogar in doppelter Hinsicht zum Selbstläufer. Auf der einen Seite ist Selbstvertrauen die Belohnung für eine gelungene Liebesnacht. Dieses Selbstvertrauen wird es dir leichter machen, als guter Liebhaber zu agieren, weil das Denken mehr und mehr durch das Fühlen abgelöst wird. Auf der gar nicht so anderen Seite, fühlt aber primär die Geliebte durch dieses Selbstvertrauen, dass hier jemand ist, der Ahnung hat von dem, was er gerade macht. Dieses Gefühl wird ihr das Vertrauen geben, sich voll und ganz in deine Hände zu begeben, sich fallen zu lassen und es zuzulassen, was du ihr Gutes tun willst.

Es gibt nichts Schöneres, als etwas wirklich gut zu können. Es gibt nichts Schöneres als Sex. Und so gibt es wohl absolut nichts, dass darüber geht, wirklich gut beim Sex zu sein. Und wenn dann sogar das Training sogar noch so viel Spaß machen kann, sag ehrlich, gibt es ein schöneres Hobby als Sex mit deiner Frau?

31. Vom guten Liebhaber zum richtigem Mann

Oft habe ich mich auf meinem Weg gefragt und vielleicht hast du das bei diesem Buch ebenfalls getan: Nehme ich Sex zu wichtig? Oft war ich geneigt dem zuzustimmen, doch seit ich am Ziel meines Weges angekommen bin, weiß ich, warum dem nicht so ist. Der Weg, der als Weg zum guten Liebhaber begonnen hat, hat mich zu etwas geführt, zudem ich bewusst gar nicht auf der Suche war. Ich habe über die Sexualität zu mir als Mann zurückgefunden und ich bin dieser Mann nicht nur, wenn ich Sex habe, nein, ich bin dieser Mann wieder geworden. Ich war dieser Mann schon immer, aber über diesem Mann waren viele Schichten eingelernter und eingetrichterter Glaubenssätze. Ich war mir darüber nicht einmal im Klaren, ich fühlte nur ein bohrendes Unbehagen. Ich wusste, dass mit meiner männlichen Identität, so wie ich sie sah, irgendetwas nicht stimmte. Ich fühlte, dass da etwas war, was mich unglücklich machte, was meinem Wesen widersprach, aber ich konnte dieses Etwas nicht benennen. Ich konnte dieses Etwas nicht von meinem eigentlichen Wesen als Mann trennen, weil ich das Eine nicht vom Anderen unterscheiden konnte. Meine Erziehung, die Gesellschaft, die Medien und der Feminismus haben ganze Arbeit geleistet, mich von mir zu entfremden, mich von meiner angeborenen Männlichkeit zu denaturieren. Es ist dieselbe Indoktrination die auch bei der Religion stattfindet und funktioniert. Wir bekommen Glaubenssätze eingetrichtert, in einer Lebensphase in der wir intellektuell noch nicht dazu imstande sind, diese als richtig oder falsch zu bewerten. Wir sind hilflose kleine Jungen und werden zurechtgebogen. Und wenn wir nicht durch irgendetwas dazu gezwungen werden, diese Glaubensätze zu einem späteren Zeitpunkt, an dem wir dann in der Lage wären sie zu bewerten, in Frage zu stellen, bleiben sie ein Teil von uns. Wir übernehmen diese Glaubenssätze in unser Wesen, wir akzeptieren sie ungeprüft als wahr. Und wenn ich sage, wir übernehmen diese Glaubenssätze in unser Wesen, dann meine ich damit, dass wir diese

Glaubenssätze werden. Wir sind, was wir denken. Nehmen wir einen einfachen Glaubenssatz, den alle Jungen spätestens im Kindergarten von einer Pädagogin eingetrichtert bekommen: „Man schlägt keine Mädchen“. Oberflächlich betrachtet ist an diesem Satz nichts Verwerfliches und natürlich behaupte ich nicht, dass wir jetzt anfangen sollten Mädchen und Frauen zu schlagen. Doch was passiert mit uns Männern, wenn wir diesen Glaubenssatz verinnerlichen? Wir limitieren diese eingetrichterte Lehre nicht auf körperliche Gewalt, wir dehnen sie nach und nach aus, auf all unsere Verhaltensweisen Frauen gegenüber. Denn diesem Basisglaubenssatz folgen noch viele die darauf aufbauen und da wir diesen Basisglaubenssatz schon verinnerlicht haben, akzeptieren wir auch die folgenden um vieles leichter. Wir scheuen im Endeffekt vor jeder Form der Aggression gegenüber Frauen zurück und vermeiden Konflikte, die eigentlich ausgefochten gehören. Wir werden lieb, nett und zuvorkommend. Wir Männer sind aber nicht dafür geschaffen, lieb, nett und zuvorkommend zu sein. Wir sind dafür geschaffen, Wild zu verfolgen und es zu erlegen, um etwas zu essen zu haben. Wir Männer sind geschaffen, um aggressiv, mutig, zielstrebig und entscheidungsfreudig zu sein, denn das sind die Eigenschaften, die es benötigt, um Beute zu erlegen. Und wir werden von den Frauen auch nicht dafür geliebt, lieb, nett und zuvorkommend zu sein. Wir wurden von den Frauen schon immer für die Beute geliebt, die wir nach Hause gebracht haben und dementsprechend werden wir von den Frauen auch für die Eigenschaften geliebt, die es benötigt um diese Beute nach Hause zu bringen. Denn diese Beute bedeutet Nahrung, sie bedeutet Leben. Überleben und fortpflanzen. So einfach kann es sein: Beute nach Hause bringen und dafür einen Fick bekommen. Dies ist unsere Natur. Wir sollten diese simple Männlichkeit wieder annehmen. Wir sollten uns aber auch davon emanzipieren, diese angeborene Männlichkeit nur deswegen wieder anzunehmen, weil wir dafür von den Frauen geliebt werden. Wir brauchen keine Instanz, die uns beurteilt und uns lenkt. Denn es geht um mehr als das, wir müssen diese Eigenschaften wieder annehmen um eins mit uns selbst zu sein. Es ist kein Gefallen, den wir den Frauen tun, es ist eine Notwendigkeit um als Mann glücklich und ausgewogen zu sein. Diese inneren Kämpfe, dieses Unbehagen und die Identitätskrise des Mannes können wir nur beenden, wenn wir uns auf unsere angeborenen männlichen Eigenschaften besinnen und ihnen wieder eine positive Bedeutung beimessen.

Können wir nicht zu einem richtigen Mann werden, ohne den Umweg über die Sexualität nehmen? Dieser Weg mag funktionieren, es war halt nicht meiner. Ich sage auch nicht, dass ein anderer Weg schlechter wäre. Den Vorteil aber, den mein Weg bietet, ist gleichermaßen simpel und offenkundig: Wenn du ständig erlebst, was echte Männlichkeit bei einer Frau „anrichten" kann, dann gibt es keine Diskussion und keinen Zweifel mehr. Du hast es gesehen, du hast es gehört und du hast es gefühlt. Dies ist fernab von jeder Intellektualität und Zivilisation, denn im Moment der Lust sind wir noch am ehesten die Wesen, als die wir geschaffen wurden. Darum spreche ich auch die ganze Zeit davon, sich diese letzte Bastion nicht wegnehmen zu lassen, denn es ist die letzte Möglichkeit diese Ursprünglichkeit, diese uns angeborene Natur zu erleben. Da ist niemand der dir mit Worten und Argumenten in deiner Definition von Männlichkeit Recht gibt oder sie bestreitet. Da ist jemand, der dir mit seinem Körper Recht gibt. Da ist eine Frau, die dir mit ihrem von der Natur geschaffenen Körper und ihren von der Natur geschaffenen Gefühlen Recht gibt und dies sogar gegen ihre intellektuellen Überzeugungen tut. Und genau deshalb, hat diese Botschaft so viel Glaubwürdigkeit. Wäre es nur eine Frau, die dir auf diese Art Recht gibt, so kann man dies noch als sexuelle Veranlagung dieser einen Frau interpretieren. Seit ich zu mir als Mann gefunden habe, sind es aber alle Frauen die ich getroffen habe. Diese gehen sogar soweit, meine Handy-Nr. weiterzugeben, um anderen Frauen dieses „Recht geben" zu verschaffen. Frauen müssen viele Männer durchprobieren um mal einen zu erwischen der nicht auf lieb, nett und zuvorkommend macht. Der Umstand, dass sie auf einen richtigen Mann getroffen sind, scheint in der heutigen Zeit schon eine Sensation zu sein und dies allein dokumentiert, wie denaturiert wir Männer schon sind.

Durch die Sexualität wird dieses Erleben, was es bedeutet, ein richtiger Mann zu sein, ein unumstößlicher Teil von dir und deinen Überzeugungen und alle Glaubenssätze die diesem Wissen widersprechen sind hinweggefegt. Dieses umwerfende Feedback, dass dir von Frauen gegeben wird, die darauf reduziert sind, genau das zu sein, kann niemand retuschieren. Dann können dir alle Feministinnen und alle Gutmenschen dieser Welt einreden was sie wollen, sie können dich in deinem Mannsein nicht mehr beeinflussen. Diese Überzeugung wirst du auch brauchen, denn du wirst pausenlos weiter indoktriniert und du hast damit mittlerweile eine Minderheitenmeinung. Aber sie können Genderdebatten führen und jedes Innen wird dich kalt lassen. Sie können klagen über weibliche Unterrepräsentanz in Führungsetagen und die Ungerechtigkeit im Allgemeinen. Sie können jede einzelne männliche Eigenschaft als verabscheuungswürdig und böse brandmarken. Du hast erlebt, was es heißt ein Mann zu sein. Daraus entsteht Selbstvertrauen und aus diesem entsteht früher oder später Selbstverständnis (was für ein schönes Wort!). Keiner kann dich mehr davon überzeugen, dass männliche Dominanz etwas Schlechtes wäre. Keiner kann dich mehr davon überzeugen, dass dem Tier in dir ein Makel anhaften würde. Keiner kann dich mehr davon überzeugen, dass Aggression, Leidenschaft, Mut und Führungsanspruch nicht zu deinem männlichen Wesen gehören würden oder nicht zu ihm gehören sollen. Das ist kein Sexismus, dass ist Männlichkeit.

Die Frauen sind von den gleichen Glaubenssätzen wie wir Männer betroffen. Sie wissen doch selbst nicht mehr, welchen Mann sie wirklich begehren. Sie suchen und finden nicht und sie reagieren mit sexueller Verweigerung und Frigidität. Andere wieder suchen mit an Nymphomanie grenzender orgasmusloser Besessenheit, denn sie fühlen, dass es das nicht sein kann – sie können aber genauso nicht sagen was denn da wirklich fehlt. Darum ist die Definition eines richtigen Mannes heute so schwierig, weil die Frauen Forderungen an uns Männer stellen, die nicht nur gegen unsere männliche Natur sind, sondern auch gegen das verstoßen, was sie selbst an einem Mann begehren. Zusammen mit unseren anerzogenen (und vielleicht auch angeborenen – es ist wie gesagt schon schwer zu unterscheiden) Bestrebungen es den Frauen recht zu machen, führt dies zu dem Chaos, in dem wir uns befinden. Wir Männer laufen durcheinander wie ein aufgescheuchter Hühnerhaufen und gackern uns gegenseitig zu, was die Frauen von uns wollen und versuchen diese Erwartungen zu erfüllen. Dass diese Erwartungen das Gegenteil von dem sind, was sie wirklich begehren, merken wir in diesem immer lauter werdenden medialen Gegacker nicht. Die einzige Möglichkeit sich aus diesem Hühnerhaufen zu befreien ist aufzuhören, ein Huhn zu sein und wieder zum Hahn zu werden. Und so schreie ich es diesem gleich an alle Frauen in die Welt hinaus:

Es interessiert mich einen Dreck, was die Frauen von mir erwarten. Ich bin ein Mann und als solcher bin ich schon von Geburt an vollwertig. Da gibt es nichts, was hinzuerzogen werden muss, um mich zu einem Mann zu machen. Da gibt es nichts, was wegerzogen werden muss, um mich zu einem Mann zu machen. Denn auch wenn euer Kopf tausendmal nein zu meiner Männlichkeit sagt, eure Fotze wird sie lieben.

32. Epilog / Weitere Bücher

Heute, 4 Jahre nach dem Erscheinen dieses Buchs, hat es nichts an Aktualität verloren. Im Gegenteil, durch das Feedback und meinen eigenen Weg, stehe ich mehr denn je zu seinem Inhalt. Aber mein Weg ist nicht der einzig gangbare. Vielen Männern habe ich dabei schon zugesehen, wie sie daraus ihr eigenes Ding gemacht haben oder schon ihren Weg gegangen sind und hier nur mehr ein paar Details und ein wenig Bestätigung gefunden haben. Also gehe deinen eigenen Weg, es würde mich freuen, wenn er zu einem so wunderbaren wird, wie meiner.

Und so mancher Mann ist schon vor mir gestanden und hat mit leuchtenden Augen gesagt: „Das alles funktioniert, das alles funktioniert wirklich!“. Aber selbst diese überwinden sich oft nicht, ein paar wohlwollende Worte auf Amazon zu hinterlassen. Wenn es für dich funktioniert oder du zumindest ein paar nützliche Details aus diesem Buch ziehen konntest, dann würde es mich freuen, wenn du als kleines Danke dies in einer Rezension mitteilst.

Ich finde es schade, dass immer noch so viele belanglose Sexualratgeber verkauft werden, die einem als Mann und im Bett nicht wirklich weiterhelfen. Ich erwarte nicht, dass meine Bücher je an den vorderen Plätzen der Bestsellerlisten auftauchen, schlage aber dennoch jedes Mal mit dem Kopf auf dem Tisch auf, bei dem, und man kann es nicht anders sagen, sinnlosen Mist, der in den Büchern steht, die sie anführen. Helfe mit, dies zumindest ein bisschen zu ändern und erzähle anderen Männern davon. Hilf ihnen somit ein klein wenig dabei, zu sich zurückzufinden und ein erfüllteres Sexualleben und vielleicht sogar Leben zu führen. Verborge oder empfehle dieses Buch, dies ist das schönste Kompliment, das du mir machen kannst.

Auch mein Weg als Autor ist weitergegangen. Also vielleicht, wenn du magst, begleitest du mich weiter in der bald erscheinenden Triologie zum Thema fortgeschrittene Dominanz und BDSM.

Prinzipiell aus der männlichen Perspektive geschrieben, lässt die Buchreihe die weibliche Seite durch eine Co-Autorin nicht zu kurz kommen. Gedacht ist sie in erster Linie für den Mann (das Paar) am Beginn seines Weges, eignet sich aber durchaus auch für den erfahrenen Dom, der einmal über seinen Tellerrand blicken möchte und für die Frau, die erfühlen will, ob ihre devoten Fantasien Realität werden sollen.

Folge meinem Autorenprofil auf Amazon, um über die Neuerscheinungen auf dem Laufenden zu bleiben.

Herzlichst, dein

M. Treuhold

kontakt@sexgott.org www.sexgott.org

Sexgott:BDSM. Maledom als Weg der Liebe. Buch 1
ISBN-13: 978-1-7976-2908-7 Erscheinungsdatum: 5/2019

Warum eigentlich BDSM praktizieren? Was bringt das denen die es machen? Was bringt es dir als Mann?

Aus der männlichen Sicht kann ich das leicht beantworten. Hättest du gerne so oft du willst Sex? Hättest du gerne genau wie du es willst Sex? Hättest du gerne eine Frau, die sich nach dem Sex mit dir verzehrt und zwar ständig? Hättest du gerne eine Frau, die dir alleine schon deswegen treu ist, weil sie sowas woanders nicht einmal annähernd geboten bekommt?

Genieße die Momente, in der sie dich aus tiefen Augen anblickt, die Schönheit des Seins, die Schönheit des Mannseins und die Schönheit dies mit jemanden zu teilen und zu erschaffen. Die Schönheit der Liebe und die Möglichkeit, dies in allen, wirklich in allen Aspekten erleben und auskosten zu können. Und nicht BDSM zu praktizieren, würde dieses „allen" limitieren auf das, was man so macht, was man zu machen hat, was alle anderen halt auch machen. BDSM schafft eine Spielwiese, auf der alles möglich ist und die Grenzen wirklich nur mehr durch den eigenen Körper und den eigenen Geist vorgegeben werden. Ein unglaubliches Geschenk, wenn man es erst einmal in seiner ganzen Bedeutung begriffen hat.

Darum BDSM! Weil es Liebe ist, weil es eine Möglichkeit ist, sie auszudrücken und sie zu intensivieren gleichzeitig, weil es einfach geil ist, für sie und für dich und weil es dazu führt, dass du von Frauen angebetet wirst, in einer Art und Weise, wie du es selbst dann noch nicht glauben wirst, wenn du es erlebst.

Sexgott:BDSM. Sessions. Eine Ode an das Leben. Buch 2
ISBN-13: 978-1-7976-4331-1 Gepl. Erscheinungsdatum: 12/2019

Ein letztes Mal fährt der Schmerz durch meinen Körper, atmen, ich fühle, atmen, die Spannung lässt nach, atmen, ich schrumpfe in mich zusammen, atmen, ich werde klein. Jetzt fühle ich mich ausgeliefert, völlig entblößt. Nackt, auf allen Ebenen. Trotz verbundener Augen nehme ich wahr, wie mein Herr vor mich tritt, er steht einfach vor mir und ich lasse mich umhüllen von seiner Präsenz, tauche langsam wieder auf, aus den Tiefen meiner Empfindungen. Er küsst mich langsam und innig auf die Stirn. Ich entspanne mich, eine unbeschreibliche Woge aus Geborgenheit, Sicherheit, Dankbarkeit und Nähe erfasst mich. Mein Herr küsst meine Oberarme, er streichelt und berührt mich zart, lässt mir Zeit, er geht um mich herum, küsst meinen Nacken, ich spüre seine Haut auf meiner, ich wachse wieder und schmiege mich an ihn, meine Lust wächst, ich will ihn spüren, das Brennen am Arsch hat sich in ein brennendes Verlangen nach seinem Schwanz verwandelt.

Nie werde ich mehr leben, als in diesen Momenten, in denen ich dies einer Frau schenken kann. Und daher will ich ihr das schenken und ich will in ihren Armen liegen, die mir Geborgenheit schenken, ich will ihren Mund küssen, der mich am liebsten fressen würde, ich will die Zartheit einer Frau fühlen, die sich für mich öffnet und mit allem was sie hat, mit mir eins sein will. Ich will leben, ich will lieben, ich will das Leben lieben und ich will die Frau lieben, die es mit mir lebt.

Das zweite Buch der Triologie beinhaltet die Praxis von Sessions und die physischen Praktiken. Mit Spielideen in Form von Erzählungen von realen Erlebnissen werden Anregungen für die Entwicklung und Pflege der Dom/Sub Beziehung gegeben. Primär das, was in einer monogamen Zweierbeziehung möglich ist.

Sexgott:BDSM. Ein Weg ohne Ziel und Ende. Buch 3

ISBN-13: 978-1-7976-4338-0 Gepl. Erscheinungsdatum: 05/2020

Das dritte Buch der Triologie beinhaltet die fortgeschrittenen Aspekte einer Dom/sub Beziehung, wie sie lange erfüllend bleibt und den Spaß und Umgang mit dritten.

Printed in Germany
by Amazon Distribution
GmbH, Leipzig

25434260R00170